AF541860

# पृथ्वी गंधमयी तुम

[यात्रा-संस्मरण]

# पृथ्वी गंधमयी तुम

अनुराग चतुर्वेदी

राधाकृष्ण प्रकाशन

ISBN : 978-93-91950-48-4

**पृथ्वी गंधमयी तुम**



**पहला संस्करण :** 2022
This book is printed on Print on Demand Technology : 2025

**मूल्य :** ₹595

**प्रकाशक**
राधाकृष्ण प्रकाशन प्राइवेट लिमिटेड
जी-17, जगतपुरी, दिल्ली-110 051
**शाखाएँ :** अशोक राजपथ, साइंस कॉलेज के सामने, पटना-800 006
पहली मंजिल, दरबारी बिल्डिंग, महात्मा गांधी मार्ग, प्रयागराज-211 001
1, अनमोल सोराबजी सन्तुक लेन, धोबी तलाव, मरीन लाइंस, मुम्बई-400 002
वेबसाइट : www.radhakrishnaprakashan.com
ई-मेल : info@radhakrishnaprakashan.com

PRITHVI GANDHMAYI TUM
*Travel Memoir by* Anurag Chaturvedi

स्वाधीनता और समता के पक्षधर
कवि पिता नन्द चतुर्वेदी
और
स्नेहमयी 'जी' आशा चतुर्वेदी को,
जिनके स्नेह बगैर ये यात्राएँ असम्भव थीं।

# क्रम

# भूमिका

आप जब यात्राएँ करते हैं तो उन्हें शब्दों में बाँध लेना बहुत दूर और देर का कर्म होता है। यात्राएँ इतनी लम्बी और अचानक होती हैं कि उनकी तैयारी करना आसान नहीं होता, ज्यादातर विदेश यात्राएँ ही शब्दों में बँध जाती है क्योंकि स्मृति से जुड़ने के लिए शब्द महत्त्वपूर्ण होते हैं।

*पृथ्वी गंधमयी तुम* यात्रा-संस्मरणों की पुस्तक है जिसमें तीन दशकों की यात्राओं को शामिल किया गया है। एक संस्मरण हांगकांग का है जहाँ मोबाइल क्रान्ति हो चुकी थी। जिस प्रकार का दृश्य हम आज भारत में हर शहर-कस्बे में देख रहे हैं, वह बीस वर्ष पहले हांगकांग में दिखा था। ये बदले हुए विश्व की तस्वीर बताने वाले संस्मरण हैं। इनमें समाजशास्त्रीय नजरिया है, तो बदल रहे आर्थिक परिदृश्य को समझने की कोशिश भी है। ये संस्मरण हैं, इसलिए इनमें इतिहास, साहित्य और व्यक्ति भी जगह-जगह दिखाई देते हैं।

इनमें से कुछ शहरों पर मैंने इसलिए लिखा है कि मैंने वहाँ की यात्रा की—अपनी पसन्द से भी और कई बार नहीं भी; क्योंकि वह पहले से नियत कर दी गई। दो शहर ऐसे हैं जहाँ मैंने अपनी पूरी जिन्दगी के आधे-आधे वर्ष गुजार दिए। उदयपुर और मुम्बई। कच्छ क्षेत्र के आकर्षण का कारण वहाँ का खुला आकाश और कठिनाई में जीते हुए लोग हैं। भुज का आकाश विस्तृत और नाना प्रकार के रंग से भरा हुआ है। वहाँ पर मृत्यु और जीवन दोनों के रंग देखने को मिले हैं और बहुत सवेरे का आकाश-क्षितिज यात्रा करने के दौरान देखा है; लेकिन उन पर विस्तृत रूप से फिर कभी लिखने का वादा रहा। बारिश ने हर शहर में मुझे अपना रंग क्यों दिखलाया यह रहस्य मेरे लिए आज भी बना हुआ है। बर्फ भी पहली बार बीजिंग में दिखी। रुई के फाहे की तरह। समुद्र का फेन जुहू पर अपने पिता के साथ देखा, जिनकी कविताओं में समुद्री फेन की लहरों का जिक्र बार-बार होता है। उन्होंने भी पहली बार समुद्री फेन वहाँ ही देखा। समुद्र के कई रूप कई देश में दिखे, लेकिन एक रात बारिश के बाद बहुत देर तक जिस तरह का समुद्र रूप

मैंने मुम्बई के नरीमन पाइंट से देखा उसे भूलना कठिन है। दूर-दूर तक निस्तब्धता थी। समुद्र भी शान्त था। अन्धकार, दूर की धुँधली रोशनी पूरे अरब सागर को एक शान्त दोस्त के रूप में दिखा रही थी, लेकिन मेलबोर्न और हॉलैंड के समुद्री तट भी कम आकर्षक और यादगार नहीं हैं।

मेलबोर्न का समुद्री किनारा कई मीलों तक सर्पीली सड़क के किनारे चलता रहता है जहाँ पहाड़ और जंगल हैं। बहुत जगह यात्रियों के लिए पिकनिक स्पॉट भी बने हैं। समुद्र का पानी स्वच्छ, ठंडा और नीला है। यहाँ पर ही पहली बार समुद्र स्नान का मौका मिला। शान्त और सुन्दर समुद्र तट।

हॉलैंड में समुद्र के सबसे अच्छे दर्शन 'रॉटरडम' में हुए जहाँ का पत्तन (पोर्ट) दुनिया भर में विख्यात है। वहाँ दूर-दूर तक समुद्री नौकाएँ, जहाज दिखाई दे रहे थे। वहाँ का आकाश जितना नीला और सुन्दर था, उतना ही नीला समुद्र था। हम 'रॉटरडम' उपनगरीय रेल लेकर गए थे, पूरे एक दिन घूमे।

दुनिया देखने की इच्छा तभी जगी जब पूरा भारत और मुम्बई देख लिया। जीवन में पहली यात्रा सिर्फ 100 किलोमीटर की थी। चित्तौड़गढ़ से उदयपुर अकेले। रास्ते में मावली स्टेशन आता है जहाँ अनारक्षित डब्बे से मैं उतरा। भीड़-असुरक्षा और नई जगह पर पहुँचना शुरू-शुरू में भय उत्पन्न करता था। यात्रा में कोई साथ हो, इससे विश्वास पैदा होता पर मेरी पहली पेरिस यात्रा और सबसे बाद की मेलबोर्न यात्रा अकेले ही हुई।

यात्राओं के दौरान आप कई रास्ते तय करते हैं। अपनी मंजिल तक जाने के लिए कई बार ये रेलवे स्टेशन होते हैं, हवाई अड्डे होते हैं, तो बहुधा सिर्फ रास्ते, सड़क और दरख्तों से घिरे होते हैं। इस पुस्तक में कई शहरों, कस्बों का जिक्र नहीं हुआ है पर उनकी यात्राओं के दौरान तरह-तरह के सैरे (लैंडस्केप) देखने को मिले। लन्दन से ग्रीनिच जाते हुए जिस तरह के हरे खुले मैदान दिखे वे अद्भुत थे। झारखंड के देवघर से गिद्धौर जाते हुए जिस प्रकार के नज़ारे दिखते हैं, वे न भूलने वाले हैं और चिरवा के घाटे और देबारी से जो उदयपुर दिखता है, वह भूलना असम्भव है। मेरी बहुत इच्छा थी कि मैं अपने घर को आकाश से देखूँ। मुम्बई के कोलाबा स्थित घर को हेलीकाप्टर से कोंकण जाते हुए देखा और फिर विक्रोली को तो जहाज से मुम्बई आते हुए कई बार देखा।

साम्यवादी रूस उन दिनों बहुत चर्चा में था, अमेरिका से टक्कर लेता हुआ। स्कूल में राष्ट्रीय स्तर पर निबन्ध प्रतियोगिता का आमंत्रण था और सर्वश्रेष्ठ निबन्ध विजेता को सोवियत रूस की राजधानी मास्को जाने का पुरस्कार था। विदेश जाने का मौका मिल सकता है, यह अहसास पहली बार तभी हुआ; लेकिन मौका नहीं मिला। बहुत दिनों तक लगता रहा कि शायद नतीजा अब आएगा, तब आएगा लेकिन दिन बीत गए, वर्ष भी पलट गया, सिर्फ स्कूल ऑफिस के इंचार्ज लक्ष्मीकान्त दवे के

सफेद झक कुर्ते और जर्दे की सुपारी की सुगन्ध ही याद रह गई। मास्को सपना हो गया। कई बार यात्राएँ सायास होती हैं, पर इनमें से कुछ यात्राएँ अचानक, त्वरित और अनायास हो गईं, कुछ में तैयारी करनी पड़ी।

इस पुस्तक में सिर्फ विदेश की यात्राएँ ही नहीं है बल्कि भारत के भी तीन शहरों की अलिखित यात्राएँ हैं जो निरन्तर चल रही हैं। मुम्बई, उदयपुर और कच्छ। और अन्त में है सिक्किम और दार्जिलिंग से जुड़ी यात्रा का संस्मरण भी।

सोवियत रूस अब भी दूर लग रहा है। सम्भव है यात्रा पर जाने का संयोग बन जाए। जिस तरह यात्रा में पूरा सामान नहीं होता इसी तरह पुस्तक में भी पूरी यात्राओं का विवरण नहीं है, कुछ भविष्य के लिए छोड़ना पड़ता है और वह छूट भी गया है।

ये यात्राएँ जब शुरू हुई थीं तब से दुनिया का आर्थिक नक्शा बदलना शुरू हुआ था और यह भी एक कारण था कि क्या सिर्फ हमारा देश ही बदल रहा था या कि पूरी दुनिया बदल रही थी? दुनिया में प्रगति की दौड़ में जो देश पीछे रह गए हैं, उन देशों की यात्रा मैंने सबसे पहले की थी। बांग्लादेश और बाद में नेपाल गरीबी, पिछड़ापन, अशिक्षा देखने के लिए बाहरी देशों या पिछड़े देशों को देखना ही काफी नहीं था। बहुत लम्बे समय तक भारत के अति पिछड़े राज्यों को भी नहीं देख पाया था। शहरी गरीबी का अहसास कुर्ला रेलवे कोलोनी में रहते ही हो गया था। बाद में मुम्बई के वड़ाला और कुछ वर्षों बाद धारावी और कमाठीपुरा में जाने के बाद शहरों में रह रहे ग्रामीण भारत के नागरिकों से कई बार मुलाकातें हुईं। वे सभी कहीं-न-कहीं से मुम्बई आए थे। कर्नाटक, आन्ध्र या फिर उत्तर प्रदेश या बिहार से। बिहार जाना और वहाँ की गरीबी को देखना एक कठिन यात्रा थी। मैं दस वर्ष तक लगातार बिहार जाता रहा, वहाँ के लोगों की जिजीविषा का कायल बन गया। विकास का सपना बिहारी देखने लगे। कई बार वे जब भारत के अन्य राज्यों में आते तो उन्हें लगता कि वे यूरोप या सम्पन्न परदेस में आ गए हैं। बिजली, पानी, सफाई और अच्छा यातायात यह मुख्य नागरिक सुविधाओं की आवश्यकता बन गया, पर उदारीकरण के बाद बिहार-उत्तर प्रदेश इस दौड़ में पिछड़ गए। वे गरीबी के द्वीप बन गए धारावी की तर्ज पर। वहाँ के पिछड़ेपन को पर्यटक देखने जाने लगे लेकिन पर्यटक और लेखक बनने में अन्तर है। गरीबी के द्वीपों को समाप्त करने के सोच को बढ़ाने के लिए भी इनमें से कई यात्राएँ हुई हैं।

इन यात्राओं को पूरा करने के पहले कुछ देशों की यात्रा करने की जबरदस्त इच्छा थी, सपने जैसी, इनमें पहला नाम चीन का है। चीन हमारे बचपन में एक शक्तिशाली, आक्रामक देश के रूप में जाना जाता था। चीन के बारे में बहुत कम जानकारी मिलती थी। *सचित्र चीन* पत्रिका में चीन के प्राकृतिक सौन्दर्य के बारे में कुछ जानकारी थी। लेकिन जब पहली बार यूरोप पहुँचा तब वहाँ चीन में लोकतंत्र की स्थापना के लिए बीजिंग के थ्येनआनमन चौक की घटनाओं की चर्चा थी। तब

मैं उस चर्चा और आन्दोलन की गम्भीरता को आँक नहीं पाया, लेकिन धीरे-धीरे जब चीन बदलने लगा और विश्व में एक आर्थिक ताकत बनकर उभरने लगा तो लगा चीन देखना चाहिए, कैसा है चीन?

पिछले दो दशक दुनिया में बदलाव के दशक थे। कुछ समाजशास्त्री तो इन दशकों को सभ्यतागत बदलाव के परिचायक मानते हैं। हर समाज में उथल-पुथल मची हुई है। तकनीक ने परंपरागत सोच को समाप्त कर दिया है। दूरियाँ सचमुच समाप्त हो गई हैं। हांगकांग में जब हर व्यक्ति के हाथ में मोबाइल फोन देखता था, तब लगता नहीं था कि भारत में भी हर व्यक्ति मोबाइल पाने की इच्छा रखने के नजदीक आ जाएगा। इन दो दशकों में भारत ने बड़े बदलाव देखे, जो आर्थिक बदलाव के चलते दिखाई देने लगे। वर्ष 2000 तक मैंने भारत के दो बहुत पिछड़े राज्य बिहार-उत्तर प्रदेश को नहीं देखा था। बिहार को बदलते देखना वैसा ही लगता है जैसे बदलती हुई दुनिया को देखने का साक्षी होना।

एक हिन्दी पत्रकार के रूप में दुनिया को देखते हुए ज्यादातर बार हिन्दी में ही सोच-समझकर दुनिया को देखा। इन यात्राओं में जिनके साथ मैंने यात्राएँ कीं उनमें से दो मित्र इस जीवन की यात्रा को समाप्त कर अनन्त में चले गए हैं। दिग्विजय सिंह से मेरी मुलाकातें, जो बाद में घनिष्ठता में बदल गईं, वे मेरी पहली विदेश यात्रा के सन्दर्भ में ही हुईं। मैं *रविवार* पत्रिका से त्यागपत्र देकर *संडे आब्जर्वर* में जाने के क्रम में था। पेरिस और लन्दन की यात्रा फ्रांसीसी क्रान्ति के दौ सौ वर्ष पूरे होने के मौके पर थी। यात्रा नियत समय पर तो हुई पर कई अनिश्चितताओं के चलते डगमगाई भी। इस दौरान पहली विदेश यात्रा के आकर्षण के कारण हवाई अड्डे से विदा करने का इरादा लिए उदयपुर से दिल्ली आए पिताजी नन्द चतुर्वेदी एवं पत्नी क्षमा क्रमशः उदयपुर और मुम्बई लौट गए। मैं दिग्विजय जी के साथ ही रुक गया। मैंने सूरीनाम और कैरेबियन देशों गुयाना, पोर्ट ऑफ स्पेन, फ्रांस और इंग्लैंड की यात्रा दिग्विजय जी के साथ की और देश के कई शहरों में रेल के सेलून से लेकर विशेष रेलगाड़ी में रेल मंत्री के साथ यात्रा की। वे यायावर थे।

मेरी एक सबसे महत्त्वपूर्ण यात्रा चीन की थी जो मैंने मुम्बई की समाजवादी परिवार की विरासत सँभालने वाली डॉ. उषा पारीख के साथ की। यह लम्बी यात्रा हांगकांग, जापान, चीन की थी और दुनिया के महत्त्वपूर्ण देशों की आर्थिक व्यवस्थाओं को नजदीक से जानने की कोशिश थी। वैकल्पिक तकनीक के एक कार्यक्रम के सिलसिले में मुम्बई से भोपाल के बीच भी एक यादगार यात्रा उषा जी के साथ हुई।

प्रसिद्ध पत्रकार और राज्य सभा के उपसभापति सांसद हरिवंश के साथ दोबारा चीन की यात्रा करते हुए साथ मिला। इस यात्रा के अलावा सूरीनाम के विश्व हिन्दी सम्मेलन के बाद हॉलैंड, आस्ट्रिया और ब्रिटेन की यात्रा में हरिवंश जी साथ थे। ये सभी मित्र यात्रा में आनन्द और यायावरी के लिए याद आते हैं। पत्रकार-सम्पादक

ओम थानवी अज्ञेय परम्परा के यायावर हैं। कम साधनों में कैसे बेहतर यात्रा हो सकती है, इसके गुर ओम जी से सीखे। अमेरिका यात्रा में चर्चा में रुचिरा गुप्ता ने अमेरिका के सांस्कृतिक पक्ष का जो परिचय कराया उससे मुझे अमेरिका का मर्म समझ आया। विजया, दिवाकर, शशिशेखर और प्रशान्त मिश्र ने अमेरिका के जीवन के कई नज़ारे दिखाए, जो इन मित्रों के बगैर देखने सम्भव नहीं थे। दुबई में तारिक चौहान और मधुकर चतुर्वेदी ने खाड़ी देशों से एक नया परिचय कराया। परिवार के साथ मैंने नेपाल की कुछ दिनों की यात्रा भी की। उसके बारे में लिखा नहीं है, पर वह महत्त्वपूर्ण थी।

पुस्तक की अन्तिम यात्रा भारत के पूर्वोत्तर इलाके और भारत-चीन सीमान्त के नाथुला की है, जो क्षमा और मैंने साथ की, इसके पहले अमेरिका और दुबई की यात्रा में भी उनका साथ था। यात्रा में सामान को ठीक तरीके से सँभाल के ले जाना और सहेज के वापस ले आना भी सरल नहीं होता है। क्षमा के रहते यह भय कभी नहीं था कि कुछ सामान छूट जाएगा या गुम हो जाएगा। इस यात्रा में कमल चौबे ने पूर्वोत्तर का नया रूप दिखलाया।

इन यात्राओं और इस पुस्तक के प्रकाशन के पीछे सबसे लम्बा हाथ नन्द बाबूजी का रहा है, जो अब हमारे साथ नहीं हैं। 'पृथ्वी गंधमयी तुम' कवि पिता नन्द चतुर्वेदी की कविता है और उन्हीं के कहने पर इस पुस्तक का विचार आया। जब घर से आदमी स्वतंत्र होता है तब ही वह यात्राएँ कर पाता है। दा ने बहुत कम उम्र में अकेले यात्राएँ करने को प्रेरित किया। बांग्लादेश का स्वतंत्रता संग्राम जब लड़ा जा रहा था तब कलकत्ता और बाद में जैशोर के सीमान्त तक जाने की यात्रा उन्हीं के उत्साह और प्रेरणा से हुई।

मुझे दिल्ली और मुम्बई भी उन्होंने ने ही भेजा और उदयपुर के सिटी स्टेशन पर भाप के इंजन से मीटर गेज पर अहमदाबाद जानेवाली ट्रेन पर देर तक हाथ हिलाते मुझे विदा किया, जहाँ सवेरे मुम्बई के पास वसई की खाड़ी में दूर तक फैला अथाह जल दिखा।

उनकी मृत्यु के कुछ महीने पूर्व मैं उदयपुर गया था, उनसे मिलने, लौटते समय सामान ज्यादा हो गया तो मैंने उनसे अटैची उधार लेने की बात कही और कहा कि अगली यात्रा में लौटा दूँगा। उन्होंने सहज ही कहा, 'अब मैं ऐसी यात्रा पर जाने वाला हूँ, जहाँ अटैची की जरूरत नहीं पड़ेगी, मेरी स्मृति में उदयपुर के देबारी चढ़ाव के बाद रोशनी में नहाए उदयपुर की याद बनी हुई है और (बस से आवाज आती है) 'लो उदयपुर आ गया।'

हमारे परिवार में यात्राएँ किसी उत्सव से कम नहीं होती हैं। खान-पान की वस्तुओं की तैयारी से लेकर हर प्रकार की भागीदारी तक, स्टेशन या हवाई अड्डे छोड़ने से लेकर अगवानी तक। इस पुस्तक को प्रकाशित करने में हमारे बड़े भाई

डॉ. अरुण चतुर्वेदी की प्रेरणा और दबाव रहा है। बहन मंजु ने प्रूफ पढ़े और कई सुझाव दिए सुगन्ध और डॉ. अपूर्व के साथ भी कई यात्राएँ हुई हैं। हमारी माँ, आशा चतुर्वेदी की बनाई पूरियाँ कई यात्राओं में उनकी यादों की खुशबू बनकर साथ रही है।

इस पुस्तक में प्रकाशित यात्रा संस्मरण *हमारा महानगर* (मुम्बई), *प्रभात खबर* (राँची), *जनसत्ता* (दिल्ली) और *कादम्बिनी* (दिल्ली) में प्रकाशित हुए हैं। *हमारा महानगर* के प्रकाशक निखिल वागले और *प्रभात खबर* के पूर्व सम्पादक हरिवंश का मैं आभार प्रकट करता हूँ। स्वर्गीय राजीव कटारा, सम्पादक *कादम्बिनी* (जो पिछले वर्ष हमसे कोविड के चलते जुदा हो गए) का भी आभारी हूँ। साथ ही, ओम थानवी का भी आभारी हूँ। राजकमल प्रकाशन के भाई अशोक महेश्वरी को धन्यवाद देना महज औपचारिकता नहीं है। वे सूरीनाम में हमारे सहयात्री भी रहे हैं। वे हमारे परिवार के शुभाकांक्षी और स्नेही हैं। इन संस्मरणों को पुस्तक के रूप में प्रकाशित करने के लिए उनका धन्यवाद।

दिल्ली

**—अनुराग चतुर्वेदी**

अप्रैल, 2022

## दुबई

# सपनों को सच करने वाला देश

वर्ष के शुरू में यात्रा। यदि यात्राएँ पुरानी तारीखों में तय होती हैं तो ऐसा हो जाता है। सिंगापुर, हांगकांग और अब दुबई। फ्री पोर्ट की आबोहवा क्या एक-सी होती है? क्यों मछुआरों के छोटे कस्बे दुनिया के कारोबार का मुख्य केन्द्र बन जाते हैं? पूँजी निवेश की अपार सम्भावनाएँ, व्यावसायिक कौशल और पूरी दुनिया के नागरिकों को अपने यहाँ जगह देने, धन कमाने का मौका देने और उनके रहन-सहन, सांस्कृतिक विविधता का सम्मान करने की कला या अब तो कहें आदत ने दुनिया के शहरों को रौनक दी है। कोई भी शहर जब नाना प्रकार की संस्कृतियों को अपने में समा लेता है तो वहाँ सम्पन्नता और व्यवसाय की अपार सम्भावनाएँ दिखाई देती हैं।

मुम्बई से दुबई की यात्रा अवधि सिर्फ ढाई घंटे की है यानी कोलकाता-मुम्बई की यात्रा अवधि से थोड़ी-सी ज्यादा। दुबई के लिए हम देर से रवाना होने वाली 'फ्लाइट' में उड़े और दुबई पहुँचते-पहुँचते रात के बारह बज गए। हवाई जहाज से उतरते समय कुछ पानी दिखा, सोचा रात में मृग मरीचिका थोड़े ही दिखती है। दुबई का मौसम बदल रहा है। हवा तेज है और ठंड पड़ रही है, बारिश हो रही है। बर्फ भी गिरी है। ये बातें सच नहीं लग रही थीं। लेकिन दुबई ही नहीं, अबूधाबी जाते हुए भी बारिश-ही-बारिश थी। दुबई से अबूधाबी की यात्रा बारिश से शुरू होती है।

रेगिस्तान की बारिश कुछ-कुछ बर्फ गिरने जैसी होती है, लेकिन कुछ दूरी के बाद बारिश (यदि उसे मुम्बइया मन बारिश कहने को स्वीकार करे तो) बन्द हो गई और आई.टी. सिटी के बाद जबल अली फ्री ट्रेड जोन का इलाका शुरू हो गया। तरतीब से, एक ही ऊँचाई के बहुत फैले हुए रेगिस्तान में बनी फैक्टरियाँ, प्रदूषण रहित। इन दिनों जबल अली फ्री ट्रेड जोन का विस्तार हो रहा है। जाफजा जो सौ किलोमीटर के इलाके में फैला हुआ है, अब बढ़ रहा है। दुबई और अबूधाबी में जमीन और रेगिस्तान में फर्क है। रेगिस्तान को निर्माण लायक बनाने में पूँजी और परिश्रम लगता है। अब जाफजा 40 वर्ग किलोमीटर तक और फैलाया जा रहा है क्योंकि 100 से भी अधिक देश यहाँ आकर अपना व्यापार करना चाहते हैं, क्योंकि

पिछले कई वर्षों में दुबई ने मुक्त व्यापार क्षेत्र में महत्त्वपूर्ण स्थान हासिल कर लिया है। दुबई अब इस क्षेत्र में अपनी सेवाएँ मलेशिया और भारत को देने को भी तत्पर है। दुबई मुक्त व्यापार के लिए मध्य-पूर्व और यूरोप का खुला दरवाजा बन चुका है। मुक्त व्यापार क्षेत्र में इस समय 600 कम्पनियाँ कार्यरत हैं। इस मुक्त क्षेत्र की सबसे बड़ी ताकत है यहाँ का आधुनिकतम बन्दरगाह और जबल अली बन्दरगाह मध्य-पूर्व का सबसे बड़ा बन्दरगाह है और दुनिया में उसका नम्बर ग्यारह है। यहाँ पर 125 जहाजरानी कम्पनियाँ प्रतिस्पर्धा करती हैं और इस प्रतिस्पर्धा की वजह से ढुलाई-चढ़ाई का दाम भी प्रतिस्पर्धात्मक होता है। जाफजा बन्दरगाह के पास ही बना हुआ है और यही कारण है कि बन्दरगाह और मुक्त व्यापार क्षेत्र यहाँ पर दुनिया भर के प्रमुख बाजार खिलाड़ियों को इकट्ठा कर पाया है।

जाफजा के मुक्त व्यापार क्षेत्र के तार दूर तक चलते हैं और कुछ देर बाद दूर हरे रंग के ऊँचे जंगले लगे हुए दिखाई देते हैं। पूछने पर मधुकर जी बताते हैं ये जंगले ऊँटों को हाईवे तक नहीं पहुँचने देने के लिए बनाए गए हैं, तभी मुझे दिल्ली, मथुरा हाईवे की झाड़ियों के पीछे से अचानक निकल आने वाली भैंसों और गायों की याद आती है और पारामारिबो में हिन्दी लेखकों को एक भी आवारा पशु सड़क पर नहीं दिखाई देने से पैदा होने वाले सुकून की याद आई। विदेशों में सड़कों पर यात्री और वाहनों को महत्ता दी जाती है, उनकी सुरक्षा की चिन्ता की जाती है।

जाफजा का मुक्त व्यापार क्षेत्र दो करोड़ व्यक्तियों की रोजी-रोटी से जुड़ा हुआ है। यहाँ से मध्य-पूर्व के किसी भी देश के बड़े शहर में 24 घंटे के भीतर पहुँचा जा सकता है और हर बड़ा बन्दरगाह 48 घंटे की समुद्री यात्रा के भीतर है। दुनिया के बड़े बन्दरगाह भी दूर नहीं हैं। यूरोप 14 दिनों की दूरी पर है, जापान 20 दिनों की और दक्षिण-पूर्व एशिया के देश 9 दिनों की दूरी पर। जाफजा में विदेशियों को सौ प्रतिशत स्वामित्व वाली कम्पनी को खोलने और सौ प्रतिशत लाभांश अपने देश ले जाने की अनुमति है। साथ ही, विदेशी सलाहकारों, विदेशी कर्मचारियों को नौकरी पर रखने की भी अनुमति है और जहाँ तक 'कर' की बात है अगले 50 वर्षों तक 'कॉर्पोरेट' क्षेत्र पर कोई कर नहीं है। यहाँ पर व्यक्तिगत आय पर भी कोई टैक्स नहीं है। कोई मुद्रा अधिनियम नहीं है। कोई आयात या पुनर्निर्यात कर रहा है, इस पर भी कानूनी पाबन्दी नहीं है। यहाँ जाफजा में कम्पनियों को फैलाव करने और व्यावसायिक पार्टनर खोजने की सलाह भी मुक्त व्यापार क्षेत्र के अधिकारी देते हैं।

भारत से दुबई जाने वाले पर्यटकों की संख्या के निरन्तर बढ़ने से अब दुबई सरकार भारतीय पर्यटकों को महत्त्व दे रही है। भारतीय दुबई में पर्यटकों की हैसियत से तीसरे नम्बर पर हैं।

रेगिस्तान में सबसे हसीन शामें और रातें ही होती हैं। अल रिग्गा में सिर्फ सड़कों पर घूमने, हलके-फुलके मनोरंजन कार्यक्रम देखने पूरी दुनिया के लोग

इकट्ठे होते हैं। दुबई और आसपास के सूबों के पास अपनी समुद्री कहानियों के अलावा कोई बड़ा इतिहास नहीं है, पर समुद्र किस तरह सभ्यताएँ बदल देता है, यह यू.ए.ई. के सूबे बताने में सक्षम हैं। अल रिग्गा, अल मुराक्वावाद और अल सफी इलाकों में हर शाम मेले लगते हैं जो रात में ढाई-तीन बजे तक चलते हैं। पूरा इलाका रोशनी से नहाया हुआ रहता है। जब दुबई शॉपिंग फेस्टिवल होता है तो हर रात जगह-जगह पर दुनिया भर की 200 से भी ज्यादा सांस्कृतिक टोलियाँ मनोरंजन करती दिखाई देती हैं। जो जगह सवेरे व्यावसायिक संस्कृति का बोध कराती है, शाम होते-होते वह अरबी संगीत, अरबी परिधान और रेगिस्तान में रात को ठंडी करती हवाओं से आपको परिचित कराने लगती है। सिर्फ एक समस्या जो पूरे दुबई में है, वह यहाँ भी परेशान करती है। यह समस्या है पार्किंग की। इन सांस्कृतिक जगहों पर पहुँचने के लिए भी लम्बे चक्कर लगाने पड़े। दुनिया भर के बड़े शहरों में पार्किंग एक बड़ी समस्या बनकर उभर रही है इसलिए लन्दन में कार से शहर जाने के लिए भारी टैक्स देना पड़ता है। दुबई में ट्रैफिक जाम की समस्या तो है पर सड़कों का जाल भी सुन्दर है।

दुबई की सबसे बड़ी खासियत यहाँ की खरीदारी है। बड़े डिपार्टमेंटल स्टोर से लेकर सोने से लदा हुआ 'गोल्ड सुख'। दुबई में बाजार को सुख कहा जाता है। स्वर्ण की इतनी बहुतायत और इतनी चमक एक जगह देखने का पहला मौका था। 'गोल्ड सुख' में ही मेवाड़ के सागवाड़ा शहर के दाऊदी बोहरा सज्जन मिले, जो वहाँ 'सेंट' का व्यापार कर रहे हैं।

इस साल दुबई शॉपिंग फेस्टिवल के दस वर्ष पूरे हो रहे हैं। खरीदारी एक उत्सव है, जो साल-दर-साल बड़ा और भीड़ भरा होता जा रहा है। 15 फरवरी, 1996 को जब मध्य-पूर्व का यह उत्सव शुरू हुआ था, तब रिटेल (खुदरा) बिक्री ही इसका मकसद था, पर धीरे-धीरे यह खरीदारी और मनोरंजन का समारोह बन गया। आँकड़े भी इसकी सफलता की बयानी करते हैं। पहले वर्ष डीएसएफ (दुबई शॉपिंग फेस्टिवल) में 16 लाख लोग शामिल हुए। इस साल (2005) में 30 लाख 20 हजार लोग 31 दिनों के जश्न में शामिल हुए। अनुशासित और खरीदारी को अति उत्सुक भीड़ सिंगापुर के मुस्तफ़ा डिपार्टमेंटल स्टोर्स में दिखी थी, जहाँ कई भारतीय तो 14-14 घंटे खरीदारी में लगे रहे। उपभोक्तावाद की चरम सीमा हैं दुबई की ये दुकानें। मेले में खरीदारी नहीं होती, लेकिन यहाँ मेला भी है, खरीदारी भी है और माहौल भी है। 2010 में दुबई उत्सव को आशा है कि वे एक करोड़ खरीदारों का जादुई आँकड़ा पार कर लेंगे।

दुबई की संस्कृति मनोरंजन की है। दुबई बहुसंस्कृतियों को फैलाने वाला देश है। इसीलिए वहाँ का नारा है, एक दुनिया, एक परिवार और एक उत्सव। खरीदारी का आकर्षण आज भी सस्ती उपलब्धता है। दुबई में कर नीति के चलते वैसे भी

सस्ती चीजें उपभोक्ताओं को मिलती हैं, लेकिन इस उत्सव ने सस्ती को और सस्ती बना दिया था। कई बार तो लग रहा था कि पंक्तियाँ इतनी लम्बी हैं, कहीं सामान मुफ्त में तो नहीं मिल रहा? साथ ही हर दुकान पर खरीदारी पर अचम्भे में डाल देने वाली 'स्वर्ण गिन्नियाँ' या फिर 'कारों' का उपहार वाली लॉटरियाँ। हम अबूधाबी में एक अपरिचित लेकिन पुराने रिश्तेदार के यहाँ गए तो जाना कि उनके दसवीं में पढ़ने वाले बेटे को परचूनी सामान खरीदने वाले की दुकान से किस तरह 'मर्सिडीज' गाड़ी प्राप्त हुई, जिसे बेचकर उसके पिता ने उसकी भावी शिक्षा की सुरक्षा की। दुबई में पिज्जा की दुकान से आप कार की चाबी लॉटरी में पा सकते हैं। सोने की दुकान से 120 किलो सोना लॉटरी में पाने की आशा कर सकते हैं।

दुबई में इतनी रैफल निकलती है कि उसका नाम गिनीज बुक ऑफ वर्ल्ड रिकॉर्ड में आ चुका है। लेक्सस मैगा रैफल को ही लें—हर दिन इसमें लेक्सस कार, लेक्सस सैलून और 60 हजार अमेरिकन डॉलर के नकद रैफल दिए जाते हैं। यदि आप भाग्यशाली हों तो घर में दो गैरेज के इन्तजाम की तैयारी करनी पड़ सकती है। दुबई में गरीबों, बाहर से आए भारतीयों-पाकिस्तानियों के रैफल जीतने की कई कहानियाँ सुनाई पड़ीं। कैसे जिसका टिकट होता है, उसे ही बुलाया जाता है। यानी रैफल में ईमानदारी है। वह सही आदमी-औरत तक पहुँचती है। व्यवस्था पुख्ता है। कोई हेराफेरी नहीं है।

दुबई में शिक्षा की स्थिति कमजोर है। पहले इनफॉरमेशन टेक्नोलॉजी में नहीं के बराबर स्नातक थे लेकिन पिछले दस वर्षों में भारतीय-यूरोपियों के साथ कन्धे-से-कंधा मिलाकर वे काम कर रहे हैं। दुनिया की सभी नामी आई.टी. कम्पनियाँ यहाँ के आईटी पार्क में मौजूद हैं, जो कई बार दुबई में बेंगलुरु होने का अहसास कराती हैं। आईटी पार्क में दोपहर का भोजन आप 'कामथ' (दक्षिण भारत का प्रमुख भोजन स्थल) में कर सकते हैं। दुबई में भारतीय व्यवसायी बड़ी तादाद में हैं। लेकिन कुछ ही वर्ष पहले सम्पत्ति खरीदने के अधिकार की प्राप्ति के बाद भारतीय व्यवसायी भी सम्पत्ति खरीदने लगे हैं। दुबई में नौकरी करने वाले भारतीयों को सेवानिवृत्ति के बाद वहाँ रहने का अधिकार नहीं है। यानी ग्रीनकार्ड तो है, पर नागरिकता नहीं, ज्यादातर भारतीय किराये के मकानों में रहते हैं।

दुनिया भर में भारतीय फैले हैं, लेकिन वहाँ भी दो तरह दुनिया दिखाई देती है। वे भारतीय जिनके पास बड़े घर नहीं हैं, महँगी कारें नहीं हैं, उन्हें 'अंडर बेली' (भूखे पेटवाले) कहा जाता है। 26 जनवरी की सवेरे जब भारतीय दूतावास में देशभक्ति के गीत गाए जा रहे थे तब पूरा भारत वहाँ मौजूद था। हर वर्ग, हर प्रदेश। भोजपुरी बोलते बलिया के कारीगर तो गुजराती में बात करतीं महिलाएँ। दुबई भारतीय कारीगरों, केरल के निवासियों और व्यवसायियों के लिए एक सपने को सच करने का स्थान है। प्रतिस्पर्धा और मेहनत से भारतीय अस्मिता हासिल

करने वाले कई सफल व्यक्ति यहाँ दिखाई देते हैं। तारिक चौहान और मधुकर ही सफल कहानियाँ प्रेरक हैं। अरब अमीरात में अरबी संस्कृति बची कहाँ है, वहाँ तो सिर्फ उपभोक्ता संस्कृति पनप रही है। कर विहीन संस्कृति जिसके चलते हर कोई बेताब है, नई-नई चीजें खरीदने को, सोना खरीदने को, सिर्फ खर्च करने की संस्कृति का जोर है।

24 जनवरी, 2005 को प्रकाशित *गल्फ न्यूज* के पृष्ठ 5 पर प्रकाशित इस समाचार पर निगाह डालिए, 'भारी बरसात ने यू.ए.ई. के जनजीवन को अस्त-व्यस्त कर दिया। कल सबसे ज्यादा बारिश रस-अल खैमाह में दर्ज की गई। यहाँ 24 मिलीमीटर बारिश हुई। एमिरेट्स की सड़कें पानी से लबालब भर गईं। पानी इतना भर गया था कि पम्प से पानी निकालने वाले वाहन लाए गए, क्योंकि यू.ए.ई. के कई शहरों में बारिश के पानी को निकालने का कोई प्रावधान नहीं है।

'अल ममूरा और अल जोलान में घरों के सामने पानी भर गया और मछुआरों के समुद्र में नहीं उतरने के कारण बाजार में मछली उपलब्ध नहीं हुई। इसी दिन सुबह 11.6 मिलीमीटर और अबूधाबी में 1 मिलीमीटर बारिश दर्ज हुई।'

और इसी बारिश में हमने दुबई से अबूधाबी की यात्रा की। मेघ से घिरा गगन और समुद्र उफान पर था। मौसम विभाग की चेतावनी थी कि समुद्र में ऊँची लहरें उठेंगी जो छह से आठ फुट ऊँची हो सकती हैं। रेगिस्तान की बारिश में 500 दुर्घटनाएँ हुईं। हमारी मेहमाननवाजी कर रहे तारिक और उनकी पत्नी लविटा भी हमारे देर से पहुँचने पर चिन्तित थे। कहीं बारिश ने हमें परेशान तो नहीं किया।

दुबई के मौसमी माहौल में अरबी पेनसुला की तरफ से आने वाली ठंडी हवाएँ मेडेटेरियन मुल्कों में बारिश का कारण बन रही हैं। दुबई, शारजाह और अबूधाबी में बारिश और सर्दी का नज़ारा गजब का था। बारिश भी अमृत बूँदों जैसी थीं, कुछ दिनों पहले जब दुबई के पास बर्फ गिरी तो वहाँ का शहजादा बर्फ देखने के लिए अपना हेलीकॉप्टर लेकर निकल पड़ा था।

दुबई में सड़कों की हालत बहुत अच्छी है, लेकिन अब यहाँ रेल के बारे में सोचा जा रहा है। कहा जा रहा है द एमिरेट्स के बीच यातायात की बात होती है तो हर एमिरेट्स के पास अपनी स्थानीय व्यवस्था की जरूरत है, पर एमिरेट्स के बीच रेल यातायात हो तो कितना बेहतर हो। अबूधाबी से रस अल खैमाह तक। एमिरेट्स में सपनों को सच करने की जबर्दस्त ताकत है। नई दुबई बन रही है तो नए बन्दरगाह का निर्माण सोचा जा रहा है। इन छोटे मुल्कों के पास पैसा है जो तेल की बदौलत है लेकिन सबसे बड़ी बात है इस पैसे का सही उपयोग हो रहा है। तेल, पर्यटन, खरीदारी और नया विश्व दुबई, अबूधाबी इस नई दुनिया के रास्ते को समझ गए हैं। पूरे विश्व को अपनी छत, अपने प्रांगण में इकट्ठा किए बगैर दुनिया में आगे नहीं बढ़ा जा सकता, यह दुबई जान चुका है।

अबूधाबी को मेहनत का परिणाम ही मानिए। बड़ी ऊँची इमारतें और व्यावसायिक केन्द्र शुरू-शुरू में यहीं बनाया गया। शारजाह, दुबई तो चर्चगेट (मुम्बई) और बोरिवली की जितनी दूरी पर है। शारजाह में सम्पन्नता उतनी नहीं है, जितनी कि दुबई या अबूधाबी में है। अबूधाबी की यात्रा तेज रफ्तार से होती है, 80 से लेकर 120 किलोमीटर प्रति घंटा की रफ्तार से गाड़ी चलती है। हमारे मित्र मधुकर जी बताते हैं देखिए, हाईवे की लाइट ही इतनी है कि हमारी कार की हेडलाइट जलाने की जरूरत ही नहीं है। बात सही भी थी, लेकिन मुझे मुम्बई को शंघाई बना रही महाराष्ट्र सरकार की याद आ गई जिससे हमारे पवई के पास 200 करोड़ की लागत से बनाए फ्लाईओवर पर अभी लाइट्स नहीं लग पाई हैं। उजालों के सम्पन्न द्वीपों में अँधेरे के द्वीप याद आते हैं। मुम्बई में भी अँधेरा है तो बाकी जगहों के अन्धकार का अन्दाजा लगाया जा सकता है। बिहार के बांका क्षेत्र में देर रात अँधेरी सड़क पर एक विकलांग बच्चे के सड़क पर पड़े रहने की याद आ गई, जिसे देख कई लोगों ने कहा था, शायद वह भूत है या फिर लूटने के लिए बच्चे को सड़क पर बैठा दिया गया जिससे कि कोई दयालु रुके और उसे लूट लिया जाए। वह संवेदनहीन हो रहे समाज की याद थी लेकिन यह मनुष्य के भाग्य (तेल के कुओं) से जन्मे पुरुषार्थ को देखने की यात्रा थी।

दुबई-अबूधाबी हाईवे पर हर 15-20 किलोमीटर के बाद माइलो मीटर लगे थे, जो हमारी तेज रफ्तार को एक कैमरे में दर्ज करते और कई बार रफ्तार बताई भी जाती। हमारे चालक इस सड़क पर बीस वर्षों से चल रहे थे। उन्हें तो हर माइलो मीटर के लगे होने का स्थान भी परिचित था। जब माइलो मीटर आता तो रफ्तार थोड़ी धीमी हो जाती, वैसे उन्होंने कार ऑटो स्पीड पर कर रखी थी, जिससे जुर्माना से बचा जा सके। मधुकर जी हर मोड़ से परिचित थे। टू लेन से सिक्स लेन के बनने को याद करते हैं। अबूधाबी में भी नए निर्माण का जोर-शोर है। लम्बे समय तक शासन करने वाले शेख की मृत्यु के बाद अब नए शेख आए हैं। पुराने शेख पिछले वर्ष दुनिया छोड़कर गए। 80 वर्ष से भी ज्यादा उम्र थी, पर पूरा अबूधाबी उन्हें पूजनीय मानता है और आदर से याद करता है। नए शेख अपना महल बनवा रहे हैं, जो मैरिना मॉल के पास था। लगता था मानो ताजमहल ही बन रहा हो।

पूरे खाड़ी देशों में रैफल या लॉटरी पाने की जबर्दस्त हवस है। मैरिना मॉल में 250 दरहम की खरीदारी करने पर एक कार की लॉटरी का दावा था। एक महिला की खरीदारी के बाद भी शायद एक-दो दरहम कम पड़ रहे थे। वह कुछ देर तक तर्क करती रही। टिकट जारी करने वाला व्यक्ति अड़ा हुआ था। तभी उस महिला ने न आव देखा, न ताव और पूरे टिकट ही उठा लिये और अपना हिस्सा ले लिया। हमें एक अध्यापक के बारे में बताया गया जिनकी चार मर्सिडीज कारें लॉटरी में निकली थीं। खाड़ी देशों में लॉटरी की कई दन्तकथाएँ हैं।

अबूधाबी की सम्पन्नता का राज यहाँ की तेल कम्पनियों की कमाई और उस धन का सही निवेश है। तेल की प्राप्ति तीन जगहों पर होती है। पहली समुद्र के भीतर, दूसरी समुद्र तट पर और तीसरी है गैस की प्राप्ति। 30-40 हजार लोग इन तीन बड़ी कम्पनियों में काम करते हैं। यू.ए.ई. के एमिरेट्स में अबूधाबी सबसे अमीर है। दुबई को ज्यादातर ऋण अबूधाबी से ही मिला है।

अबूधाबी का समुद्री तट साफ और सुन्दर है। नीलाकंच पानी, गहरा और दूर तक दिखाई देने वाला जल। दुबई में, अबूधाबी में समुद्र के खारे जल को मीठे जल में बदलने के यंत्र हैं। अबूधाबी में समुद्र किनारे उनका सबसे ऊँचा 'पोल' (झंडा स्तम्भ) है और यही है ब्रेकिंग सी। समुद्र के तरह-तरह के नज़ारे अबूधाबी में दिखाई देते हैं। पार्क में घूमने के लिए किराया देना पड़ता। पुस्तकालय में दो हजार से भी अधिक अरबी की पुस्तकें हैं।

अबूधाबी में अमेरिकी और फ्रेंच संस्कृति का ज्यादा प्रभाव दिखता है। ज्यादातर तेल कम्पनियाँ अमेरिका से तिजारत करती हैं, उनके प्रभाव में है, दुबई में ब्रिटिश ताकतवर दिखते हैं। भारतीय दुबई में ज्यादा हैं और दुबई के 'डेरा' इलाके में तो सर्वाधिक हैं। दुबई के मीना बाजार में तो ग्राहक भी भारतीय दिखते हैं, दुकानदार भी भारतीय। सोने की ज्यादातर दुकानें दक्षिण भारतीय स्वर्ण विक्रेताओं की हैं। 'गोल्ड सुख' का नज़ारा जरूर अन्तर्राष्ट्रीय है। रिक्का में माहौल अरबमय है। वहाँ समुद्र और रेत की संस्कृति में अरबी संगीत और लय गूँजती सुनाई देती है।

दोनों शहरों—अबूधाबी और दुबई में निर्माण कार्य जोरों पर है। जानकार बताते हैं कि 2-3 साल में बहुत कुछ बदल जाएगा। बहुत कुछ तो अभी गुजरे पाँच-दस साल में बदला है। नई दुबई में कई हाउसिंग प्रोजेक्ट आ रहे हैं। अबूधाबी और दुबई के बीच कई खाली घर दिखते हैं। ग्रामीण निवासियों के लिए सुन्दर बड़े घर बने हैं, पर ग्रामीणजन आना नहीं चाहते, वे आए ही नहीं। दुबई में विला संस्कृति, फ्लैट संस्कृति एक साथ पनपी है। एक-से-एक सुन्दर मस्जिदें। विशालता और स्थापत्य कला की बानगी पेश करतीं। दुबई में मदिनत जुमैरा, अली कौसिमी और मीना ए सलाम देखकर यह कहना मुश्किल है कि हम खाड़ी देश में हैं या यूरोप के वेनिस शहर में, या फिर नहरों के शहर एम्सटर्डम में। पानी, नहरें, नाव और विशाल पत्थरों से बने होटल। मुझे जोधपुर का होटल उम्मेद पैलेस और वहाँ का किला याद आ गया जहाँ एक गर्मी की दोपहर जब रेत ने आकाश में फैलकर हवाई जहाज को उड़ने से रोक दिया था। पर यह नज़ारा एकदम अलग ही था।

दुबई का नया आकर्षण है 'ग्लोबल विलेज'। एक ही छत के नीचे पूरे विश्व के दर्शन और खरीदारी। ईद के दिन ग्लोबल विलेज देखने, वहाँ समय बिताने साढ़े तीन लाख लोग आए। अबूधाबी में एक शिक्षक ने बताया कि उस दिन उनकी एक सहयोगी को फिर से अपने घर पहुँचने में सवेरे के साढ़े चार बज गए, जबकि सब

कुछ सामान्य रहता तो वह शाम को सात-आठ बजे तक अपने घर पहुँच जाती। दुबई एयरपोर्ट पर हर दिन 22,000 यात्री पहुँचते हैं और दुबई शॉपिंग फेस्टिवल में 7 लाख लोग आते हैं, जबकि दुबई एयरपोर्ट से गुजरकर जाने वाले यात्रियों की संख्या 2 करोड़ 7 लाख है। दुबई के अन्तर्राष्ट्रीय हवाई अड्डे से हर दिन 59,452 यात्री गुजरते हैं।

दुबई हवाई अड्डा पश्चिमी देशों को टक्कर देने वाला है। ज्यादातर बड़े हवाई अड्डों के भीतर 2-3 किलोमीटर चलकर ही बोर्डिंग होती है। दुबई में भी ऐसा ही है। एयरपोर्ट की शॉपिंग भी कई यात्रियों को आकर्षित करती है।

दुबई में एक कठिन और प्रकृति के विपरीत दुनिया को मनुष्य ने सरल और प्रकृति के सहज बना दिया है। इतनी हरी घास के बगीचे, लम्बे, ऊँचे पेड़, नाना प्रकार के पुष्प। अपनी विरासत को सँभालने की ललक और प्रकृति के विपरीत रंगों को रँगने की कला। मदिनत जुमैरा तो एक ऐसा नज़ारा है जिसे देख मनुष्य की प्रकृति पर विजय की दाद देनी पड़ती है। क्या इसमें भारत के कारीगरों का हाथ नहीं है, शायद होगा। दुबई में पुलिस की उपस्थिति नहीं के बराबर है। सिर्फ अबूधाबी जाते हुए दुबई की सीमा पर हमें शेखों की परम्परागत वेशभूषा में हथियारबन्द पुलिस दिखी। अपराध, हत्याएँ और बलात्कार के समाचार भी अखबार में कम थे। कबीलाई अपराध कथाएँ जरूर थीं, पर दुबई में चोर-अपराधियों का डर नहीं के बराबर था। किसी भी 'विला' के बाहर न तो सुरक्षा की व्यवस्था थी और न कहीं आधुनिक गेजेट था, जो आने-जाने वालों पर निगाह रखे थे। दुबई में अमेरिका के मुकाबले जीवन में कम भय दिखाई देता है। सम्पन्नता के बाद सुरक्षा का बोध कम दिखाई देता है।

दुबई में पर्यावरण के साथ खिलवाड़ कितना होता है? दूर-दूर तक समुद्र के भीतर 'मैंगरो' देखकर मैंने मधुकर जी से पूछा। मधुकर जी का जवाब था, नहीं के बराबर। अबूधाबी में रेगिस्तानी पक्षियों को उड़ते हुए आसानी से देखा जा सकता है। बगीचों में 'एक दिरहम' में घूमा जा सकता है। अबूधाबी और दुबई-मुम्बई दिल्ली के मुकाबले छोटे शहर हैं, पर सम्पन्नता और आगे बढ़ने की चाह में इन दोनों महानगरों से आगे हैं।

दुबई, मुम्बईवासियों के लिए 'बुरा' शहर है क्योंकि मुम्बई का माफिया सरगना एक दफा, कुछ समय पहले तक दुबई से अपने ऑपरेशन संचालित करता था। मुम्बई में 'दुबई रिटर्न' की कोई अहमियत नहीं है, लेकिन अब मुम्बई में भी दुबई के दाग मिट चुके हैं। दुबई का शॉपिंग प्लेस अब सिर्फ ढाई घंटा ही दूर है, इतना समय तो कई उपनगरों से दक्षिण मुम्बई आने-जाने में लग जाता है। मुम्बई और दुबई के बीच रास्ता फिर खुल गया है।

जिस दिन दुबई में सार्वजनिक अवकाश नहीं होता है (शुक्रवार को यहाँ सार्वजनिक अवकाश होता है) उस दिन बाजारों में रौनक नहीं रहती है। दिन में गोल्ड

सुख तक खाली पड़ा रहता है। वरना ग्लोबल विलेज भीड़-भाड़ का सबसे प्रसिद्ध केन्द्र है। ग्लोबल विलेज में अन्तर्राष्ट्रीय पैवेलियन है और साथ ही है मनोरंजन, मौज-मस्ती के तरह-तरह के मौके, साधन। इस साल ग्लोबल विलेज ने नई जगह बना ली है। दुबई लैंड जो एमिरेट्स रोड पर है, अब ग्लोबल विलेज का नया पता है। यहाँ पर छह प्रवेश द्वार हैं और 1,500 कारों की पार्किंग है।

ग्लोबल विलेज की खास बात है अन्तर्राष्ट्रीय पैवेलियन जहाँ लोग अपने-अपने देश की संस्कृति, कला और व्यंजनों का प्रतिनिधित्व करते हैं। बहुत कुछ शनजन (चीन) के नक्शे कदम पर। इस वर्ष 45 देशों ने इस विलेज में प्रतिनिधित्व किया। इस साल जापान ने पहली बार सैकड़ों वर्गमीटर के इलाके में अपनी संस्कृति का परिचय कराया। भारत का पैवेलियन सबसे बड़ा है। इसी विलेज में एम्फी थियेटर है जहाँ 6,000 दर्शक नाटक, मूकाभिनय देख सकते हैं। यहाँ पर पचास से भी ज्यादा रेस्तरां हैं, चार कैफे और पचहत्तर दुकानें हैं जहाँ खाने की दुनिया एक होती दिखती है। दुबई में हर चीज प्रचुर, भव्य और पर्याप्त है।

दुबई में रात्रि शॉपिंग भी आठ बजे शुरू होकर देर रात बारह बजे तक चलती है और दाम भी वही रहते हैं। ग्लोबल विलेज इस बार 12 जनवरी से 31 मार्च तक खुला रहा और अपनी छटा बिखेरता रहा।

*(वर्ष 2005)*

## एम्सटर्डम

# आजादी और वर्जना-विहीनता

तीसरी बार एम्सटर्डम पहुँचने पर हवाई अड्डे से बाहर निकलने का आखिर मौका मिल ही गया। 1989 में फ्रांस जाते हुए एम्सटर्डम हवाई अड्डे पर एक-दो घंटे रुका था, तब यहाँ का हवाई अड्डा विश्व में तीसरे नम्बर का हुआ था या नहीं, मालूम नहीं। पृथ्वी परिक्रमा के दौरान यह सबसे पहला पड़ाव था। बहुत कुछ तो स्मृति से दूर हो चुका था, लेकिन 14 वर्ष बाद सूरीनाम की राजधानी पारामारिबो जाने के लिए आठ घंटे तक हवाई अड्डे के भीतर ही एक-एक दुकान को छान मारने और भरपेट मुफ्त का एयर लाइंस द्वारा लाउंज में जाकर नाश्ता करने के बाद हवाई अड्डे की भव्यता, वहाँ से उड़ान भरते और उतरते जहाजों को देखने के बाद पारामारिबो के लिए उड़ गए, लेकिन दस दिन बाद जब तीसरी दफा एम्सटर्डम पहुँचे तो हमारा जहाज एक घंटा पहले ही आ गया। हमें लेने आने वाली हमारी एडवांस टीम के सदस्य *जनसत्ता* के सम्पादक ओम थानवी यूथ हॉस्टल देर से पहुँचे। वे जब तक आते मैंने बाहर निकलकर उनकी राह देखने का मन बनाया। यह देखने के लिए कि बाहर निकलकर कैसा दिखता है—एम्सटर्डम। हवाई अड्डे के वातानुकूलित वातावरण को सिर्फ काँच के एक दरवाजे ने अलग कर दिया, ठंडी और ताजा हवा का पहला झोंका!

बाद में तो एक सप्ताह के दौरान फिर हम पहली यूरो लाइन से रेल के जरिये एम्सटर्डम रेलवे स्टेशन, जिसे सेंट्रल के नाम से जाना जाता है, से बाहर निकले और फिर स्टेशन पहुँचे। एम्सटर्डम को नाव में बैठकर देखा। उपनगरीय रेल से रॉटरडम से लौटते हुए एम्सटर्डम फिर पहुँचे। बार-बार एम्सटर्डम दर्शन हुए। 14 वर्ष की मुराद पूरी होने का यह नायाब तरीका था।

हॉलैंड को वहाँ के सवा करोड़ लोगों ने अपने पौरुष और साहस से शताब्दियों में एक ताकतवर, सम्पन्न और सुन्दर देश बना दिया। हॉलैंड सिर्फ ट्यूलिप पुष्पों और पवनचक्की का देश नहीं है, वहाँ का समाज, वहाँ का पहनावा, वहाँ की मौज-मस्ती, वहाँ की व्यवस्था को एक सप्ताह में घूमकर देखने के बाद लगता

है, बदलते यूरोप की हवा हॉलैंड में चल रही है, जो जर्मनी और आस्ट्रिया में भी दिखाई पड़ी।

हॉलैंड में सार्वजनिक स्थानों पर कर्मचारी अपने काम में बहुत व्यक्तिगत रुचि लेकर ग्राहक को बहुत समय देते हैं। उसकी पूरी बात सुनते हैं। उसके संशय दूर करते हैं, चाहे वह एम्सटर्डम सेंट्रल का रेलवे बुकिंग काउंटर हो, हॉस्टल में कमरा लेने की बारी हो या फिर रुपया-यूरो-डॉलर बदलने का मनी एक्सचेंज ब्यूरो हो। मुम्बई के चर्चगेट स्टेशन पर विदेशी पर्यटकों के हाल तो भी ठीक रहते हैं, लेकिन दिल्ली की रेलवे व्यवस्था के कुप्रबन्धन की याद आते ही तो यहाँ के रेलवे विभाग का हाल सुखद लगा। भारतीय रेलवे को दो बातों पर जरूर कुछ अंक मिल सकते हैं, वह यूरो रेल और बुलेट रेल के मुकाबले बहुत सस्ता है और वह भारी तादाद में यात्रियों को ढोता है।

सेंट्रल स्टेशन 1889 में बना था। एक तरफ समुद्र का विशाल प्रवाह तो दूसरी ओर विशाल खुला हुआ प्रांगण, चहल-पहल और एम्सटर्डम का प्राण। कथाकार रवीन्द्र कालिया जब दो बार वहाँ मिल गए तो उन्होंने कहा, 'लगता है, यह शिमला की माल रोड है जहाँ पर्यटक या परिचित आपस में बार-बार टकराते हैं।' यहाँ यात्री टकराते हैं और बिछुड़ते भी हैं। यहाँ पर ही एम्सटर्डम का चकला बाजार है जहाँ पर वेश्यावृत्ति को कानूनी मान्यता मिली हुई है। हॉलैंड में यौन क्रान्ति हो रही है यदि यह कहा जाए तो कोई बढ़ी-चढ़ी बात नहीं होगी। लेकिन इसका महिलाओं की सामाजिक भागीदारी पर असर नहीं पड़ रहा। यहाँ समाज में हर तरफ महिलाओं का रौब है, उनकी भागीदारी है। ट्राम, रेलवे बुकिंग, एक्सचेंज ब्यूरो, हॉस्टल व्यवस्थापन में वे अग्रणी हैं। साइकिल चलाने वालों को कार और ट्राम चालक सम्मान देते हैं मालूम नहीं क्यों, हमारे देश में साइकिल चालकों को न तो सम्मान दिया जाता है और सड़क दुर्घटनाओं में मरने वालों में सबसे ज्यादा संख्या भी उन्हीं (साइकिल चालकों) की होती है। एक बार दिल्ली में पीरागढ़ी चौक पर लालबत्ती के किनारे खड़े होकर यह देख रहा था कि दिल्ली में जहाँ देश की सबसे अधिक मोटरें हैं, वहाँ साइकिल कौन चलाते हैं, तो दिखा कि साइकिल चलाने वालों में अधिकांश ने हवाई चप्पलें पहनी हुई थीं, चतुर्थ श्रेणी के सरकारी कर्मचारी या फिर फैक्टरी में बहुत नीचे स्तर पर काम करने वाले मजदूर। सबसे पहले चीन की राजधानी बीजिंग में साइकिल सवारों की संख्या और रुतबा देखकर दंग रह गया था। उसके बाद एम्सटर्डम में साइकिलों की तादाद, उनके लिए भूरी लेन और साइकिल सवारों की निर्द्वन्द्वता देखकर आश्चर्य हो रहा था।

एम्सटर्डम शहर का नाम नदी के नाम पर रखा गया है और यहाँ की संस्कृति को पानी से जुड़ी कहा जाए तो शायद गलत नहीं होगा। पूरे शहर में नहरों का जाल है, क्योंकि एम्सटर्डम शहर समुद्र तल से डेढ़ फुट नीचे है। शहर को समुद्र तल

के बराबर लाने के लिए नहरों की इंजीनियरिंग ने शहर को एक नया रूप दे दिया है। ढाई सौ रुपये में एक घंटे में एम्सटर्डम दर्शन करने वालों में वृद्ध दम्पती, बाल बच्चेदार परिवार और हमारे जैसे पर्यटक शामिल थे। रेकॉर्डेड आँखों देखा हाल डच और अंग्रेजी में बारी-बारी से सुनाया जा रहा था। विश्व प्रसिद्ध बियर बनाने वाले हेनिकन ब्रांड के मालिक का होटल विशाल तो था ही पर उसकी खासियत यह भी थी कि उसका रसोईघर पानी की सतह पर था। इन नहरों में कई गैर-कानूनी हाउसबोट थे। कई घरों के पिछवाड़े तक थे, लेकिन पानी कहीं गन्दा नहीं था। नहर में कहीं लताएँ-वनस्पतियाँ नहीं थीं, जिस तरह की जल-कुम्भी जयपुर या फिर उदयपुर की झीलों में फैल गई हैं। यह अलग बात है कि पिछले साल मानसून नहीं आने से राजस्थान की झीलें पूरी तरह सूख गई थीं, लेकिन पेरिस की सीन नदी के मुकाबले पानी कुछ मटमैला था।

इन नहरों पर शानदार पुल बने थे जो 17वीं शताब्दी से लेकर 19वीं शताब्दी की फ्रांसीसी शैली के हैं। जैंटलमेन केनाल जो 17वीं शताब्दी की है वहाँ से थोड़ी दूर पर ही एक साथ सात पुल दिखाई देते हैं। एम्सटर्डम के मेयर भी एक साधारण से फ्लैट में इस नहर के किनारे रहते हैं। नहर किनारे घर की सीढ़ियाँ सँकरी और छोटी हैं क्योंकि बड़े क्षेत्र के घर में टैक्स ज्यादा लगता है। एम्सटर्डम में हर सप्ताह एक कार नहर में गिर जाती है जबकि साइकिल सवारों को यह आजादी है कि वे खम्भों के पास साइकिलें बाँध सकते हैं। नहरों में जगह-जगह पर नावों को खड़ा न रखने की चेतावनी दी हुई है यानी नहर में भी नो पार्किंग का निशान बाकायदा बना हुआ है। पानी के सब तरफ होते हुए भी एम्सटर्डम में पीने का पानी बेहद महँगा है। यहाँ फोन करना सहज और सस्ता भी था। लन्दन में बांग्लादेश कार्ड जितना तो नहीं लेकिन फिर भी सस्ता है।

एम्सटर्डम मौज-मस्ती और कैफे का शहर भी है। यहाँ के कैफे बियर, कॉफी परोसते हैं लेकिन सैकड़ों लोगों का मनोरंजन करने के लिए नटबाज भी कम नहीं हैं। कोई तरह-तरह साइकिल पर करतबबाजी करता दिखता है तो कोई पेड़ पर फुटबॉल खेल रहा होता है, कोई मलखम्भ पर उलटा लंगोट चढ़ाए चढ़ता-उतरता है। एम्सटर्डम सेंट्रल के पास शाही महल के प्रांगण में स्वांग करने वालों में चुड़ैल से लेकर नर्तक तक मौजूद थे। एक तरफ वॉन गॉग की कलाकृतियों को देखने की लम्बी कतार है। ऐनी फ्रेंक के त्याग की सराहना करने वालों की बड़ी तादाद है, तो साथ ही, हलके-फुलके मनोरंजन से लुत्फ उठाने वाले भी कम नहीं हैं।

पूरे यूरोप में अपने अतीत को सहेजकर रखने की समृद्ध परम्परा है। इन म्यूजियमों में दाखिल होने के लिए बड़ी राशि देनी पड़ती है। उनमें स्मृति को संस्थागत रूप देने के लिए कर्मचारी कार्य करते हैं। सीडी, फिल्मों और पुस्तकों के जरिये विचारों और कार्य को महत्त्व दिया जाता है। हमारे यहाँ गांधी-नेहरू के अलावा किसी राजपुरुष

का कार्य तरतीब से नहीं रखा गया है। यह वर्ष कई महत्त्वपूर्ण भारतीय नेताओं का शताब्दी वर्ष है, लेकिन उनकी स्मृति को स्थायी करने का संस्थागत प्रयास नहीं के बराबर है। 13 वर्षीय ऐनी फ्रेंक की डायरी के बहाने हिटलर के खिलाफ, विशेषकर हिटलरी प्रवृत्ति के खिलाफ, माहौल बनाया जाता है। ऐनी फ्रेंक के छिपने के स्थल पर इतना गमगीन वातावरण था कि कई दर्शकों की आँखें छलछला गई थीं। कई महिलाओं की आँखों में आँसू थे।

यही हाल चित्रदीर्घाओं का था। यूरोप के हर व्यक्ति को कला की विस्तृत और गहरी समझ हो यह बात नहीं है लेकिन वहाँ का समाज यह मानता है कि हर श्रेष्ठ कलाकृति को देखकर, हर अच्छी कविता को पढ़ कर, हर समाजशास्त्री व मनोवैज्ञानिक के कार्य को देख व्यक्ति वह नहीं रहता है, जैसा वह होता है। यूरोप में कई चित्रकारों और मनोवैज्ञानिकों के संग्रहालय 1970-75 के आसपास वहाँ की सरकार और न्यासों की मदद से प्रारम्भ हुए। यूरोप में अपनी कलाओं व रचनात्मक कार्यों के बारे में निरन्तर सोच चलता रहता है और यह कोशिश रहती है कि कलाएँ और रचनात्मक कार्य आम आदमी तक पहुँचे। समाज में हो रही उथल-पुथल को स्वीकार करते हुए भी तात्कालिकता में नहीं बह जाने का उदाहरण एम्सटर्डम, वियना और लन्दन में मिला, जहाँ इस समय मुख्य चर्चा का विषय आर्थिक और तकनीकी बदलाव है। सभ्यतागत बदलाव के दौरान अपने अतीत, अपनी संस्कृति को सँजोकर रखना यूरोप की खासियत है जिसे एशिया को समझना जरूरी है। एम्सटर्डम ने 'यौन व्यवहार' और 'यौन सहनशीलता' में क्रमशः हो रहे बदलावों को स्वीकार करने में साहस दिखाया है। दुनिया भर के 'समलैंगिकों' की राजधानी बन चुका है एम्सटर्डम। देखिए एक बानगी : एम्सटर्डम साल भर पुरुष समलैंगिकों और महिला समलैंगिकों (गे और लेस्बियन) को आकर्षित करने की क्षमता रखता है, लेकिन साल के चार मुख्य मौके ऐसे हैं जिन्हें दुनिया भर के गे और लेस्बियन भूल नहीं सकते। वे दुनिया के किसी भी कोने में हों, यहाँ आ ही जाते हैं। 30 अप्रैल : क्विन्स डे, 31 जुलाई से 3 अगस्त तक—'गे' परेड, नवम्बर का पहला सप्ताहांत : लेदर प्राइड और तारीख तय नहीं : समलैंगिक परपीड़न फैंटेसी।

साथ ही *गे* पत्रिका का विज्ञापन पढ़िए : *गे न्यूज* 1992 से समलैंगिकों की पथ प्रदर्शक। अब देश में सर्वाधिक बिकने वाली पत्रिका अंग्रेजी और डच भाषा में उपलब्ध। ताजा समाचार। (यह समाचार हमने ऐनी फ्रेंक म्यूजियम के पास से एक 'मैप' (नक्शे) से लिया, जो हमें वहाँ की एक छोटी स्टॉलनुमा दुकान से मिला। इस स्टॉल में ज्यादातर समलैंगिक साहित्य था जो उसने हमें 'मुफ्त' में दिया। इस 'मैप' में कई विज्ञापन हैं जो गे होटल, बार, क्लब, कॉल बॉय के बारे में है। इस 'मैप' में वे स्थान भी हैं जहाँ 'गे' बस्तियाँ हैं। इसमें बुक शॉप, सेक्स शॉप, लेदर

शॉप, हेयर एंड ब्यूटी, शॉपिंग और स्टाइल। एम्सटर्डम का यह 'गे मैप' गे न्यूज ने प्रकाशित किया है।

इस स्टॉल पर एचआईवी धारक समलैंगिकों के लिए रिश्तों और सेक्स पर भी एक पुस्तिका है। 'टेरेस हिग्नस ट्रस्ट' एच.आई.वी. धारकों को सामान्य जीवन जीने का रास्ता बताता है। इसमें सवाल है, आपको एच.आई.वी. है और आप सेक्स चाहते हैं, क्यों? यह मानवीय जरूरत है जैसे खाना या सोना, यह अन्य व्यक्ति से अपनापन दिखाने का जरिया है। यह दिखाने के लिए कि वह पुरुष है। समलैंगिक को समाज में अपनी पहचान के लिए, जिन्दादिली के लिए, बच्चे पैदा करने के लिए। मजे के लिए, अपने साथी की सन्तुष्टि के लिए, एच.आई.वी. के तनाव से बचने के लिए। इसमें पुस्तकों की चर्चा, हेल्प लाइन के फोन नम्बर हैं। साथ ही उस वेबसाइट का जिक्र है, जहाँ लोग बिना विरोध के समलैंगिक सम्बन्ध बनाते हैं और अपनी जान खतरे में डालते हैं।

हॉलैंड में वेश्यावृत्ति कानूनी है। समलैंगिकों का विवाह कानूनी है। सेक्स म्यूजियम और सेक्स आजादी का सार्वजनिक प्रदर्शन है। समलैंगिकों के लिए खास पार्क है, नहरों के किनारे हैं। इतना ही नहीं, लेस्बियन (महिला समलैंगिकों) के लिए सूची का कैटलॉग है, जिसमें क्लबों के पते, कैफे-बार, रेस्तराँ के नाम, रहने की जगहों और किताबों की दुकानों के नाम। कुछ बानगी आप भी पढ़िए। सी.ओ.सी. समलैंगिकों के संगठन कार्यालय का पुराना साप्ताहिक औरतों का क्लब। यू टू तरह-तरह का मजमा। 1940 के हिट गानों की बहार, महिलाओं के पेशाबघर, लम्बी लाइन लगती है, हॉल भर जाते ही दरवाजे बन्द हो जाते हैं। व्रोलजिक हॉलैंड में गे और लेस्बियन के बारे में साहित्य बेचने वाली सबसे बड़ी किताब की दुकान है। एक किताब की दुकान पर सेकंड हेंड किताबें ही सबसे ज्यादा बिकती हैं।

इन्फॉर्मेशन सर्विस की भी विस्तृत जानकारी दी गई है। पिंक पाइंट कहाँ हैं, इसकी जानकारी और कहा गया है कि यहाँ के स्वयंसेवक दोस्ताना और मददगार हैं। यहाँ मिलती हैं टी शर्ट, पोस्टकार्ड और यादगार वस्तुएँ। गे-लेस्बियन स्विचबोर्ड दिन 2 बजे से रात 10 बजे तक चलता है। यहाँ वे पते बताए जाते हैं जहाँ समलैंगिक अपने रिश्ते बढ़ाने के लिए समविचार रखने वालों के पास जा सकते हैं। वेबसाइट भी दोस्ताना हैं।

समलैंगिकों को मान्य करने के बाद उन्हें स्वास्थ्य सम्बन्धी जानकारियाँ देने के अलावा होने वाले खतरों के बारे में भी बताया जाता है। साथ ही, संकट से घिरी महिलाओं के लिए सेंटर भी हैं जहाँ उनकी मदद की जाती है।

*ग्रे क्रॉट* पत्रिका का सम्पादकीय भी पठनीय है जो इस पत्रिका के 1 अप्रैल, 2001 के अंक में प्रकाशित है—अप्रैल की पहली तारीख एक ऐतिहासिक दिन है। 1 अप्रैल, 2001 का बहुत महत्त्व है, इस दिन हॉलैंड में किया गया कार्य इतिहास

की पुस्तकों में दर्ज होगा। पहली बार दुनिया में गे और लेस्बियन को सार्वजनिक विवाह कानून के तहत रिश्ता बनाने की इजाजत दी गई। डच कानून के अनुसार सिर्फ नीदरलैंड में रहने वाले गे अब इस संस्था यानी विवाह का उपयोग कर सकते हैं। विदेशियों के लिए भी नए रास्ते खुल रहे हैं। डच हालात सुधरने पर बधाई। अब विदेशी डच उदाहरण देकर अपने देश में अपने अधिकारों के लिए लड़ सकते हैं। वे इस कानून को एक परम्परा भी मान सकते हैं। शायद डच कानून के चलते ही कनाडा में भी इस तरह के विवाह को मान्यता मिल गई है।

यूरोप में रेल का सफर कैसा होता होगा? क्या देशों की सीमाएँ पार करने में कठिनाई आती होगी? ट्रेन लेट तो नहीं होती होंगी और दुर्घटनाएँ तो नहीं होती होंगी? सिल्वर लाइन का एम्सडर्टम से वियना वाया कॉलोन (जर्मनी) का टिकट लिया तो यही सवाल मन में उठ रहे थे। अपने देश की रेल-यात्राओं के अनुभव कितने काम आएँगे, इसका ज्यादा भान नहीं था, पर मेरे साथ *प्रभात खबर* के प्रधान सम्पादक और हमारी कई यात्राओं के हमसफर हरिवंश थे, तो बहुत भरोसा था। हरिवंश व्यवस्थित और अफरा-तफरी से दूर रहने वाली यात्री हैं। स्टेशन पर एक घंटे पहले पहुँच जाना। मिनट, घंटा और सप्ताह का अग्रिम हिसाब-किताब।

बहरहाल एम्सटर्डम सेंट्रल से 5.04 संध्या को रवाना होने वाली फ्रेंकफुर्त की ट्रेन रवाना हुई। डब्बों की संख्या बाहर नहीं लिखी थी, जिस तरह हमारे यहाँ एस-1, एस-2 डब्बे के बाहर ही लिखा रहता है। डब्बे की संख्या अन्दर थी और एक बार ट्रेन में अन्दर चढ़ गए तो बेफ्रिकी से डब्बा खोला जा सकता है। हमारा डब्बा चेयरकारनुमा था जिससे हमें सिर्फ 3 घंटे का सफर करना था। यह गाड़ी बहुत 'बदनाम' थी क्योंकि इसके दो-तीन बार 'एक्सिडेंट' हो चुके थे और कुछ यात्रियों की मृत्यु भी हो चुकी थी। हमारी सीट के पास ही यह चिन्ता करते और हमारी जिज्ञासा बढ़ाते एक यात्री ने बहुत शुरू में यह सूचना दी। हमें यह भी बताया गया कि जब रेल 200 किलोमीटर प्रति घंटा से तेज चलेगी, तब डब्बे के भीतर लगे इलेक्ट्रॉनिक सूचना पट्ट पर इसकी सूचना आ जाएगी। यह सूचना तो नहीं आई, लेकिन गाड़ी की गति धीरे-धीरे कम होने लगी और कुछ ही देर में पूरी तरह थम गई। मैंने साथ में बैठे युवक से पूछा, "क्या हम अब भी हॉलैंड में हैं?" उसने बाहर खिड़की से झाँका और कहा, "बाहर सड़क पर खड़ी गाड़ियों की नम्बर प्लेट देखकर तो यही कह सकता हूँ हम हॉलैंड में ही हैं।" कुछ देर रेल रुकी रही, तभी डब्बे के भीतर उद्घोषणाएँ होने लगीं जो सुनी जा सकती थीं। उच्चारण साफ था, लेकिन घोषणाएँ पहले डच भाषा में थीं और बाद में अंग्रेजी में। घोषणा थी कि हमारी ट्रेन के आगे तीन ट्रेनें रुकी हुई हैं क्योंकि कई यात्रियों ने बगैर आज्ञा के पटरियाँ पार करनी शुरू कर दी थीं। गाड़ी कुछ देर रुकी रही। लेकिन देखते-देखते 20-25 मिनट गुजर गए। हमारी ट्रेन को जर्मनी के शहर कॉलोन 7.50 तक पहुँच जाना था, फिर 14 मिनट

बाद हमारी ट्रेन नम्बर 331 थी, जो सवेरे हमें वियना पहुँचाने वाली थी। आखिरकार ट्रेन चली। बेचैनी बढ़ती जा रही थी। रात में क्या होगा? कहाँ रहेंगे? नया देश, नया शहर, नई भाषा, नए लोग! अनिश्चितता से गाड़ी रवाना हुई। बहुत धीरे-धीरे और थोड़ी देर बाद रुक गई। कुल जमा दस मिनट और रुकी और हमारी देरी 40 मिनट की हो गई। यानी 8.04 रात की ट्रेन हमें किसी भी सूरत में नहीं मिल सकती थी। सारी तयशुदा यात्रा जिसमें हॉस्टल की बुकिंग से लेकर एक दिन रहने के बाद की वापसी का टिकट भी शामिल था, हमें और ज्यादा दुखी कर रहा था।

खैर 8.25 पर हम जर्मनी के शहर कॉलोन पहुँचे। बाकी स्टेशनों से आगे यात्रा करने वालों को डब्बे के भीतर घोषणा करके बता दिया गया था कि उनकी अगली यात्राओं के 'कनेक्शन' कैसे मिलेंगे। फ्रेंकफुर्त से आगे जा रहे यात्रियों की 'ट्रेन' उनका इन्तजार करेंगी। हम लोग नीचे उतरे। हमारे साथ का कोई सहयात्री भी नहीं दिखा। एक युवती जो हमारी सीट के आगे बैठी थी और जो भारतीय मूल की दिखती थी, जिसे सिर्फ जर्मन भाषा आती थी, कॉलोन में डब्बे से उतरकर अपने प्रेमी को चूम रही थी, जो उसे स्टेशन पर लेने आया था। स्टेशन पर कोई भारी भागदौड़ नहीं थी, दूसरे प्लेटफार्म पर एक और रेल आने वाली थी, थोड़ी-सी भीड़ थी। हम सोच रहे थे, क्या करें, क्या नहीं?

तभी रेल का एक कर्मचारी दिखा। यूरोप में हर प्लेटफार्म पर रेलवे कर्मचारियों के बूथ बने हैं। वे यात्रियों को मदद करने के लिए होते हैं और वे मदद भी करते हैं। हमने उससे अपनी बात कही। वह अपने केबिन में ले गया और उसने टाइम टेबुल देखा और कहा प्लेटफॉर्म पाँच से मेनहेम शहर चले जाइए। वहाँ 11.54 पर आपको सिल्वर लाइन 331 नम्बर की ट्रेन मिल जाएगी। मेनहेम तक जाने वाली ट्रेन बुलेट ट्रेन थी, जिसने कई बार 250 किलोमीटर प्रति घंटे की रफ्तार पार की। इस सुपरफास्ट ट्रेन में बैठ जाने के बाद न तो किसी टी.टी. ने आकर तंग किया, न सुपरफास्ट का अतिरिक्त पैसा लगा। मेनहेम पहुँच हम छूटी हुई ट्रेन की प्रतीक्षा करने लगे। आधी रात यानी चार घंटे बाद हम उसी ट्रेन में बैठने वाले थे, जो कॉलोन में छूट गई थी। 11.54 बजे सिल्वर लाइन ट्रेन नम्बर 331 पहुँची। 48 एवं 46 की सीट नम्बर हमारी थी। सीटें खाली थीं। टीटी को मालूम था, उसने सीटें किसी को 'अलॉट' नहीं की थीं। न हमें देखकर उसने मुँह सिकोड़ा। उसने देर रात में हमारा टिकट देखा, एक जने का पासपोर्ट और टिकट रख लिया और अपना नाम बताकर कहा, "सवेरे आपका पासपोर्ट लौटा दूँगा।" हम अब विश्वास और चैन से डब्बे में सोने चले गए, जो हमारे यहाँ के थ्री टीयर जैसा था। ऊपर चढ़ने के लिए छोटी सीढ़ी थी। पीने के लिए पानी नहीं बल्कि सोडा था। (शायद शराब में मिलाने के लिए?) कोई नाश्ता, खाना नहीं। लेकिन सबसे बड़ी बात थी हमने युवा उम्र के उस टीटी को अपना पासपोर्ट कितने विश्वास से दे दिया। भारतीय रेल में

तो टीटी को एक घंटे के लिए हम अपना टिकट भी नहीं दे सकते। साथ ही मुझे देर रात रेल में चढ़ते हुए हिटलर के काल की भयभीत करने वाली रेल कथाओं और उन फिल्मों की याद आई जिनमें यहूदियों की जानें रेल में सुरक्षित पार हो जाने से बच गईं। आज भी यूरोप में रेल रुकते ही दरवाजे खुलते हैं, टीटी नीचे उतरता है। प्लेटफॉर्म पर दो-तीन यात्री बैठे हुए मिलते हैं। यूरोप में रेल यात्रा बहुत महँगी है। सबसे सस्ता पहले खरीदा हुआ जहाज का टिकट है। रेल में भी अग्रिम आरक्षण करवाने से टिकट सस्ता मिलता है। हमारे डब्बे में जाते समय एक सीट खाली थी, लेकिन लौटते समय दो यात्री नहीं आए। यूरोप की ट्रेन में हमारे यहाँ जैसे आठ यात्री नहीं बैठते। थ्री टीयर में एक कूपे में छह ही यात्री बैठते हैं। टीटी ही टिकट देखता है, नाश्ता देता है और चादर-कम्बल देता है। रेल कर्मचारी कम संख्या में थे। गाड़ी भरी हुई थी, लेकिन कम भीड़वाली थी। दो शौचालय थे, जिनमें शौच रेल की पटरी पर नहीं गिरता था, जिस तरह हवाई जहाज में शौचालय होते हैं, उसी तरह के शौचालय बने हुए थे। दाँत माँजने, दाढ़ी बनाने के दो गुसलखाने थे। गरम और ठंडे पानी के साथ।

यूरोप की रेल में यात्रियों को मदद करने, रेल परिचालन में तकनीक और वैज्ञानिक नजरिये का उपयोग किया जाता है। एक भी सीट का परदा फटा नहीं था। एक भी सीट का हैंडल टूटा नहीं था। हमारे यहाँ की रेलें भीड़ भरी तो होती ही हैं, उनमें यात्रियों की इज्जत भी नहीं होती है। प्लेटफॉर्म पर एक भी दुकान नहीं थी। प्लेटफॉर्म पर सिगरेट पीने वालों और सिगरेट न पीने वालों के लिए बहुत दूरी पर कुर्सियाँ लगी हुई थीं। ज्यादातर दुकानें बाहर थीं। सभी जगह टिकट स्वचालित मशीनों से खरीदे जा सकते थे। वियना में तो जिस दिन हम पहुँचे थे उस दिन वहाँ 'वाइन' महोत्सव चल रहा था। तीन स्टेशनों तक यात्रा मुफ्त में की जा सकती थी। प्रसिद्ध मनोवैज्ञानिक फ्रायड का म्यूजियम देखने जाते हुए रविवार को यात्रा मुफ्त होने के कारण टिकट ही नहीं लिया गया। शनिवार-रविवार को स्कूल के बच्चों के लिए यात्रा मुफ्त थी। ज्यादातर प्लेटफॉर्मों को कैमरों की निगरानी में रखा जाता है।

यूरोप में रेल के प्लेटफॉर्म और बाहर के प्रतीक्षाघर बहुत साफ होते हैं। वियना में तो कई युवक जमीन पर लेटे हुए थे क्योंकि वहाँ का फर्श बहुत साफ था। वियना से कॉलोन जाने वाली ट्रेन दो घंटे पहले ही प्लेटफॉर्म पर लग गई थी और जब सवेरे ट्रेन कॉलोन पहुँची तो प्लेटफॉर्म नम्बर 1 पर डी.बी. का बिल्ला लगाए कई कर्मचारी अपने काम पर जा रहे थे।

*(वर्ष 2003)*

## वियना

# संगीत का शहर

वियना जाना ऐसा लगता है जैसे किसी सुन्दर हिल स्टेशन की ओर जा रहे हों। पहाड़ियों पर वृक्ष-ही-वृक्ष। सारी धरती वृक्षों से लदी हुई। पहाड़ियाँ होते हुए भी नहीं दिखतीं। रात को मेनहेम में हम देर रात में ट्रेन पर चढ़े थे, इसलिए सहयात्री कौन हैं? यह मालूम ही नहीं था और परिचय तो दूर की बात थी। ट्रेन को सवेरे साढ़े आठ या पौने नौ बजे पहुँचना था। कुछ यात्री सवेरे आस्ट्रिया के छोटे कस्बों को देखते, कॉफी-चाय पीते अपने स्टेशन की प्रतीक्षा कर रहे थे। हम तो आखिरी स्टेशन पहुँचेंगे और उतरेंगे यही सोच रहे थे। तभी हॉस्टल, जहाँ हमने अपना आरक्षण करवाया था, उसका पता अपने से थोड़ी देर पहले ही सोकर उठे सहयात्री से पूछा तो वह बोला, "अरे! दस मिनट बाद ही यह उपनगर आएगा। आप वहाँ उतर जाइए। हमने सलाह मानी और स्टेशन से 500 मीटर दूर ऊँचाई पर बसे हॉस्टल पहुँच गए, जहाँ देर रात में बिजली की चमक के साथ बारिश हुई यानी अपना रिकॉर्ड इस यात्रा में भी चल रहा है सूरीनाम, हॉलैंड और अब आस्ट्रिया।

हम शनिवार को सवेरे वियना पहुँचे थे लेकिन हमें हॉस्टल में जगह दो बजे मिलने वाली थी। सामान अमानती कमरे में रख हम संगीतज्ञों, मनोवैज्ञानिक फ्रायड और राजमहल का शहर देखने निकले। रेल यात्रियों में अपनापन था। वे बात करते थे। इस यात्रा में एक और बात यह भी दिखी कि जो मध्यवर्गीय भारतीय-पाकिस्तानी थे, वे आपकी तरफ देखते भी नहीं थे, जबकि वियना में रविवार को दिल्ली की विकासपुरी में रहने वाले सन्नी ने न केवल हमें उस स्थान का नाम-पता बताया जहाँ रविवार को खरीदारी हो सकती है, बल्कि प्लेटफॉर्म तक आकर हमें रेल पकड़ने में मदद की। इसी तरह वियना रेलवे स्टेशन से जब हम फिर एम्सटर्डम लौट रहे थे तो एक दुकानदार ने सिर्फ इस शर्त पर हमें रेल का प्लेटफॉर्म बताया कि हम पाकिस्तान के नहीं हैं। मैंने पूछा, "पाकिस्तान से इतनी नफरत क्यों?" उसने '71 के मुक्ति संग्राम की याद दिलाई। मैंने उसे कहा, "हमने भी बांग्लादेश के मुक्ति संग्राम में छात्र के रूप में जैसोर जाकर मदद की थी" तो उसने मुझे स्टेशन के

बाहर ही गले लगा लिया। यों हमारी अपने को कनाडा का बताने वाले दो सिखों से भी मुलाकात हुई तो वे अपने को ज्योतिषी बता रहे थे, लेकिन उन्हें अपना भविष्य ही मालूम नहीं था। हाँ, एक तमिलभाषी सज्जन जरूर मिले जो एक होटल में पिछले तेरह वर्षों से काम कर रहे थे और आस्ट्रिया की सामाजिक सुरक्षा व्यवस्था से खुश थे। हमने बात आगे चलाने के लिए उनसे पूछा कि यहाँ से क्या ले जाना चाहिए तो उन्होंने कहा कि अब उदारीकरण के बाद भारत में ही सब कुछ मिलता है, कुछ चॉकलेट लेते जाइए।

वियना के प्राकृतिक सौन्दर्य और वहाँ की नव नात्सी सरकार के बारे में हमें थोड़ी-बहुत जानकारी थी, लेकिन जब हम यू-2 ट्रेन से कॉर्लसप्लाट्स पर रेल बदलकर स्टेपहेंसपेल पहुँचे तो प्लेटफार्म के भीतर एक बांग्लादेशी लड़का मिला जो वहाँ अखबार बेचता था। उससे हमने पूछा किधर जाएँ? तो उसने सीढ़ियों की तरफ इशारा कर कहा, 'उधर जाइए।' हम ऊपर पहुँचे तो एक विशाल, भव्य, सम्मोहित करने वाला गिरजाघर दिखा, जिसे स्टेफिइनस डोम यानी सन्त स्टेफीन कैथेड्रल के नाम से जाना जाता है। हमारे मित्र हरिवंश उसकी विशालता, स्थापत्य और मेहनत से बनाने पर इतने प्रभावित हुए कि कह उठे, "पाँच हजार वर्ष की सभ्यता और संस्कृति की बात हम करते हैं, पर क्या हमारा एक भी मन्दिर इतना विशाल है?" वे सच कह रहे थे। इस गिरजाघर के पास हॉफबर्ग यानी वहाँ का राजसी महल भी था, जो विशाल और अतीत की कहानी कहता था।

यूरोप ने पुरातन और आधुनिकता को साथ-साथ जगह दी है। वहाँ की कॉफी-बियर संस्कृति के खुले रेस्तरां, ब्रांड का सामान रखे हुई दुकानें और पास ही में चौबीस घंटे चलने वाला फव्वारा, जहाँ से हमने न केवल पानी पीया बल्कि अपनी बोतल में भर भी लिया! पानी महँगा जो था! वहाँ हमारी तरह और भी पर्यटक थे, जो पानी पी रहे थे। वियना में दुनिया का सबसे पुराना चिड़ियाघर भी है, जो 1752 में बना था। प्रकृति से जुड़ा तितलियों का म्यूजियम भी है। प्रेस्टर्न के बाहर झूलों का आकर्षक संसार था। वहाँ कई परिवार आए थे, लेकिन वियना में रविवार मतलब पूरी छुट्टी का दिन होता है। हमें रविवार को एक भारतीय छोटा व्यापारी मिला जो कह रहा था कि आप तो इंडिया के हैं, मैं तो भारत का हूँ। अब जाकर डांस करूँगा बियर पीऊँगा और रविवार की मौज-मस्ती करूँगा ।

आस्ट्रिया का समाज 'यूरो' के चलन से, यूरोपीय संघ में नए देशों के आने से बदल रहा है। एक नया विश्वास दिखाई दे रहा है, विशेषकर महिलाओं में। वियना में अंग्रेजी की प्राथमिक शाला में पढ़ाने वाली अध्यापिका ऐनी को यूरोपियन यूनियन में आस्ट्रिया की सदस्यता को लेकर कोई बेचैनी नहीं है। आस्ट्रिया का मन तो बन चुका है, लेकिन बड़े देशों जैसे जर्मनी, फ्रांस और इटली के बढ़ते प्रभाव का भय है। 'यूरो' की कीमत डॉलर के मुकाबले ज्यादा है और इराक द्वारा अपनी विदेशी

मुद्रा को यूरो में तब्दील कराने के बाद फ्रांस और अमेरिका विवाद की चर्चा से वियना में कई नागरिकों के मन में जिज्ञासाएँ हैं। आस्ट्रिया के नागरिक इस बात से भी खुश हैं कि अब नई नौकरियों के दरवाजे भी खुल रहे हैं। यूँ निजी कम्पनियों के अफसरों और कम्प्यूटर सूचना तकनीक से जुड़े कार्यों में अच्छी तनख्वाह है। अंग्रेजी की प्राथमिक शाला की अध्यापिका को 1,500 यूरो मिलते थे।

आस्ट्रिया में इस समय अनुदारवादियों की सरकार है जो चर्च के मतानुसार सरकार और समाज को चलाना चाहती है। अब पारिवारिक मूल्यों और धर्म के बताए (यहाँ ईसाई धर्म प्रमुख है, कैथलिक बहुमत में) रास्ते पर चलने पर जोर है। एकल परिवार फिर स्थापित हो, लेकिन यहाँ एकल माताएँ हैं और शादी के बिना बच्चे भी हो रहे हैं। जब हम प्रसिद्ध मनोवैज्ञानिक सिग्मंड फ्रायड के म्यूजियम से लौट रहे थे तब दो व्यक्ति कचरे के डब्बे के पास आए और कुछ खोजने लगे। ऐसा ही दृश्य जर्मनी के कोलोन रेलवे स्टेशन के बाहरी प्रांगण में बने रेस्तरां में दिखा। एक वृद्ध महिला स्टेशन पर आई और कचरे में से सिगरेट के कुछ टुकड़े उठाकर ले गई। पूरे यूरोप में गरीब दिखे, लेकिन हमारे यहाँ के मुकाबले बिलकुल नगण्य। विश्वविद्यालय के पास स्टेशन में रविवार की सुबह एक कबूतर भी प्लेटफार्म तक आ गया था, जो आराम से बैठा प्रतीक्षा कर रहा था। यूरोप में म्यूजियम बनाने, उन्हें सहेजकर रखने की समृद्ध परम्परा है, लेकिन वियना में सिग्मंड फ्रायड की स्मृति को जिस तरह सँजोकर रखा गया है, वह हमें अपने बुद्धिजीवियों, समाजविज्ञानी की यादों, उनके योगदान को अमर-अजर करने की प्रेरणा बन सकती है। फ्रायड म्यूजियम में उनकी लेखनी, उनके चित्र, उनकी आवाज के जरिये 'साइकोएनालिस' का इतिहास जाना जा सकता है। इस म्यूजियम में उनके निर्वासित होने वाले दिन (फ्रायड अपने अन्तिम दिनों में वियना से लन्दन चले गए थे) वियना पर हिटलर समर्थकों ने कब्जा कर लिया था। अपनी प्रसिद्ध पुस्तक *दि फ्यूचर ऑफ एन इल्यूजन* की भूमिका भी है। 1978 में भारत के प्रसिद्ध समाजशास्त्री योगेश अटल ने मुझे *टेबू और टोटम* पुस्तक दी थी, जिसकी मूल प्रति भी वियना के इस म्यूजियम में थी। हर वर्ष 6 मई को फ्रायड के जन्मदिन के अवसर पर फ्रायड स्मृति व्याख्यानमाला आयोजित होती है।

'बर्गेसस 19' फ्रायड का घर एक ढलान से नीचे उतर कर है। रविवार के दिन वियना की यह शान्त स्ट्रीट बरसात के पानी से भीगी हुई थी, जो हमारे वहाँ जाते समय रुक गई थी, पर लौटते हुए फिर से शुरू हो गई थी। फ्रायड को वियना के कई नागरिक जानते थे, लेकिन म्यूजियम पहली मंजिल पर था और वहाँ जाना आसान नहीं था, क्योंकि बाहर नहीं लिखा था कि यह म्यूजियम है। बाहर सिर्फ '19 बर्गेसस' लिखा था। ऊपर जाने के बाद लगा फ्रायड, माफ कीजिए डॉ. फ्रायड मौजूद हैं और अभी आपके सपनों का मनोवैज्ञानिक विश्लेषण करने आ रहे हैं। 1891 में

फ्रायड ने इस घर से अपनी मेडिकल प्रैक्टिस प्रारम्भ की थी। उन्होंने ऐसा विज्ञान स्थापित किया जिसने मनुष्य के मनोविज्ञान को पूरी तरह बदल दिया। इस घर में उन्होंने *सपनों का विश्लेषण—द इंटरप्रिटेशन ऑफ ड्रीम्स* लिखी। इस म्यूजियम में मौजूद कई कमरों में फ्रायड द्वारा उपयोग में लाए जाने वाले फर्नीचर मौजूद हैं। एक बात तो आश्चर्यजनक लगती है कि एक जीवन में फ्रायड ने कितना लिखा। उस काल में मार्क्स, फ्रायड, हीगेल सभी समाज में उठ रहे सवालों की दार्शनिक, आर्थिक और मनोवैज्ञानिक व्याख्या करते थे। 1971 में शुरू हुआ यह म्यूजियम फ्रायड की आवाज, उनकी बेटी से फ्रायड के बारे में तमाम जानकारी साक्षात्कार के जरिये बताता है। पुस्तकालय और फैलोशिप देकर यह म्यूजियम फ्रायड को सम्पूर्णता से याद करता है। क्या हम श्यामाचरण दुबे या एम.एन. श्रीनिवास की याद में कोई ऐसा म्यूजियम बना सकते हैं? अपनी विश्वविख्यात सम्पदा को सँजोकर रखना वियना की सबसे बड़ी उपलब्धि थी।

*(वर्ष 2003)*

## सूरीनाम

# हिन्दी और पुरखों की याद

हवाई जहाज से सूरीनाम की राजधानी पारामारिबो पहुँचने के दस मिनट पहले प्रशान्त महासागर का समुद्र एकदम पीछे छूट जाता है और एकाएक सारी भूमि हरी-हरी दिखाई देने लगती है। कहीं भी भूमि का भूरापन दिखाई नहीं देता है। ऐसे ही सूरीनामी नदी के भीतर पन्द्रह-बीस मिनट की तेज गति की बोट से कई छोटे-मोटे द्वीपों को पार करते हुए जब 'वर्षा जंगलों' (रेन फोरेस्ट) को वर्षा के दौरान देखने पहुँचते हैं तो जो नज़ारा दिखाई देता है, वह होता है इतने वृक्षों-वनस्पतियों के बीच धरती कहाँ दिखाई दे रही है? जंगल में कितना अँधेरा होगा? कितनी फिसलन होगी? कितनी और कैसी वृक्षों की खुशबू होगी? कितना फैलाव होगा, इन जंगलों का कोई अन्त होगा? हमारी परिचित वनस्पतियाँ भी इस अन्तहीन जंगल के भीतर होंगी? इतना हरा कंच, इतना विशाल, इतना गहरा जंगल पहली बार देख रहा था।

आकाश से देखा तो विशालता का अहसास हुआ था, लेकिन जब जंगल को भीतर जाकर देखा तो वहाँ का सन्नाटा, वहाँ का कालबोध और वहाँ की सुन्दरता देखते ही बनती थी। समय एकदम रुका हुआ था। किस वर्षा की झड़ी ने इतने वृक्षों को आकाश की तरफ उठा दिया था। लताएँ, पानी के किनारे तक फैली वृक्षों की जड़ें और वे वृक्ष भी जहाँ 'बोट' रोककर हमारा गाइड बताता है कि इस वृक्ष को सूरीनाम में पितृ वृक्ष माना जाता है और इसे काटने की सख्त मनाही है। वर्षा जंगल की रोमांचक यात्रा पर जाने के पहले 'बॉक्साइट' की खान से 'बॉक्साइट' को शुद्ध करने का अमेरिकी कारखाना आता है। फिर जंगल शुरू होता है। पहाड़ और समुद्र के बगैर। सड़क पक्की से कच्ची और फिर कीचड़ से भरी होती हुई; खराब ही होती जाती है और आती है सूरीनामी नदी, जिसके पारामारिबो में कई रंग दिखाई देते हैं।

पारामारिबो को सूरीनामी नदी से अलग करके देखना मुश्किल है। विश्व में कई शहरों में नदी के दो किनारे शहर को अमीरी-गरीबी में बाँटते हैं। लन्दन की टेम्स नदी से लेकर अहमदाबाद की साबरमती नदी तक, यही हाल सूरीनामी नदी का है, जिसने पारामारिबो को भी दो हिस्सों में बाँट दिया है। जब हम न्यू एम्सटर्डम

जा रहे थे (चौंकिए नहीं, सूरीनाम जो 28 बरस पहले तक डच उपनिवेश था, वहाँ भी न्यू एम्सटर्डम है) तो गरीब और प्रवासी भारतीयों, इंडोनेशियाई मुस्लिमों और जापानियों के घर थे, जो सम्पन्न पारामारिबो के घरों के मुकाबले बहुत विपन्न थे।

न्यू एम्सटर्डम असल में वह कस्बा है जहाँ 130 वर्ष पहले 'लालारुख' जहाज भारतीय गिरमिटियों की पहली खेप लेकर पहुँचा था। 5 जून, 2003 को पारामारिबो के समारोह में माई-बाप स्मृति के पास आधुनिक बोट में जो भारतीय उतरे थे, वह तो सिर्फ सांकेतिक था, हालाँकि वह महत्त्वपूर्ण क्षण था। न्यू एम्सटर्डम के इस अद्‌भुत संगम में प्रशान्त महासागर में कमोबाइना और मरवेना नदियाँ मिल रही थीं। समुद्र तट कहाँ शुरू होता है, नदियाँ कहाँ मिलती हैं, यह ढूँढ़ पाना वैसा ही मुश्किल था, जैसे कि सूरीनाम में आकर भारतीय मूल के नागरिक घुल-मिल गए हैं। पानी का रंग एक-सा था। सूरीनाम का जिक्र आते ही वहाँ की कम आबादी सबसे ज्यादा चौंकाती है। सिर्फ साढ़े चार लाख की आबादी और पारामारिबो की तो सिर्फ डेढ़ लाख की। भारतीय प्रवासी निकेरी में बहुत संख्या में हैं जिन्हें देख कलाकार शेखर सेन ने कहा, "यहाँ के भारतीय जैसे आए थे, वैसे ही हैं। गरीब हैं, अशिक्षित हैं, लेकिन स्नेही और अपार प्रेम करने वाले हैं। यदि माना जाए कि भारत में प्रति हैक्टर 300 व्यक्ति रहते हैं तो सूरीनाम में प्रति हैक्टर सिर्फ 3 व्यक्ति रहते हैं। इसीलिए सूरीनाम की सड़कें, बाजार खाली दिखाई देते हैं लेकिन पाँच सितारा होटल तोरारिका का 'कैसीनो' हमेशा चहल-पहल भरा दिखाई देता है। यह 'कैसीनो' का कमाल है या फिर सम्पन्न हो जाने की सूरीनामी इच्छा।

न्यू एम्सटर्डम के उस तट पर जहाँ भारतीय मूल वंशीय उतरे थे, वहाँ सूरीनाम के कवि श्रीनिवासी की पंक्तियों से जुड़ा एक स्मृति फलक है। कमोबाइना और मरवेना की साक्षी में यह फलक सूरीनाम के सांस्कृतिक पक्ष को उभारता है। सूरीनाम में सरनामी हिन्दी का बोलबाला है। छह एफ.एम. रेडियो चैनल और पाँच टी.वी. चैनल। आर.बी.एम., नूर, राधिका, त्रिशूल, रमाशा गीतमाला जैसे रेडियो चैनल संगीत-लहरियाँ बिखेरते रहते हैं। ऐसा ही आश्चर्य हॉलैंड की राजधानी एम्सटर्डम हवाई अड्डे पर हुआ था, जब हमें कार में हिन्दी फिल्मों के गाने एफ.एम. चैनल पर सुनने को मिले। टी.वी. चैनल में रसोनिक और रॉनिक प्रान्तीय चैनल हैं, जिनकी अपनी लोकप्रियता है। सूरीनाम में रह रहे प्रवासी भारतीय बहुत तरीकों से अपनी जड़ों से जुड़े हैं।

सूरीनाम क्या अमेरिकी उपनिवेश बनता जा रहा है? क्या वहाँ सैर-सपाटा करने वालों की तादाद बढ़ती जा रही है? क्या सूरीनाम की निर्भरता विदेशी पूँजी पर है? ये वे सवाल हैं जो सूरीनाम की सांस्कृतिक और आर्थिक स्थिति को देखकर मन में उठते हैं। सूरीनाम में दो पनबिजलीघर हैं जो अमेरिकी पूँजी निवेश पर चलते हैं, जो 8 सेंट प्रति डॉलर के हिसाब से प्रति यूनिट बेचते हैं।

सूरीनाम के राष्ट्रपति द्वारा 'व्हाइट हाउस' (सूरीनाम के राष्ट्रपति का सरकारी आवास, राष्ट्रपति यहाँ निवास नहीं करते हैं, वे अपने घर में रहते हैं) में दिए गए सम्मान समारोह में जिस दिन भारतीय प्रतिनिधि मंडल भूतपूर्व विदेश राज्य मंत्री दिग्विजय सिंह के नेतृत्व में राष्ट्रपति भवन जाने वाला था, सम्मान समारोह का समय गुजर रहा था। शिष्टमंडल बुलावे का इन्तजार कर रहा था। तभी देरी की असली वजह मालूम पड़ी। वह थी राष्ट्रपति भवन में दो घंटों से बिजली गुल हो जाना। उसी रात शिष्टमंडल जिस पाँच सितारा होटल में ठहरा था, उसकी बिजली भी गुल हो गई, क्योंकि जंगल में लकड़ी की इफरात के कारण पारामारिबो समेत ज्यादातर शहरों में मकान-होटल लकड़ी से बने हैं, इसलिए होटल के कमरे में मोमबत्ती जलाना भी मना था। पूरा शिष्टमंडल ही होटल की लॉबी में बैठकर बिजली के आने और उसके बाद आने वाले बुलावे का इन्तजार कर रहा था। दो घंटों के बाद राष्ट्रपति भवन फिर रोशनी से नहा उठा।

सूरीनाम के जिन 'प्लांटेशन' कारखानों में 130 वर्ष पूर्व भारतीय काम करने आए थे, वे कारखाने अब बन्द हो रहे हैं। केले, शक्कर के 'प्लांटेशन' कारखाने बन्द हो रहे हैं और सरकार, उसमें शामिल भारतीय मूल के मंत्री चुप हैं। यह शिकायत पूर्व मंत्री चाँद करते हैं तब उनकी पीड़ा अबोली नहीं रहती है। इस समय की सूरीनाम सरकार में 6 मंत्री भारत मूल के हैं। उपराष्ट्रपति जूल्स रतन कुमार अजोध्या, योजना एवं विकास सहयोग मंत्री कर्मचन्द राघ्रोवर सिंह, सार्वजनिक निर्माण कार्यमंत्री देवानन्द बालेसर, गृहमंत्री उर्मिला जोयला सेवनुन्द्रन, स्वास्थ्य मंत्री मोहम्मद रकीब खुदाबक्श, कृषि, पशुधन एवं मत्स्य मंत्री गीता प्रसाद गंगाराम पांडेय। पूर्व मंत्री चाँद के अनुसार ये सभी मंत्री भारतीयों के सवालों को शिद्दत से नहीं उठाते हैं। 'प्लांटेशन' बन्द होने से मजदूर बेरोजगार हो रहे हैं और भारतीयों की कठिनाइयाँ बढ़ रही हैं। चाँद का मानना है कि अगले चुनावों में वोट द्वारा सत्ता पलट हो जाएगी।

सूरीनाम दक्षिण अमेरिका के उत्तर-पूर्व तट पर स्थित है। फ्रेंच गुयाना एवं ब्रिटिश गुयाना इसके पड़ोसी हैं। यहाँ लहरदार पहाड़ियाँ और सँकरे दलदली तटवर्ती मैदान हैं, जो सूरीनाम के भीतरी शहरों में दिखते हैं। अमेरिका का सूरीनाम में एक बड़ा व्यावसायिक हित कच्चे तेल से जुड़ा है, जिसकी खोज जारी है और कई जगहों पर यह प्राप्त भी हुआ है। अमेरिकी संस्कृति वस्त्रों पर भी असर डालती नजर आती है। कई मायनों में तो अमेरिका से भी ज्यादा। सूरीनाम का समाज बहुजातीय एवं बहुसांस्कृतिक है। हिन्दुस्तानियों की संख्या 37 प्रतिशत है। कियाल्स जावानीज, बुश पीपुल भी हैं, सूरीनाम का हिस्सा बन गए हैं। इस बहुरंगी समाज व्यवस्था में सामाजिक, राजनीतिक और आर्थिक तनाव अपनी जगह पर है। भारतीय मूल के राजनेता महत्त्वपूर्ण भूमिका निभा रहे हैं, फिर भी उनमें इतना राजनीतिक आत्मविश्वास नहीं आया है कि वे स्वयं शासन के सर्वोच्च पद पर जाकर शासन-सूत्र संचालित

करें। भाषा, धर्म उन्हें बाँधे हुए है। एक शताब्दी से ज्यादा का अतीत उनके परिश्रम की धरोहर है, लेकिन भारतीय मूल के एक लाख से भी ज्यादा निवासी हॉलैंड चले गए हैं, जहाँ पारामारिबो और निकेरी से ज्यादा चमक-दमक है।

सूरीनाम की नई पीढ़ी के कई युवा भारत नहीं आए हैं, लेकिन अपने अतीत, अपने पुरखों की जगह देखने की ललक उनमें बनी हुई है। वे अपने गाँवों के नाम इस तरह बताते हैं मानो भारत में उन्हें हर कोई जानता होगा। पूर्वी उत्तर प्रदेश और बिहार के गाँव उनकी जुबान पर तो हैं, पर उनकी बनावट, वहाँ के लोगों के बारे में वे अपरिचित हैं, इसीलिए ढाई-तीन सौ भारतीयों को देख सूरीनाम के भारतवंशी यह महसूस करते रहे कि उनके गाँवों से ही हम लोग आए हैं। वे सरनामी हिन्दी में बात करते, भारत से आए सांस्कृतिक दलों की कव्वाली से लेकर कबीरपन्थियों द्वारा कबीर की वाणी सुनने में आनन्द लेते रहे। लेकिन सातवें विश्व हिन्दी सम्मेलन को लेकर वे भारतीय समाज की तरह बँटे हुए भी नजर आए। सातवें विश्व हिन्दी सम्मेलन का असर भारतीय समाज पर पड़ा ही, साथ ही, सूरीनाम के राजनीतिक क्षेत्र पर भी बहुत पड़ा। अगर अगले चुनावों में सूरीनाम के राजनीतिक तंत्र पर भारतीय मूलवंशियों की पकड़ और मजबूत हो जाए तो आश्चर्य नहीं होना चाहिए। सांस्कृतिक और भाषायी कार्यक्रमों-समारोहों की गति राजनीतिक नहीं होती, पर वे दीर्घकालिक जरूर होते हैं।

हिन्दी की पाठशालाएँ सूरीनाम में बड़ी संख्या में हैं लेकिन उनकी स्थिति उतनी अच्छी नहीं, जितनी होनी चाहिए। हिन्दी भवन और हिन्दी लेन का उद्घाटन अफरा-तफरी में ही हुआ लेकिन विदेश राज्यमंत्री के हाथों हो गया तो हो गया, वरना वह रह ही जाता। एक हिन्दी प्रेमी सूरीनामी ने कहा तो लगा हिन्दी के राष्ट्रीय और अन्तर्राष्ट्रीय रूप में एक समानता है। भारतीय मूलवंशीय ज्यादातर सेवाएँ प्रदान करने वाले उद्योगों, व्यवसायों से जुड़े हैं। डॉक्टर, वकील और दुकानदार हैं। सूरीनाम की भौगोलिक सीमाएँ भी उसे बाँधती हैं। उसका ज्यादा जुड़ाव हॉलैंड से है, अमेरिका से नहीं। सूरीनाम इस्लामिक संगठन का भी सदस्य है, इसीलिए विश्व राजनीति में उसकी भूमिका महत्त्वपूर्ण बनी हुई है।

सूरीनाम की वास्तुकलाएँ और स्थापत्य 'डच' वास्तु से प्रेरित है। खुले, विशाल रास्ते, भव्य घर और गिरजे, जगह-जगह एक से मन्दिर। बहुत विशाल और सुन्दर मस्जिदें। लकड़ी का कार्य और कारीगरी यहाँ अच्छी है। कलाएँ सुन्दर और महँगी हैं। एक दिन बहुत सवेरे जब हम मोबाइल दुकान पर नए यंत्रों को देखने गए तो वहाँ युवा ग्राहकों की संख्या ज्यादा थी। सोने के व्यापारी भारतीय मूल के थे और दुकानों के नाम भी लक्ष्मी भंडार और लक्ष्मी स्टोर्स जैसे थे। सूरीनाम में दोपहर में सभी दुकानदार आराम करने के लिए चले जाते हैं। सवेरे-शाम दुकानदार सजग रहकर बिक्री करते हैं।

सूरीनाम का भारतीय मूलवंशियों का समाज परम्परा और आधुनिकता के बोध को समझने वाला समाज है। 5 जून, 2003 को माई-बाप मूर्ति पर हो रहे यादगार समारोह में 84 वर्षीय पांडे जी अपने पुत्र-पौत्र के साथ कार्यक्रम में आए थे। पांडे जी हर भारतीय प्रतिनिधि को यह बता रहे थे कि वे उत्तर प्रदेश के गोंडा जिले के हैं। उनका बेटा हिन्दू धार्मिक गीत गाने का आग्रह कर रहा था। विदेश में रह उसे भारतीय धर्म परम्पराओं में बेहद रुचि दिखाई दे रही थी और उनका पौत्र सभी से अनजान इधर-उधर घूम रहा था।

इसी तरह जब ताराबिका होटल के कॉन्फ्रेंस हॉल में निजामी बन्धु की कव्वाली का कार्यक्रम हो रहा था, तब वहाँ सुनने आने वालों की संख्या में मुस्लिमों की संख्या बहुत ज्यादा थी। वे कव्वाली में 'बीट' खोज रहे थे। वे उसी तरह हाथ ऊँचे कर झूम रहे थे, मानो 'पॉप' संगीत सुन रहे हों। शुरू में जब सूरीनाम में 7वाँ विश्व हिन्दी सम्मेलन आयोजित हो रहा था, तब कई लोगों के मन में यह संशय था कि इस सम्मेलन पर विदेशों में रह रहे हिन्दू साम्प्रदायिकता को बढ़ाने वाले छा जाएँगे, लेकिन भारत से 17,000 किलोमीटर दूर सूरीनाम की मिश्रित संस्कृति सभी को अलग ही दिखी और प्रारम्भिक भय निर्मूल रहे।

जब हम 'वर्षा वनों' को देखने अपने पहले पड़ाव पर रुके तो दो फर्लांग चलने के बाद कुछ घर दिखाई दिए, कुल जमा चार घर। पेड़ों से गिरकर आम पूरे रास्ते में बिखरे हुए थे। 'टोपियोका' वनस्पति परिचित लग रही थी। खाने के बर्तन रखे हुए थे। पहली बार तो लगा, इन घर, बर्तनों और सूनेपन को सिर्फ दिखाने के लिए रखा हुआ है। नाव भी जब रुकी तो लगा किसी सुनसान, हजारों वर्ष पूर्व के मानवशास्त्र के अध्ययन के लिए हम जा रहे हैं। जब आधे घंटे तक इधर-उधर घूमकर हम लोग लौट रहे थे तभी दो युवा और एक अधेड़ व्यक्ति प्रकट हुए। सूरीनाम में इनके पूर्वज असली निवासी थे। यही सूरीनाम के वारिस भी थे। शहर और बदलाव से दूर। नदी के अन्दर बिजली के तार तो दिखे पर वे बिजली प्रवाहित करते होंगे, यह नहीं लगा। इसी यात्रा के दौरान कुछ 'डच' लोगों को भी देखने का मौका मिला, जब सूरीनामी नदी पर लकड़ी का एक बहुत लम्बा पुल दिखाई दिया जो कुछ वर्ष पूर्व टूट गया था। यह पुल टूटा नहीं था बल्कि तोड़ डाला गया था। पुल होने से नावों से इधर-उधर ले जाने वालों का सबसे ज्यादा नुकसान हो रहा था। उन्हीं की एक नाव ने इसे धक्का मारकर तोड़ दिया था। सूरीनामी नदी के भीतर जंगलों में आदिवासियों की कई टोलियाँ हैं। हम जिन लोगों से मिले वे पैंट और निक्कर पहने हुए थे और उनका शरीर ऊपर से नंगा था। महिलाएँ नहीं थीं।

सूरीनाम में पर्यटन में पानी को महत्त्वपूर्ण स्थान मिला है। यूँ सूरीनामी नदी सूरीनाम की सबसे बड़ी नदी है, पर उसे अलग-अलग स्थानों पर अलग-अलग रूप में देखा जा सकता है। छोटे-छोटे 'पियर' (बन्दरगाह) बनाकर नदी की गहराई

ज्यों-की-त्यों बनी रहने दी है। नदी के पास कई पर्यटकों के आने के बावजूद कहीं प्लास्टिक की थैलियाँ पड़ी दिखाई नहीं देतीं। यूँ पारामारिबो में पीने का पानी बेहद महँगा है। दो अमेरिकी डॉलर प्रति एक लीटर की बोतल। भारतीय मूलवंशियों ने छोटी दुकानें या चाय की दुकानें भी नहीं खोली हैं। सूरीनाम में भारतीय मूलवंशी मेहनतकश के रूप में आए थे और आज जब प्लांटेशनों का रूप बदल रहा है, तो वे भी अपना कामकाज बदल रहे हैं। सूरीनाम में जंगल की भरमार है। यहाँ की 99 प्रतिशत जमीन पर अब भी जंगल है, सिर्फ एक प्रतिशत जगह पर आबादी रहती है।

जब हम सूरीनाम जा रहे थे तब बार-बार यह कहा जा रहा था कि वह अमेरिका नहीं है। कैरेबियन देश है, पिछड़ा है। छोटे-छोटे कस्बे हैं। पूर्वी उत्तर प्रदेश के बलिया या छपरा जैसे शहर हैं। लेकिन एडोल्फ हवाई अड्डे से लेकर जो पारामारिबो दिखाई दिया तो लगा सूरीनाम एक अलग तरह का, एक नई मिश्रित संस्कृति का, अपनी भाषा से प्रेम करने वाला देश है, जिसे आजाद हुए सिर्फ 28 वर्ष हुए हैं, पर वह भविष्य में सम्पन्नता का सपना देख रहा है।

न जाने क्यों मेरी स्मृति में पारामारिबो का अन्तर्राष्ट्रीय हवाई अड्डा जोहान एडॉल्फ स्थायी रूप से अंकित हो गया है। अन्तर्राष्ट्रीय हवाई अड्डों पर जहाज को सीढ़ी लगाकर नहीं उतारा जाता है, लेकिन जब संध्या को विशाल जंगलों के बीच हमारा विशाल जहाज उतरा तो बारिश हो रही थी। बाद में दूसरे दिन भी मुझे जोहान एडॉल्फ हवाई अड्डे जाने का मौका मिला। हवाई अड्डे के बाहर कुछ वैसा ही माहौल था, जो कुछ बरस पहले बदल रहे चीन के केंटॉग हवाई अड्डे पर देखा था। बहुत से लोग अपने परिजनों को छोड़ने आए थे। एडॉल्फ हवाई अड्डे के रनवे की विशालता सम्मोहित करती थी। क्योंकि वहाँ के पास ही जंगल थे और दक्षिण में 45 किलोमीटर दूर पारामारिबो था। पारामारिबो की एक और खासियत यह भी है कि यहाँ आकाश बहुत पास दिखाई देता है। हर दिन तीन-चार बार बारिश का माहौल बनता है और तेज बारिश होती है। बारिश के पहले आकाश में रंग बदलने का क्रम कभी खत्म नहीं होता है।

जब सूरीनाम पहुँचा था तब जहाज की पहली सीट पर बैठा सूरीनाम की प्रकृति का नज़ारा देख रहा था और जब सूरीनाम से विदा हो रहा था तब जहाज की सबसे पीछे की सीट पर था। हर बार सूरीनाम के करीब रहने का अहसास यात्रा में बना रहा। लौटते समय पारामारिबो की रोशनी दिखी और तभी एकाएक बादलों के समूह ने आकर पारामारिबो को ढँक लिया। वहाँ से गुजर जाने तक स्थिति ऐसी ही बनी रही यानी ऐसी हुई विदाई!

*(वर्ष 2003)*

## अमेरिका पहली बार

# दुनिया का सिरमौर

प्रख्यात बांग्ला उपन्यासकार शंकर का उपन्यास *एपार बांग्ला: ओ पार बांग्ला* बहुत वर्ष पहले पढ़ा था। उसके कुछ पात्रों की दुविधाएँ, बंगाल से अमेरिका बस जाने वाली प्रथम पीढ़ी की कठिनाई से जुड़ी थीं और संयोग था कि मुम्बई से फ्रेंकफुर्त की देर रात की उड़ान में सिनसिनाटी के वास्तुकला स्कूल के डीन मेरे पास बैठे थे। वे बांग्लाभाषी थे, चटर्जी महाशय। वे पिछले चालीस वर्षों से अमेरिका में हैं और कुछ ही वर्ष पूर्व उन्होंने अमेरिकी नागरिकता ली है। वे हर वर्ष अपनी माँ से मिलने और उन्हें देखने कलकत्ता आते हैं। अपनी माँ ही उनका भारत माँ से सम्बन्ध जोड़े हुए है। उनके दो बच्चे हैं। बिटिया कानून पढ़ रही है और बेटा डिजिटल साइंस। दोनों बच्चे अठारह-बीस वर्ष के हैं, लेकिन अमेरिकन परम्परा के विपरीत उनके साथ ही रहते हैं। उन्होंने कहा भारतीय, जापानी और चीनी परम्परा के परिवारों के बच्चे माता-पिता के साथ रहते हैं। चटर्जी महाशय से ज्यादा बातचीत सवेरे ही हुई जब बिजनेस क्लास की अतिशिष्ट परिचारिकाओं ने हमें जगाकर चाय पिलाई। मैंने चटर्जी महाशय से पूछा आपको पिछले वर्षों में भारत में तीन महत्त्वपूर्ण परिवर्तन कौन-कौन से दिखे? उन्होंने जवाब देने में ज्यादा समय नहीं लगाया। उन्होंने कहा, "अब मुझे भारत में ज्यादा लोग जूते पहने दिखाई देते हैं। दूसरा, गाँवों में टीवी एंटिना ज्यादा हैं। लेकिन टेलीफोन व्यवस्था वैसी ही है, मोबाइल कम हैं।" चटर्जी को चिन्ता थी जनसंख्या और पर्यावरण के खराब होने की। कलकत्ता में फोन नहीं चलने पर भी कलकत्ता से उन्हें प्रेम है। उन्हें इस बात पर विश्वास नहीं है कि पश्चिम बंगाल में मार्क्सवादी राज समाप्त हो जाएगा। वे चार्ल्स कोरिया और दोषी को भारत का सर्वश्रेष्ठ वास्तुशिल्पी मानते हैं। फ्रेंकफुर्त पर कई तरह के नज़ारे दिखते हैं। हवाई अड्डे पर कर्मचारी छोटी (जो हमारे बच्चे यहाँ चलाते हैं) साइकिलों पर इधर से उधर जा रहे थे। हमारा एक सहयात्री सवेरे मुम्बई से लाया खीरा खा रहा था।

अमेरिका नशा है, न्यूयॉर्क नशा है और गरीब तीसरे देशों के लिए चौंकानेवाला देश। जब हम न्यूयॉर्क पहुँचे तब डेढ़ सौ देशों के राष्ट्राध्यक्ष सहस्राब्दि सम्मेलन

में भाग लेने के लिए संयुक्त राष्ट्रसंघ आए हुए थे। यूँ अमेरिका में राजनीतिक ताकत का दबदबा वाशिंगटन में दिखाई देता है तो व्यापार, आजादी और विभिन्न संस्कृतियों का संगम न्यूयॉर्क में दिखाई देता है। सीधे शब्दों में कहें तो जो अन्तर दिल्ली और मुम्बई में है, वही अन्तर वाशिंगटन और न्यूयॉर्क में है। हमारे साथ पाकिस्तान, बांग्लादेश और श्रीलंका के चार वरिष्ठ पत्रकार थे, छह पत्रकार भारत के थे। पाकिस्तान से आए शफकत से मिलकर ऐसा लगा कि वे हमारे साथ भारत में पत्रकारिता करते हों। भारत के बारे में पाकिस्तान के पत्रकारों, अमेरिका में पाकिस्तान मूल के टैक्सी चलाने वालों और अमेरिका में बसे पाकिस्तानियों में जबरदस्त जिज्ञासा है। इन दिनों अमेरिका में 'एशियन अमेरिका' शब्द का प्रचलन है। इसमें भारतीय, पाकिस्तानियों और बांग्लादेशियों का समावेश है।

अमेरिका में अपने अतीत को सहेजकर रखने की प्रवृत्ति है। अतीत वह नहीं जो कालातीत हो गया है। अटलांटा में मार्टिन लूथर किंग की स्मृति में बने भवन में राष्ट्रपति जिमी कार्टर ने अपने कार्यकाल के दौरान किए गए कार्यों को सहेजा है। व्यावसायिक कम्पनी कोकाकोला ने अपने इतिहास को संस्थागत रूप दिया है। हर शहर में कला-संस्कृति के म्यूजियम हैं। नाजी अत्याचार को न भूलने देने वाले होलोकॉस्ट म्यूजियम हैं। सबसे पहले अमेरिका आ जाने वाले इंडियन के महत्त्वपूर्ण संग्रहालय हैं। रॉकफेलर का केन्द्र है। ऐसे कई केन्द्र हैं जहाँ दर्शक अपना धन खर्च करके उन्हें देखने आते हैं। मार्टिन लूथर किंग की समाधि पर अश्वेतों की संख्या ज्यादा थी तो एम्पायर स्टेट बिल्डिंग के सर्वोच्च शिखर पर, लगता था दुनिया भर के नागरिकों का मेला लगा था। सबसे ज्यादा निराशा आजादी की प्रतीक स्टेच्यू ऑफ लिबर्टी के भीतर सीढ़ियाँ चढ़कर जाने के बाद हुई। कुतुबमीनार और चित्तौड़गढ़ के विजय स्तम्भ में भीतर जाने पर जो अनुभूति होती है वैसा ही लग रहा था। लेकिन इमारत के ऊपर चढ़ जाने के बाद जो नज़ारा दिखना चाहिए वह नहीं दिखा तो निराशा हुई।

दोपहर के दो बजे न्यूयॉर्क एयरपोर्ट से बाहर निकल गया। साथ में न्यूयॉर्क के मनोविज्ञानी डॉक्टर थे, जो गुजरात में बड़ोदरा के रहने वाले और जिनकी माता का दस दिन पूर्व निधन हो गया था। न्यूयॉर्क आने के बहुत पहले ही उन्होंने मुझे यह कहते हुए खिड़की की सीट दे दी कि मैं रास्ता देखूँ, उनका तो पूरा रास्ता देखा हुआ है। कनाडा के बाद अमेरिका शुरू हुआ। हांगकांग से टोकियो जाते हुए जहाज घंटों तक समुद्र के ऊपर उड़ता है जिससे बार-बार रंग बदलता समुद्र दिखता है। बहुत नीचे देखते हैं तो पानी का अस्तित्व मालूम पड़ता है। बोस्टन आया और फिर न्यू आइलैंड के बाद न्यूयॉर्क आया। हवाई अड्डा बड़ा था लेकिन फैला हुआ। समुद्र के ऊपर से जहाज उतरा, लेकिन लैंडिंग बहुत खराब थी। हमारे मित्र हरिवंश ने अपने अमेरिका यात्रा के संस्मरणों में लिखा है कि अमेरिका यात्रा के दौरान जब

भी अच्छी लैंडिंग होती है तो यात्री ताली बजाकर अपनी प्रसन्नता जाहिर करते हैं। लेकिन हमारी शुरुआत अच्छी नहीं थी। हाँ, बाद में जब मुम्बई में लैंडिंग हुई तो भारत पहुँचने वालों ने जरूर तालियाँ बजाईं। आठ घंटे की लम्बी यात्रा से सिर दर्द कर रहा था। जब मैनहटन जाने के लिए टैक्सी लेने गया था तो एक व्यक्ति आया, जिसे मैं टैक्सी ड्राइवर समझा। वह सामान उठाने लगा, उसने मुश्किल से दस कदम चलकर टैक्सी पकड़ा दी और मुझसे कहा, "मेरी टिप?" टैक्सी वाला तैयार था। टैक्सी करवाने वाले या कुली को एक डॉलर दिया और मैं तेज रफ्तार की एक टैक्सी में बैठ गया। मैंने पहले ही ड्राइवर से पूछ लिया था कि वह तयशुदा पैसा लेगा। रास्ते में आने वाले पुल का 'टोल' अलग और उसकी टिप भी अलग थी। कुल मिलाकर 40 डॉलर में घर पहुँच गया जहाँ डोरमैन के पास चाबी थी। 27वीं मंजिल से मैनहटन का फैलाव अलग ही नजर आता है। न्यूयॉर्क के सबसे अमीरों में आने वाले दो प्रतिशत लोग इसी पूर्वी और सेंट्रल पार्क के इलाके में रहते हैं। यहाँ आते ही मुम्बई की अमीर पारसी बस्तियाँ याद आ जाती हैं। जहाँ वृद्ध-वृद्धाएँ रहते हैं और शनिवार की धूप भरी दोपहर में भी यहाँ सन्नाटा छाया रहता है। सेंट्रल पार्क में थोड़ा-सा घूमा और रात को 'ब्रॉड वे' में नाटक देखने गए। मंगलवार की रात आठ बजे संगीतमय नाटक प्रारम्भ हुआ जिसका 'सेट' बहुत भव्य था। संगीत विविधता भरा और लाइटिंग गजब की थी। नाटक में जब भी कोई पात्र मर जाता था तो उस पर बहुत तेज सफेद रोशनी डाली जाती थी जिसे उसका चेहरा निर्मल दिखाई देता था। तीन घंटे के 'शो' में दर्शकों ने दस-पन्द्रह बार तालियाँ बजाईं। फ्रांसीसी क्रान्ति को असफल होते देखने वाले एक आदर्शवादी की कथा पर यह नाटक लिखा गया था जो तीन वर्षों से सफलता के झंडे गाड़े हुए है। जिस प्रेक्षागृह में हम यह नाटक देख रहे थे वह दो मंजिला था। इसमें हजार से ज्यादा दर्शक थे। ज्यादातर कम उम्र के लड़के-लड़कियाँ। किसी भी देश में सांस्कृतिक चेतना का होना कितना जरूरी है, यह 'ब्रॉड वे' पहुँचकर जाना जा सकता है। नाटक का टिकट 20 डॉलर का था।

अगला दिन फिर सांस्कृतिक रहा। पिछली शताब्दी 1900-2000 के बीच यूरोप और अमेरिका में कला का किस तरह विकास हुआ, यह जाना। सैरे, नग्न चित्र, व्यक्तित्व से जुड़े सर्वश्रेष्ठ चित्र थे। इस गैलरी में आकर ही न्यूयॉर्क का सांस्कृतिक महत्त्व समझ में आता है। पिकासो, रुडेन की कई मूल कलाकृतियाँ इसी कला दीर्घा में हैं। यहाँ भी सैकड़ों की संख्या में दर्शक थे। यहाँ प्रवेश शुल्क 500 रुपया था। कुछ दर्शकों के पास मोबाइल फोन जैसे (आकार में काफी बड़े) श्रवण यंत्र थे जिनमें कलाकृतियों के नम्बर के अनुसार उनके बारे में विस्तार से विवरण था। अमेरिका में फ्रांस की कला के प्रति यह एक कृतज्ञता थी। यहाँ पर एफिल टावर के बारे में एक ब्लैक एंड व्हाइट फिल्म भी दिखाई जा रही थी। न्यूयॉर्क की चैलसिया

आर्ट गैलरी में लियाट से एंटर वन गैलरी में भारत के राम-रहमान के चित्रों की प्रदर्शनी थी। स्टैच्यू ऑफ लिबर्टी की 332 सीढ़ियाँ चढ़ने के बाद चैलसिया की गैलरी में जाना काफी थका देने वाला लग रहा था लेकिन राम-रहमान की प्रदर्शनी का आकर्षण था। यहाँ पर चार-पाँच गैलरी एक साथ थीं, जहाँ विभिन्न कलाकारों के चित्र, वीडियो प्रदर्शनी प्रदर्शित थीं। राम-रहमान के चित्रों के नजदीक वाले कमरे में दूरबीन से वीडियो पर चलाने वाली फिल्में देखी जा सकती थीं। ये सभी चित्र निजता में अवैध प्रवेश से जुड़े थे। एक दर्शक दूरबीन लगाकर जोर से चिल्ला रहा था—वाहियात! बिलकुल वाहियात! अरे वाह! क्या माल है। नग्न फिल्में देखकर दर्शक आनन्दित थे। न्यूयॉर्क छोड़ने के पहले फिर सांस्कृतिक अनुभव था—'ब्रॉड वे 54 के कैबरे' देखना जो एक अद्‌भुत अनुभूति थी। पूरा 'सेट' बार के रूप में था। हर टेबुल के सामने टेबुल लैंप था, जो सेट की रोशनी के अनुसार जलता-बुझता था। एक नाटक हिटलर के आगमन के पूर्व जर्मनी की कथा से शुरू होता है और उदार समाज देखते ही देखते कैसे अनुदार होने लगता है। एक वृद्ध पोलिश पुरुष जब जर्मन महिला से शादी करना चाहता है तो उसकी रक्त शुद्धता आड़े आ जाती है और हिटलर के समर्थक उन्हें एक नहीं होने देते। इतनी उद्‌दाम और तेजी से चलने वाले नाटक को मुम्बई में दिखाया जा सकता हो, यह संशय का विषय है। यदि मुम्बई में शिवसेना के पूर्व मंत्री प्रमोद नवलकर इस नाटक को देखें तो उन्हें मालूम पड़ सकता है कि सम्पन्न समाज का सांस्कृतिक चेहरा किस प्रकार उदार होना चाहिए। अमेरिका में संस्कृति, समाज दोनों में सर्वोच्च आने के लिए सभी को अपना सौ प्रतिशत देना पड़ता है। 'लॉ मिसरेबल' और 'कैबरे' दोनों की तकनीक प्रस्तुति गजब की थी। हर दृश्य संयोजन प्रासंगिक और नया था। अमेरिकी समाज में सांस्कृतिक और सामाजिक मुद्‌दों की चिन्ताएँ बरकरार हैं। संवाद और बहस उसका महत्त्वपूर्ण जरिया है। आम अमेरिकी ज्यादा बात नहीं करता है। उसकी चाल तेज और चुस्त होती है। लेकिन बहुत से भारतीय जो अमेरिका में बस गए हैं कानून से डरते हैं। ज्यादातर भारतीय अपने दड़बों में रहते हैं और इस बात से सन्तुष्ट हैं कि वे काफी धन कमा रहे हैं और स्वच्छ हवा वाले पर्यावरण में रह रहे हैं। 'इंटरनेट' अब अमेरिकी समाज का आवश्यक अंग हो गया है, छात्रों को स्कूल की प्राथमिक कक्षाओं से ही कम्प्यूटर की शिक्षा दी जाती है। टेलिडो के उपयी फोर्ड स्कूल में कम्प्यूटर सीखने वाले छात्रों को छात्रवृत्ति मिलती है।

अमेरिका जाते ही जो सबसे महत्त्वपूर्ण बात दिखाई देती है वह है पानी। पूरे अमेरिका में नलों से आने वाला पानी स्वच्छ और पीने योग्य है। पानी बाजार में बिकता है लेकिन पीने के पानी के लिए शहरियों के लिए सबसे बड़ा स्रोत नल ही है। अमेरिका में रेस्ट हाउस (सार्वजनिक शौचालय और मूत्रालय) और फाउंटेन (पीने योग्य पानी के नल) की भरमार है। यहाँ पर विकलांगों के लिए भी सार्वजनिक

शौचालय और मूत्रालय हैं। विकलांगों के प्रति अमेरिकी समाज में सहानुभूति और संवेदना है। होटलों में दरवाजे के नजदीक विकलांगों के लिए पार्किंग होती है और यदि विकलांग मौजूद नहीं होता है तो वह जगह खाली रहती है। सांता फी में होटल रेडिसन में दो महत्त्वपूर्ण पार्किंग विकलांगों के लिए थी और वह उन दोनों दिन खाली रही, वहाँ अन्य किसी ने पार्किंग नहीं की थी। वाशिंगटन और न्यूयॉर्क में सड़क की नालियों और सड़कों के साथ के चबूतरों को सीमेंट से समतल नीचे करके विकलांगों की कुर्सियों को लाने-ले जाने की व्यवस्था है। अमेरिका में सभी लिफ्ट अन्धों को विशेष सुविधा देने के लिए जैसे-जैसे ऊपर चढ़ती हैं वैसे-वैसे आवाज करती हैं। सभी लिफ्टों में ब्रेल लिपि में तल मंजिल की सूचना होती है। अमेरिका में मानसिक रूप से विकलांग बच्चों की एक पिकनिक तो अटलांटा में कोकाकोला म्यूजियम के पास होती देखी, लेकिन पूरी यात्रा में कोई दिव्यांग तो दिखाई नहीं दिया, लेकिन पूरे अमेरिकी समाज में कानूनी रूप से उनके हितों के लिए, सुविधा के लिए व्यवस्थाएँ हैं और हमारे यहाँ जहाँ विश्व के सर्वाधिक नेत्रहीन हैं वहाँ उन्हें लिफ्ट में चढ़ने का अधिकार कौन दे रहा है?

अमेरिका में कानून का भय है। कानून जब तक आपको गिरफ्त में नहीं लेता तब तक आप बचे रह सकते हैं, लेकिन एक बार गिरफ्त में पड़ने के बाद कानून से बचना मुश्किल है। रात के समय या फिर सवेरे पाँच बजे से कार चालक नियत गति के आदेशों के पालन करते हैं। सिर्फ टोलिडो में जब मेरी फ्लाइट छूटने की पूरी आशंका हो गई, तब शशि शेखर ने टिकट मिल जाने की बात स्वीकार करके गाड़ी को अस्सी की स्पीड से ज्यादा चलाया था। वरना वहाँ पर जहाँ 'स्टॉप' लिखा है, वहाँ गाड़ी रोकी जाती है। कार चालक दोनों तरफ देखता है फिर आगे बढ़ता है। ज्यादातर लोगों को उन्हें पहला टिकट, कब मिला इसकी याद है। कुछ का मानना है कि उन्हें जान-बूझकर राजस्व कमाने के लिए भी टिकट दे दिया जाता है। टिकट का अर्थ है 100 डॉलर का फाइन। साढ़े चार हजार रुपये का जुर्माना। हमारे यहाँ लालबत्ती होते हुए गाड़ी आगे बढ़ाने वालों पर सिर्फ 80 रुपया फाइन है।

अटलांटा से न्यूयॉर्क की हवाई यात्रा यूँ तो सिर्फ 1 घंटा 23 मिनट में पूरी होती है, लेकिन हमारे लिए वह यात्रा 5 घंटे से भी ज्यादा की हो गई। पहली बार अमेरिका में हवाई जहाज के उड़ान भरने के बाद फिर लौटने के अनुभव से गुजरना पड़ा। डेल्टा एयरलाइंस अमेरिकी एयरलाइंस है, और जब हमारी यात्रा शुरू हुई थी तभी (हमें आमंत्रित करने वालों ने कहा था क्योंकि यह अमेरिकी सरकार द्वारा प्रायोजित यात्रा है अत: आपको अमेरिका की एयरलाइंस में ही यात्रा करनी होगी। मुम्बई से न्यूयॉर्क और अमेरिका के भीतर डेल्टा से यात्रा हुई, सिनसिनाटी, डलॉस और अटलांटा डेल्टा एयरलाइंस के 'हब' हैं। अमेरिका में या तो मोटर गाड़ियों से सफर होता है या फिर हवाई जहाज छोटे हैं, जेट नहीं हैं इसलिए टिकट भी सस्ता

होता है। अमेरिका में लम्बी-लम्बी हवाई यात्रा के दौरान यात्रियों को खाने को ज्यादा कुछ खास नहीं मिलता। हमारे यहाँ तो दिल्ली-मुम्बई की एक घंटा चालीस मिनट की उड़ान में ही सवेरे-शाम तो भोजन करवाते हैं। अटलांटा और अल्बुकर्क की यात्रा तीन घंटों की थी, लेकिन एयरलाइंस ने सिर्फ सैंडविच देकर भरी दोपहरी में यात्रियों को भूखा रख दिया। लेकिन अमेरिका के हवाई अड्डे यात्रियों से भरे रहते हैं, यात्रियों को विदा करने वाले स्वजन बहुत अन्दर तक बगैर सुरक्षा के खतरों के आते हैं। शनिवार-रविवार यात्रा वालों के दिन होते हैं। अमेरिका के हवाई अड्डों पर जहाजों की तादाद देखकर हमारे पाकिस्तान से पधारे शफकत अहमद ने तो कह ही दिया, "यहाँ तो तैयारों (उर्दू में हवाई जहाज का पर्याय) का जुलूस निकल रहा है। पाकिस्तान में लाहौर हवाई अड्डे और रेलवे स्टेशन के बाहर तो इतनी बसें भी नहीं होती हैं।" एक के पीछे एक लैंडिंग करते और टेक ऑफ करते जहाजों की तस्वीर लेने में हमारे कई पत्रकार मित्रों ने रुचि दिखाई। अमेरिका में हवाई यात्रा, रेल यात्रा के मुकाबले सस्ती है। अधिक हवाई यात्राएँ और मौसम के नरम-गरम होने से अमेरिका में मौसम के समाचार भी प्रमुखता से प्रसारित होते हैं। ज्यादातर टीवी चैनल मौसम से जुड़े समाचारों को प्रमुखता देते हैं। हमारे सवा महीने के प्रवास में पाँच से ज्यादा तूफान आ चुके थे और इंटरनेट से अमेरिकी क्या सूचना प्राप्त करते हैं, इसके जवाब में भी मौसम ही सबसे पहला उत्तर है।

हम अटलांटा हवाई अड्डे पर पहुँचे तो पत्रकार-सम्पादक आलोक तिवारी ने कहा कि जहाज तो बहुत पुराना लग रहा है। यात्रा जल्दी पूरी हो। हम न्यूयॉर्क पहुँचे और राष्ट्रपति चुनाव में हो रही बहस का सीधा प्रसारण रात के नौ बजे हम देख पाए, इसकी त्वरा में जहाज की हालत के बारे में आलोक की टिप्पणी पर ध्यान नहीं दिया। थोड़ी देर में जहाज उड़ान भरने के लिए उड़ान पट्टी पर आया पर जहाज के अन्दर-बाहर अजीब-सी आवाजें आ रही थीं। मैंने पाकिस्तान के पत्रकार मित्रों से कहा, हमें तो बहुत ही घरेलू माहौल लग रहा है। इंडियन एयरलाइंस के ज्यादातर जहाज ऐसे ही शोर करते हुए उड़ते हैं। लेकिन शफकत भाई ने सचेत किया शोर कुछ ज्यादा ही है। खैर जहाज उड़ा। बहुत आवाजें आने लगीं। पीछे से किसी यात्री ने उड़ान भरते ही एयर होस्टेस को बुलाया और दो-तीन मिनट बाद पायलट भी आया लेकिन वह बगैर बोले कॉकपिट में चला गया। शोर जारी था सुनाई दे रहा था। पीछे सामान रखने का दरवाजा ठीक बन्द नहीं हुआ था। उसे यात्रियों ने खुला देखा था। पर पायलट के सामने कम्प्यूटर मशीन सभी दरवाजे बन्द दिखा रही थी। लेकिन धीरे-धीरे वायु का दबाव कम होने लगा। कान के पर्दे और मुँह खोलने में थोड़ी परेशानी होने लगी तभी पायलट ने घोषणा की कि वह जहाज को फिर से अटलांटा ले जा रहा है। बगैर किसी अफरा-तफरी और भय के हमारे जहाज की फिर वापसी हो गई। पायलट फिर से सार्वजनिक प्रसारण व्यवस्था पर आया और

उसने कहा कि गलती पकड़ में आ गई है और हमारे जहाज के पीछे सामान रखने का दरवाजे के सही तरीके से बन्द नहीं होने के कारण यह सारी कठिनाई पैदा हुई थी। जहाज फिर उड़ा और सकुशल न्यूयॉर्क पहुँचा। लेकिन न्यूयॉर्क के हवाई अड्डे की पट्टी पर उतरने के बाद मुख्य दरवाजे तक पहुँचने में एक घंटा लग गया। अमेरिका में इन दिनों सबसे बड़ी दिक्कत यह है कि जहाजों को उड़ने और नीचे उतरने के लिए आधे घंटे से लेकर एक घंटे के बीच तक प्रतीक्षा करनी पड़ती है। कई बार तो यात्रा का समय कम होता है पर उड़ने की प्रतीक्षा का समय ज्यादा हो जाता है। जब हम जहाज से उतर रहे थे तो वह यात्री जिसने पिछला दरवाजा खुला देखा था, पायलट से बोला कि बताने के बाद भी आपने बात नहीं मानी। मैं तो तीसरा पक्ष था। पायलट ने फिर से मशीन की विश्वसनीयता की बात कही। उसने कहा मेरी आँखों देखी बात सही थी या आपकी मशीन? हम मुकदमा करेंगे। यह यात्रियों की सुरक्षा का सवाल है। बहस महत्त्वपूर्ण थी पर ज्यादातर यात्रा इस अनुभव के अलावा सुरक्षित और आनन्ददायी थी। अमेरिकी स्त्री-पुरुष सहयात्रियों से ज्यादा बातें नहीं करते हैं। डेल्टा एयर लाइंस ने अल्बुकर्क से अटलांटा के बीच फिल्म देखने वालों से 5 डॉलर लिये और वाइन पीने वालों से 4 डॉलर लिये। ज्यादातर यात्री हवाई यात्रा के दौरान पुस्तकें पढ़ते हैं या फिर सो जाते हैं।

अमेरिका के अखबारों के दफ्तरों में काम करने वालों का आयु समूह मध्य आयु वर्ग का है। सेंटा फी में भी भारत में *टाइम* पत्रिका में इन्दिरा गांधी के कार्यकाल के दौरान कार्य करने वाले बिल हमारे पहले मेहमान थे। उन्होंने वियतनाम युद्ध के दौरान अपने अनुभवों को पत्रकारिता से जोड़ा और कई अमूर्तिकरण किए। उन्होंने एक महत्त्वपूर्ण बात कही कि पत्रकारों के पास सिर्फ तथ्य होते हैं, जबकि सत्य सिर्फ कवियों और कलाकारों का ज्ञान होता है। उन्होंने यह भी बताया कि वह पहली बार श्रीमती इन्दिरा गांधी से मिले तो उन्होंने उन्हें फोटो में दिखने वाली श्रीमती गांधी से ज्यादा सुन्दर पाया। उन्होंने जुल्फिकार अली भुट्टो से हुई पहली मुलाकात का भी जिक्र किया, जिसमें वे लम्बे समय तक भारत-पाकिस्तान को दो बिछुड़े हुए भाई कहकर याद करते रहे।

अमेरिका में *वाशिंगटन पोस्ट* और *न्यूयॉर्क टाइम्स* के अलावा अन्य प्रान्तों के अखबार भी ताकतवर हैं। अटलांटा में 27 वर्ष के एक संवाददाता ने, जो अपने अखबार में अपराध संवाददाता था, अटलांटा में माफिया के बारे में जानकारी दी। वह पुलिस के व्यवहार से नाखुश था, लेकिन पुलिस का अधिकारी जिससे हमारी मुलाकात अगले दिन हुई, अखबार वालों से बहुत नाराज था। उसने कहा जब अखबारवाले हमारे बारे में जो चाहें वह लिखते हैं तो हमें भी उनकी चिन्ता नहीं है। अमेरिका में संविधान के पहले संशोधन को (जो प्रेस की आजादी से जुड़ा है) बहुत अहमियत दी जाती है। प्रेस के पास सूचना के अधिकार बहुत हैं। वे अदालत जाकर,

सरकारी कार्यालय जाकर बहुत-सी जानकारियाँ सहज ही ले सकते हैं। टेलीविजन की ताकत अमेरिका में ज्यादा है। सी.एन.एन. के अलावा अब टर्नर और मर्डोक के टीवी चैनल भी आ रहे हैं। टेलीविजन चैनल में दिन में आयु प्राप्त संवाददाता आते हैं, बाद में जब खबरों की आवक बढ़ती है तो युवा संवाददाता आने लगते हैं। अल्बुकर्क में खबरें पढ़ने वाली एक युवा उद्घोषिका ने कहा कि उसे कम वेतन दिया जाता है। भारत की तरह टेलीविजन में युवा संवाददाता ज्यादा हैं और उन्हें वेतन अपेक्षाकृत कम मिलता है। *वाशिंगटन पोस्ट* ने अपना दबदबा खबरों और तकनीक के आधुनिकीकरण से बनाया है। सभी अखबारों के दफ्तरों में उनका पहला अंक, उसे छापने वाली मशीन रखी हुई है। अखबारों की भव्यता वहाँ काम करने वाले पत्रकारों को निष्पक्ष रहने के लिए प्रेरित करती है। अमेरिका के छोटे कस्बे हमारे कस्बों से अलग हैं पर लोगों की मनोरचना एक-सी है। अल्बुकर्क, सेंटा फी और ताओ नेटिव अमेरिका से जुड़े शहर हैं। अब हम अल्बुकर्क से अटलांटा जा रहे थे तब एक लड़की जिसने हलके ईंट के रंग का टॉप पहन रखा था, रोए जा रही थी। उसका मित्र भी उसे छोड़ने आया था, जो विदा के समय उदास हो गया था। फ्लाइट 1877 की 27 एफ पर बैठी वह लड़की हवाई जहाज में भी आँसू बहा रही थी। अमेरिका में विदाई के ये पहले आँसू थे।

अमेरिका में डिपार्टमेंटल स्टोर में एक-सी सजावट, एक-से खाद्य पदार्थ और एक-से उपभोक्ता दिखाई देते हैं। बहुत बड़े-बड़े, विशाल क्षेत्र में फैले ये डिपार्टमेंटल स्टोर आप में खरीदने की एक जबरदस्त इच्छा पैदा करते हैं। हर आदमी कुछ खरीदने का मन न होते हुए इनमें घुसता है, और कुछ-न-कुछ खरीदकर निकलता है। शिकागो में तो रविवार की सुबह चर्च से ज्यादा भीड़ इन दुकानों में थी। वैसे भी बड़े शहरों से लेकर छोटे कस्बों तक ये मौजूद हैं। हम जब श्री लिटिल के घर गए तो यह सोचकर स्तब्ध रह गए कि इतने बड़े घर में ये दो प्राणी क्या करते होंगे? श्रीमती लिटिल ने ही ज्यादा बातें कीं। वे हमें एक बहुत उम्दा क्लब में भी ले गए, जहाँ हर चीज महँगी थी। वहाँ भी बन्दे को शाकाहारी खाना मिल गया। घर के बाहर और भीतर सन्नाटा था और बाहर पीपल की तरह का एक वृक्ष हवा के साथ आवाज मिलाता रहा। दूसरा छोटा शहर था टोलिडो।

*गाड़ी वाले गाड़ी धीरे हाँक रे।*

टोलिडो। वह जगह जहाँ ऊपर से हवाई जहाज उड़ते हैं। जब शिकागो से शशि शेखर से बात हुई तो उसके स्वर में उत्साह था। मैं भी 1975 के बाद मिला नहीं था। दिल्ली में कॉलेज के दिनों का एक उत्साही और आदर्शवादी समाजवादी नौजवान जो नवादा से पटना और बाद में बरास्ते दिल्ली से अमेरिका जा पहुँचा। शशि शेखर के साथ दो रातें और तीन दिन कटे। उनकी पत्नी अमेरिका की हैं, पर बेहद अच्छी

हिन्दी बोलती हैं और लीला और किरण के चेहरे तो अमेरिकी हैं, लेकिन स्वभाव और शालीनता भारतीय है।

अमेरिका में ज्यादातर भारतीय अपने-अपने सुरक्षित द्वीपों में रहते हैं। शशि शेखर ने भी शुरू में यही किया लेकिन अब वे अपने को अमेरिकियों से सीधे जोड़े हुए हैं, उनके साथ व्यापार करते हैं, बॉउलिंग ग्रीन समाज में उठते-बैठते हैं और वे लोग जो धर्म को किसी धर्मान्धता से नहीं जोड़ते हैं। जो ह्यूमनिस्ट हैं उनके साथ कई स्थानीय नागरिक हैं। मेरे टोलिडो पहुँचने के पहले शशि शेखर ने एक महँगी लेक्सस कार खरीदी थी, जो तेज और आरामदायक है। शशि शेखर का गला मीठा है, वे आज भी कई गाने याद रखे हुए हैं। उनकी गाड़ी में *गाड़ी वाले गाड़ी धीरे हाँक* रे गाना जब बज रहा था तो हमें लग रहा था मानो हम बिहार के किसी गाँव में जा रहे हों। लेकिन शशि शेखर मुझसे बार-बार कह रहे थे, "आओ, अमेरिकी गाँव देख लो।" हमने एक केमिकल फैक्ट्री देखी और बाद में एक स्टील निर्माण करने वाले मालिक से मुलाकात की। शशि शेखर की पुरानी गाड़ी पर राजा का नाम अंकित है जो उनके शेर से मिलते-जुलते कुत्ते का नाम है। राजा से शुरू में तो डर लगता है पर बाद में उससे मित्रता हो जाती है। उसे लेकर शशि अपने पूरे इलाके में चार-पाँच मील का चक्कर लगाते हैं। एक जगह खरगोश बहुत होते हैं तो राजा उस ओर भागता है। अमेरिका में भारतीय पतियों को भी कई काम करने पड़ते हैं जो वे हिन्दुस्तान में रहते हुए कतई नहीं करें। पहले तो उनकी माताएँ ही नहीं करने दें। अमेरिका के कार्य विभाजन में पतियों के जिम्मे बर्तन साफ करना जरूरी है, कई पति खाना भी बनाते हैं। लेकिन जीवन की गाड़ी दोनों चलाते हैं और जब तलाक की बात आती है तो पत्नी ही सबसे पहले घोषित कर देती है।

रिल्के ने लिखा है हर बारिश में भीगूँ रोज ओस से तर हो जाऊँ—अगर रिल्के माफ करें तो मैं लिखूँगा हर शहर में, बारिश में भीगना है। लेकिन जिस तरह की तीन घंटों की बारिश शिकागो की पब्लिक लाइब्रेरी में बैठे हुए देखी, वह अद्भुत थी। बारिश के पहले जितने घने काले बादल इकट्ठे हुए उतने घने बादल तो मुम्बई में भी नहीं होते हैं। तीन बजे मुझे लाइब्रेरी के पास सिनेमा देखने जाना था। उस थिएटर में जहाँ पाँच फिल्में लगी थीं। लेकिन तेजी से पानी बरसने लगा तो लगा जल-थल एक हो जाएगा। एक घंटे तक पानी बरसता रहा। थोड़ी देर में स्कूल छूट गया और नौवीं-दसवीं के बच्चे लाइब्रेरी में आने लगे। बच्चे गीले हो चुके थे लेकिन सभी बच्चे लाइब्रेरी के अन्दर गीले ही बेरोक-टोक आ रहे थे। उन्हें बाहर खेलता हुआ देखकर, गाँव के बच्चे याद आने लगे। बच्चे पैरों से पानी उछाल रहे थे, तभी एक लड़की को स्कूल से अपने साथियों के साथ आते देखा। उसे सिगरेट की तलब हो रही थी। वह अपने साथियों से पूछ रही थी फिर भी उसे सिगरेट नहीं मिली। लेकिन दूसरे कई कम उम्र के बच्चे सिगरेट पीते दिख रहे थे। अमेरिका में

सिगरेट पीना काफी प्रतिबन्धित है। फिर भी बिल्डिंगों और दफ्तरों के नीचे कई लोग सिगरेट पीते दिखते हैं। महिलाओं की संख्या इनमें अधिक है। लेकिन ज्यादातर स्थानों पर सिगरेट पीना प्रतिबन्धित है। सड़कों और इमारतों के बाहर तनावग्रस्त लोग सिगरेट पीते दिख जाएँगे। अमेरिका में यदि देश रोग की चर्चा हो तो मोटापे को पहला नम्बर मिलना चाहिए। इतने विशाल और इतने भारी स्त्री-पुरुष सिर्फ बड़े देश में दिखते हैं। कई कम उम्र की महिलाएँ बहुत मोटी हैं। कस्बेनुमा शहरों में स्त्रियों का मोटापा ज्यादा दिखता है। अमेरिका में दिन का खाना 'बुफे' के रूप में कम दामों में दिया जाता है जिसे एक साथ खाने वालों की संख्या बहुत होती है, लेकिन शनिवार-रविवार को जॉगिंग करने वाले युवक-युवतियों की संख्या भी कम नहीं है। वे तेज नहीं चलते हैं बल्कि दौड़ते हैं। कई व्यक्ति भरी दोपहरी में दौड़ते नजर आते हैं।

शिकागो हो या टोलिडो अमेरिका में किसी भी रिहाइशी बस्ती की महत्ता वहाँ मौजूद बेहतरीन स्कूल से मानी जाती है। वहाँ स्कूल शिक्षा को बहुत महत्ता दी जाती है। स्कूल अध्यापिका का काम आसान नहीं है। बच्चों को छोड़ने और लेने के लिए ज्यादातर माता-पिता जाते हैं। बच्चे को स्कूल से लेने के लिए कौन-कौन आएगा, इसकी पूर्व सूचना स्कूल में क्लास की अध्यापिका को देनी होती है। टोलिडो में ग्रीन बॉउलिंग के स्कूल प्रिंसिपल को अपने स्कूल के सभी छात्रों के नाम याद थे। वे साइकिल पर बैठकर अपने घर जाते हैं। अटलांटा में भारतीय मूल की अर्चना पूर्व प्राथमिक स्कूल में पढ़ाती हैं। जहाँ कई छात्र-छात्राओं के समलैंगिक अभिभावकों की वे चर्चा करती हैं। कई बच्चों की दो माताएँ हैं। पिता नहीं। तलाक के कारण भी कई बच्चों का जीवन दूभर हो जाता है। उन्हें सप्ताहांत में अपने माता-पिता से मिलने के लिए लम्बी थका देने वाली यात्राएँ करनी पड़ती हैं।

अमेरिका के टेलीविजन कार्यक्रमों में सबसे ज्यादा महत्ता मौसम के समाचारों को मिलती है। दो चैनल तो सिर्फ मौसम समाचारों के हैं। इसके बाद नम्बर आता है चैट शो का जिसमें परिवार, समाज, वर्जित रिश्ते, सेक्स से जुड़े सवालों पर बहस होती है। एक कार्यक्रम बेवफाई करने वाले पतियों का था। उनकी वर्तमान प्रेमिका पूर्व पत्नी और पति या पूर्व पति का अद्भुत संगम था। यानी महेश भट्ट का अर्थ अपने सम्पूर्ण सच के साथ बेहतरीन रूप में मौजूद था। समाचारों में कई चैनल सिर्फ स्थानीय खबरों को अहमियत देते हैं और वे बड़े केन्द्रों से भी जुड़े रहते हैं। उनके पास 'ब्रॉड' होती है। इन दिनों राष्ट्रपति का चुनाव टीवी के माध्यम से लड़ा गया। जिस दिन उप राष्ट्रपति गोर और गर्वनर बुश की पहली मुठभेड़ थी, उस दिन टीवी दर्शकों में जबरदस्त उत्सुकता थी। अमेरिका में आज भी टीवी मनोरंजन का मुख्य यंत्र है, फिर सूचनाओं को देने वाला और अन्त में ज्ञान बढ़ाने वाला। बच्चों के लिए कई अभिभावक टीवी देखने का समय नियत कर देते हैं। कुछ बच्चों को

सजा के तौर पर टीवी देखने पर प्रतिबन्ध लगा दिया जाता है। ज्यादातर बच्चे कार्टून नेटवर्क के कार्यक्रम देखते हैं। चैट शो और सही जवाब देकर इनाम जीतने जैसी प्रतियोगिताएँ नया रूप लेती जा रही हैं। सही जवाब दो तो डॉलर पाओ और गलत जवाब देने पर कपड़े खोलने पड़ते हैं। ऐसे चैट शो और प्रतियोगिताएँ भी कई हैं। एक कार्यक्रम 'ब्लाइंड डेट' में अजनबी स्त्री-पुरुष आपस में मिलते हैं और कैमरा उनका पीछा करता है। पहले वे सार्वजनिक स्थान पर मिलते हैं, उनकी इच्छाएँ शीर्षक द्वारा प्रायोजक बताते जाते हैं। कई बार यह कार्यक्रम रंगीनियों की सीमाएँ पार कर जाता है तो बहुधा मुलाकातें नाराजगी और झगड़ों में बदल जाती हैं। अमेरिका में रहते पाँच तूफान आए और सभी बिना तकलीफ दिए गुजर गए। कुल मिलाकर अमेरिकी टीवी ने राजनीतिक-सामाजिक टीकाकार भी बना दिए हैं जिनकी हैसियत समाज में काफी है। भावी राष्ट्रपति से लेकर सामान्य नागरिक उनकी बात करता है। वे कोई बड़े त्याग की प्रतिमूर्ति नहीं हैं, पर कुछ जरूर ही बाजार की उपज हैं। अमेरिका में टीवी सेंटर व्यापार और दबदबे के केन्द्र हैं। वहाँ सरकारी दखल न के बराबर है। लेकिन ज्यादातर समाचार-पत्रों के सम्पादक और टीकाकार उदार मत के हैं। *न्यूयॉर्क टाइम्स* के 72 सम्पादकीय कर्मियों में से सिर्फ चार ने रिपब्लिकन पार्टी का समर्थन किया था बाकी डेमोक्रेट के समर्थक थे।

अमेरिका के सबसे सुन्दर शहर से विदाई। तीन दिन के प्रवास के बाद इस सुन्दर और प्राचीन शहर से विदा हो रहे हैं। यहाँ नेटिव अमेरिकन की महँगी और सुन्दर कलाकृतियों के बाजार है। अल्बुकर्क, सेंटा फी और ताओ एक लम्बी पट्टी है जो 200 किलोमीटर तक फैली है। नेटिव अमेरिकन अपनी आँखों (जो मंगोल जैसी हैं) हृष्ट-पुष्ट शरीर और काले बालों के कारण पहचाने जाते हैं। ताओ में हम एक पूरे दिन के कार्यक्रम में गए जहाँ हजारों अमेरिकी उसे देखने अपनी-अपनी कारों में पहुँचे थे। यह अमेरिकी मेला था। वैसे उत्सव नेटिव अमेरिकन का था, लेकिन मेले के भीतर एक अलग समाजशास्त्र था। यह पहला कार्यक्रम या उत्सव था जहाँ कैमरा ले जाना मना था और पुलिस और नेटिव अमेरिकन के भय से एक भी जना कैमरा नहीं ले गया था। समारोह में कुछ मसखरे थे जो दोपहर एक बजे के बाद गाँव के पुराने घरों की छत पर आए और मसखरी करते नीचे उतरे। वे बच्चों को डराते, दुकानदारों ने उनके लिए सेब, डबलरोटी और कोक रख दिया था। उन्होंने अपने शरीर को रंग रखा था और लंगोट जैसा अधोवस्त्र पहन लिया था। साथ ही एक ऊँचा लकड़ी का मलखम्भ खड़ा था जिसके ऊपर एक मरी हुई भेड़ रखी थी। रस्सी के सहारे ऊपर चढ़कर भेड़ को पा लेने वाले को इनाम के साथ-साथ भेड़ भी मिलने वाली थी। इस कार्यक्रम में भाग लेने गए हमारे समूह को न्यू मेक्सिको के पूर्व गवर्नर, जो कि अब 84 साल के हो गए हैं, ने भोजन कराया। उनके घर में भोजन का सिलसिला जारी था, मेहमान आते जा रहे थे और

भोजन करते जा रहे थे। घर के बाहर ही टेबुल लगाया। इस घर में कोई नहीं रहता है। ज्यादातर नेटिव अमेरिकन पास में अपेक्षाकृत आधुनिक घरों में रहते हैं। यहाँ पहाड़ियाँ हैं। समुद्र तल से ऊँचाई है। वनस्पतियाँ और वृक्ष अलग और छोटे हैं। पर्यटन सबसे बड़ा व्यापार है। ज्यादातर सेवानिवृत्त या वरिष्ठ लोग ही यहाँ रहते हैं। पर इनके घर बहुत बड़े और सुन्दर हैं। पहाड़ की तलहटी में बसे। कई के पास सिर्फ स्मृतियाँ हैं और बच्चों के साथ गुजारी छुट्टियों की यादें। यहाँ कई कलाकार, पत्रकार और वकील मिले। *टाइम* के दिल्ली (भारत) में ब्यूरो चीफ मिस्टर लिटिल की पत्नी 1984 में भारत आई और उन्हें आज भी फतेहपुर सीकरी और जयपुर की यात्राएँ याद हैं। उनके कैंसर के दो ऑपरेशन हो चुके हैं। बोलते-बोलते थक जाती थीं लेकिन उनकी स्मृति में भारत की एक माह की यात्रा ऐसे ही अंकित थी जैसे वह कल हुई हो। सेंटा फी कुछ-कुछ मैसूर जैसा है। शहर की आत्मा 'प्लाजा' में है, जहाँ पर्यटक ऐसे घूमते हैं मानो वे काठमांडू में हों। काँच के बड़े-बड़े शो केस में महँगी और रंग-बिरंगी कलाकृतियाँ थीं। कई मूर्तियाँ बड़ी और छोटी। होटलों में यात्रियों की भीड़ थी।

आइवा और न्यू मेक्सिको इन दोनों राज्यों के सामाजिक कार्यकर्ताओं, पत्रकारों और नागरिकों ने अपने इलाके के पिछड़ेपन और गरीबी की चिन्ता बहुत शिद्दत से की। इन दोनों प्रान्तों के महत्त्वपूर्ण नागरिक यह भी चाहते थे कि उनके पिछड़ेपन की बात आगे आए। न्यू मेक्सिको में स्पेनिश भाषा के एक साप्ताहिक अखबार का दफ्तर भारत के अखबारों के दफ्तर जैसा था, जहाँ तकनीक और धन का प्रभाव नहीं के बराबर था। एक महिला इस साप्ताहिक की सम्पादिका थीं और उन्हें इस बात का गर्व था कि अमेरिकी राष्ट्रपति चुनाव में दोनों उम्मीदवार स्पेनी भाषा में कुछ वाक्य बोल स्पेनिशों को रिझा रहे हैं। स्पेनिश भाषियों की संख्या अमेरिका में अंग्रेजी भाषियों को अब चुनौती दे रही है। न्यूयॉर्क स्थित कोलंबिया विश्वविद्यालय के न्यू मीडिया के प्राध्यापक कहते हैं कि अब कम्प्यूटर की भाषा अंग्रेजी नहीं है। स्पेनिश भाषियों ने कम्प्यूटर प्रयोग से संख्या के आधार पर अपने प्रभुत्व को बढ़ा लिया है। लेकिन कोलंबिया विश्वविद्यालय के कई प्राध्यापक अब भी बगैर कम्प्यूटर पढ़ाने में रुचि रखते हैं। अखबार, टी.वी. और रेडियो में अखबार के संवाददाता कम्प्यूटर पर पूरी तरह निर्भर हैं। टेलीविजन में सी.एन.एन. में अब समाचारवाचक कैमरामैन की जगह कम्प्यूटर के सामने समाचार वाचन करते हैं और ज्यादातर रेडियो स्टेशन अब पुराने रिकॉर्डिंग रूम में आधुनिकता ला चुके हैं। डिजिटल रिकॉर्डिंग और प्रोग्रामिंग स्टूडियो में होती है। अमेरिका में रेडियो स्टेशन समुदायों की जरूरत पूरी करने के लिए है। ज्यादातर विश्वविद्यालय अपने रेडियो स्टेशन चलाते हैं। सरकारी मदद नहीं के बराबर होती है। कार्यक्रमों को बाजार की माँग पर टिकना होता है, वरना रेडियो स्टेशन नुकसान में होता जाता है। कई रेडियो स्टेशन ने अपनी

विश्वसनीयता और कार्यक्रमों की जानकारी देने के लिए होर्डिंग प्रचार का सहारा लिया हुआ है। अमेरिका में नियोन लाइट्स का साम्राज्य है। रोशनी की नदी कई शहरों के ऊपर से उड़ते हुए दिखाई दी। शिकागो के ऊपर उड़ते हुए कई मिनटों तक नीचे रोशनी दिखाई देती है। दिन में कम आबादी की बस्तियाँ दिखाई देती हैं लेकिन जहाज जब नीचे उतरता है तो एक प्रकार का अमेरिकी नज़ारा फिर दिखने लगता है। यही अमेरिका का सच है।

*(वर्ष 2000)*

जापान

# अमृत चखाने वाले पहाड़

जापान की राजधानी टोकियो विश्व का सबसे बड़ा शहर है। चीजें महँगी जरूर हैं पर उच्च कोटि की हैं। टोकियो में सवेरा बहुत जल्दी होता है और शाम साढ़े चार बजे तक हो जाती है। हम जब पूरे दिन की हवाई यात्रा समाप्त करके टोकियो पहुँचे तो शाम हो रही थी। आव्रजन के लिए कतारें लम्बी थीं, कर्मचारी कम थे। तभी एकाएक एक नया टेबल शुरू हो गया। सभी उसकी तरफ भागे। आव्रजन पर कोई सवाल नहीं, फॉर्म भरा हुआ था उसे ही मानकर तत्काल ठप्पा लगा दिया। पासपोर्ट पर ठप्पा लगाने में सबसे ज्यादा उदार हांगकांग है। वहाँ तो एक साथ चार पासपोर्टों पर ठप्पा लगा दिया जाता है। सबसे खराब स्थिति इंग्लैंड की है। वहाँ भारतीयों से सौ तरह के सवाल किए जाते हैं।

हवाई अड्डे से होटल का रास्ता लम्बा था। पर हवाई एक्सप्रेस बहुत सुविधाजनक था। वहाँ पर सिर्फ तेज गाड़ियाँ चलती हैं। वहाँ न कोई सिग्नल था न तो गाड़ियों को ब्रेक लगाने की जरूरत। सिर्फ एक बात खराब थी कि रास्ते के दोनों तरफ बड़ी-बड़ी दीवारें जातियों की तरह मौजूद थीं। इन दीवारों के कारण जमीन और मकान देखने मुश्किल हो रहे थे। जिधर देखो उधर गाड़ियाँ ही थीं।

रास्ते में बौद्ध भिक्षुक नाकाजिमा ने हमसे पूछा, "क्या संजय दत्त अब भी जेल में है?" हमारे 'हाँ' कहने पर वे बोले, "अमिताभ बच्चन को बोलकर संजय दत्त को रिहा क्यों नहीं करा दिया जाता?" अब उन्हें यह भी समझाना पड़ा कि सत्ता के गलियारों में अमिताभ बच्चन उतने ताकतवर नहीं रहे। इसके अलावा मुम्बई बमकांड की अदालती कार्रवाई के बारे में उन्हें जानकारी दी। जब सुनील दत्त ने नागासाकी से हिरोशिमा तक पद यात्रा की थी तब ये सभी बौद्ध भिक्षुक उनके साथ थे। उन्हें दत्त परिवार की बहुत चिन्ता थी।

जापान में आप जैसे ही दस किलोमीटर यात्रा तय कर लेते हैं उसके बाद रास्ते में 'टोल पोस्ट' आता है। 'टोल पोस्ट' हमारे यहाँ के चुंगी नाकों जैसे होते हैं, पर मशीनें काम करती हैं। जापान में सड़कें निजी नहीं हैं (शरद पवार नोट करें) पर

उनके रखरखाव के लिए गाड़ियों से पैसा लिया जाता है। टोकियो में हवाई अड्डा नारिता कुछ वर्ष पूर्व ही बना है। हवाई अड्डे के नीचे तक उपनगरीय रेल जाती है। रेल महँगी है पर कम भीड़ और आधुनिक है। नारिता से टोकियो अस्सी किलोमीटर दूर है। टोकियो तक की यात्रा में पेट का पानी भी नहीं हिला। टोकियो बहुत ही बड़ा पर व्यवस्थित शहर है।

टोकियो को देखने के लिए सबसे पहले टोकियो टावर बनाया गया था, एक बहुत ऊँचा टावर। इस टावर से छह रेडियो स्टेशनों को सन्देश दिए जाते हैं। टोकियो टावर को दो हिस्सों में बाँटा गया है। पहला 150 मीटर की ऊँचाई पर पहुँचकर टोकियो दर्शन और फिर 100 मीटर ज्यादा ऊँचे पहुँचकर सम्पूर्ण दर्शन। टोकियो टावर को एक पूरे पिकनिक स्पॉट का रूप दे दिया गया है। यहाँ पर पर्यटक अपना पूरा दिन गुजार सकता है। टावर देखने आने वालों में बच्चे बहुत हैं। वृद्ध भी बड़ी संख्या में हैं। हमारे यहाँ जैसी अव्यवस्था, शोर-शराबा और छेड़खानी नहीं के बराबर है।

टावर जैसी ही एक इमारत याकोहामा में बनाई गई है। 65 मंजिल की इमारत पर मुश्किल से तीन मिनट में लिफ्ट ऊपर पहुँच जाती है। वहीं से याकोहामा दिखाई देता है।

टोकियो शहर के रास्ते में छोटे और आकर्षक पेड़ लगे हैं। वे बेतरतीब नहीं हैं। इन पेड़ों को कब और कौन काटता है मालूम नहीं। जापान के सम्राट का बगीचा आम जनता के लिए खुला हुआ है। यहाँ पर नदी के बीच होकर पहुँचा जा सकता है।

जापान में सड़कों पर चलने वाले नहीं के बराबर दिखाई देते हैं। ज्यादातर कारें ही दिखाई देती हैं, पर वे प्रदूषण नहीं फैलाती हैं। इन कारों के इंजन उच्च कोटि के होते हैं। जापान में धूल कहीं नहीं दिखाई देती। होटलों में स्टार टी.वी. नहीं है। ज्यादातर कार्यक्रम जापानी भाषा में आते हैं। लोकप्रिय और वयस्कों की फिल्में पैसे देकर देखी जा सकती हैं।

क्या जापान एशिया का अमेरिका है? आर्थिक सम्पन्नता और जलवायु को मद्देनजर रखें तो लगता है यह बात सही है। जापान से अमेरिका वायुयान द्वारा ज्यादा दूर नहीं है। पर्याप्त पैसा आ जाने के कारण अब जापानी बाजारों में इटली का सामान महँगा और बहुतायत में है। जापान अमेरिका का कोई प्रशंसक नहीं है। वह अमेरिका के बाजार में जा रहा है और अमेरिका उनके यहाँ आ रहा है। जापान एक जिजीविषा का जीवन्त देश है।

जापानियों के मानस में माउंट फूजी बसा हुआ है। टोकियो के ऊँचे स्थानों से फूजी पर्वत को देखने के लिए महँगी और तरह-तरह की दूरबीनें लगाई गई हैं। माउंट फूजी के पाँचवें कैम्प तक सड़क बनाई गई है। माउंट फूजी को देखना अमृत चख लेने जैसा है। माउंट फूजी को देखने के लिए टोकियो से 150 किलोमीटर की यात्रा शुरू हुई तब हलकी बारिश हो रही थी। मेरा यह सौभाग्य रहा है कि मैंने दुनिया के

हर शहर में बारिश देखी है और उसमें भीगा हूँ। इतना ही नहीं, गुजरात के कच्छ इलाके में जहाँ कभी-कभार ही बारिश होती है, वहाँ भी रन के बीच बारिश को देखा था। जापानी बारिश में सैकड़ों रंग-बिरंगी छतरियाँ निकल आती हैं। जापान में अब भी बटन दबाकर छतरियाँ खोली जाती हैं। सफेद प्लास्टिक की छतरियाँ सबसे ज्यादा दिखाई देती है। बारिश भी पूरे दिन और पूरी रात हुई।

जापान का परम्परागत होटल दस-पन्द्रह कमरों का था। होटल पहुँचते ही हमारे जूते बाहर ही खुलवा लिये गए और हमें पहनने के लिए परम्परागत चप्पलें दी गईं। स्वागत कक्ष के साथ ही एक लॉबी बनी हुई थी। उसके पास एक बड़ा हॉल था। हम पहली मंजिल पर ठहरे। कमरे में रूम हीटर और फोन था, कमरे में जमीन से एक-दो फुट ऊँची टेबुल थी, जहाँ पर हमें बगैर शक्कर और दूध की जापानी हरी चाय दी गई। इसके बाद एक टॉवेल, एक टूथ ब्रश और किमीनो (जापान की परम्परागत पोशाक) दी गई। हमें इस इलाके में बह रहे गर्म पानी में नहाना था। झरनों को नल के जरिये होटल में ला दिया गया। जापान में एक साथ सार्वजनिक रूप से नहाने की परम्परा है। इसमें सभी पुरुष (महिला स्नानागारों में महिलाएँ) नग्न नहाते हैं। एक छोटा टॉवेल भी दिया जाता है, जिससे आप साबुन अपने शरीर पर लगा सकें। एक कुंड में गरम पानी था। पानी में कूदने से पहले अपेक्षाकृत हलके गर्म पानी में नल के जरिये नहाने को कहा गया। हमने भी यही किया। दस-पन्द्रह मिनट में स्नान समाप्त हुआ। स्नान के बाद समुद्री भोजन दिया गया। जापानियों का भोजन बहुत लम्बा चलता है। हम शाकाहारी थे। हमारा भोजन जल्दी समाप्त हो गया।

टोकियो से दो-ढाई घंटे के कार सफर के बाद माउंट फूजी आता है। फूजी पहाड़ पर अक्सर बादल छा जाते हैं इसलिए इसके दर्शन करने वालों को सौभाग्यशाली माना जाता है। नाकाजिमा ने जब गन्धक के गर्म पानी के स्रोतों के पास से फूजी के पहली बार दर्शन किए तो वे इतने खुश हो गए कि रोमांच में आकर उन्होंने पहाड़ी घाटियों के पास से सेल्युलर फोन द्वारा मुम्बई में अपने अग्रज भिक्षुक मरोटा जी को बताया कि सामने फूजी के दर्शन हो रहे हैं। फूजी पर्वत को पाँच हजार 'येन' के नोट पर भी छापा गया है।

जापानियों ने अपने प्राकृतिक स्थानों को बड़े सहेजकर रखा है। पिकनिक पर्यटन को इनसे जोड़ दिया गया है। झीलों और खाड़ियों में बड़ी-बड़ी नावें भी चलती हैं।

जापान में पर्यटन काफी महँगा है। बौद्ध प्रार्थना स्थलों में आने वालों की संख्या बड़ी है। इन स्थलों पर पुरानी पुस्तकें और सिक्के भी मिलते हैं। ऊपरी तौर से जापान निवासियों ने उच्च तकनीक को अपनाया हुआ है पर परम्परा और पुराने मूल्य उनके जीवन को अब भी दिशा देते हैं। जापान में कुछ वर्ष पूर्व महिला प्रधानमंत्री बनने के बाद महिलाओं में आत्मविश्वास बहुत आया है। महँगे जापान में स्नातक को दो

लाख येन प्रतिमाह मिलते हैं। पर यह वेतन पर्याप्त नहीं होता है। घर और दफ्तर आना-जाना महँगा है। दैनिक मजदूरी पर रखे जाने वाले कर्मचारी को सात हजार येन मिलते हैं। प्रति घंटा आठ सौ येन देकर भी कई कर्मचारियों को बुलाया जाता है। जापान की सबसे बड़ी समस्या वृद्ध लोगों की है। हर चार जापानियों में से एक वृद्ध है। वृद्धों की देख-रेख करना उन्हें सम्मान से रखना आज भी जापान में मौजूद है। घर चलाना और विवाह करके बच्चे पैदा करना बहुत महँगा है। इस महँगाई के कारण भी कई युवतियाँ शादी नहीं करतीं। जापान में लड़की की रजामन्दी से ही विवाह होता है। कई बार लड़के को अपनी हैसियत बढ़ानी पड़ती है।

जापानियों को अपने चावल से बहुत ज्यादा प्रेम है। यह उनके स्वाभिमान से जुड़ा है। गैट प्रस्ताव के कारण जापान में जब चावल के आयात की चर्चा चली तो वहाँ के किसानों ने इसे स्वाभिमान का मुद्दा बना लिया। इसी कारण सरकार को अपनी नीति बदलनी पड़ी।

टोकियो की आबादी विश्व के सबसे ज्यादा आबादी वाले शहरों में से एक है। पर शहरी और उपनगरीय टोकियो को इस तरह बसाया गया है कि कहीं पर भी बहुत ज्यादा भीड़-भाड़ नहीं दिखती। जापान में मशीनें कई काम करती हैं। रेल का टिकट आदमी नहीं देता है। ज्यादातर स्थानों पर खुले पैसे भी मशीनें देती हैं। बड़े डिपार्टमेंटल स्टोर महँगाई के बावजूद भरे रहते हैं।

जापान में भारतीय व्यवसायियों की संख्या पचास हजार से ज्यादा नहीं है। टोकियो में तो बहुत कम भारतीय हैं। भारत अब तक कच्चे लोहे को बेचकर सबसे ज्यादा निर्यात करता था। पर अब ताजा भारतीय मछलियाँ भारतीय निर्यात में पहले नम्बर पर आ गईं। जापान में भारतीय झींगा मछलियाँ बहुत लोकप्रिय है। इस निर्यात को बढ़ाने के पीछे वाणिज्य विभाग के अधिकारी अशोक नायडू का बड़ा हाथ है। अशोक नायडू के साथ सहयोगी के रूप में जो जापानी कर्मचारी काम करते हैं वे भी भारत को बहुत चाहते हैं। भारत के विशेषकर सारनाथ, रांची, औरंगाबाद और आगरा जापानियों के परिचित शहर हैं। जापान में भारतीय भोजन की कई दुकानें हैं। इनमें जापानी ही तंदूरी रोटी और दाल तड़का खाते हुए दिखाई देते हैं। महाराजा नामक रेस्तराँ की पाँच-पाँच शाखाएँ हैं। हर दिन यहाँ भोजन करने वालों की कतारें लगती हैं।

विश्व अर्थव्यवस्था में जापानी मुद्रा काफी मजबूत हुई है। जापान की राजधानी में शेयर बाजार अब भी महत्त्वपूर्ण हुआ है। अमेरिका की चुनौती जापान ने स्वीकार की हुई है। चीन जापान का नया विश्वसनीय आर्थिक दोस्त बन रहा है।

*(1994)*

चीन दोबारा

# चीन बदल गया

चीन में इन दिनों राजनीति और साम्यवाद की बहस नहीं। असली मुद्दा है आर्थिक उदारवाद और सम्पन्न बनने का सपना। रास्ते में आने वाली बाधाओं को दूर करने के लिए एक ही शब्द है, 'नो प्रॉब्लम'। चीनी उदारवाद में राज्य भी आर्थिक प्रगति में एक महत्त्वपूर्ण पाया बन गया है। आर्थिक प्रगति के लिए हर तरफ प्रयास हो रहे हैं। बीजिंग में इन दिनों निर्माण कार्य जोरों पर है। पुरानी इमारतें गिराई जा रही हैं और बड़े एवं आकर्षक व्यापारिक केन्द्र बन रहे हैं। इन केन्द्रों के निर्माण कार्य में विदेशी कम्पनियाँ भी सहयोग दे रही हैं। चीन के अखबारों में इन भावी केन्द्रों की बिक्री के विज्ञापन छपते हैं। अमेरिकी डॉलर में जगह बेची जा रही है। महँगी होने के बावजूद यह जमीन नरीमन प्वाइंट और कफ परेड से सस्ती है।

ग्वांगझाओ (कैंटन) से रवाना हुई एयर बस-300 ठीक समय पर पहुँची। शाम को चार बज कर पचपन मिनट पर। विमान जब नीचे उतरने लगा तो अन्दर टीवी स्क्रीन पर अन्तर्राष्ट्रीय उड़ानों की तरह हवाई जहाज की गति, ऊँचाई और बाहर का तापमान तथा गन्तव्य की दूरी बताई जाने लगी। टी.वी. पर चल रही चीनी फिल्म समाप्त हो चुकी थी। चीनी फिल्म के साथ-साथ अंग्रेजी में 'सब-टाइटल' भी थे। आकाश में बादलों का भंडार था। ज्यादा ऊँचाई पर शुभ्र और तरह-तरह की शक्लों वाले बादल वैसे ही दिख रहे थे जैसे कि दिल्ली-मुम्बई या बेंगलुरु और मद्रास के बीच होते हैं। ग्वांगझाओ से जब जहाज उड़ा तो कुछ देर बादल गहरे घने नहीं हुए थे। तब नीचे पहाड़ दिख रहे थे। एक नदी काफी दूर तक पहाड़ के साथ जा रही थी।

बीजिंग हवाई अड्डे पर पहुँचते ही सफेद रुई के फाहे जहाज की खिड़की से गिरते हुए दिखे। हवाई अड्डे के बाहर कड़ाके की ठंड थी। टैक्सी से होटल पहुँचे। रास्ते में अँधेरा था, कई जगह रोशनी गुल हो गई थी।

होटल में कमरे बड़े और साफ थे। हर फ्लोर की एक इंचार्ज थी। कमरे की चाभी उसे ही देनी थी। दस वर्ष पहले सरकार ने इस होटल को बनाया था। आज

भी यह सरकारी ही है। होटल के कमरों में कंघा, टूथपेस्ट और ब्रश के साथ पीले रंग के टॉवेल थे। कुछ टॉवेल फटे हुए थे। शायद होटल पुराना हो गया था। पर हमारे देश के सरकारी होटलों सेंटोर और अशोका से फिर भी बेहतरीन थे।

चीन में पी.टी.आई. का एक संवाददाता हाल में पहुँचा है। भारत के पूर्व उप राष्ट्रपति के. आर. नारायणन के दौरे के दो-तीन दिन पहले यह संवाददाता वहाँ पहुँचा था। चीन में पत्रकारिता करना आसान नहीं है। अखबारों में आर्थिक उदारवाद और सरकारी सूचना केन्द्र की विज्ञप्तियाँ ही प्रकाशित होती हैं। चीन में रहने वाले विदेशी पत्रकारों के लिए हर सप्ताह आधिकारिक प्रेस कॉन्फ्रेस होती है। इस कॉन्फ्रेस में अंग्रेजी अनुवाद की भी व्यवस्था होती है। मद्रास में पले-बढ़े भारतीय पत्रकार मित्र के लिए चीनी भाषा आज भी एक समस्या है और उन्होंने भाषा सीखने के लिए सप्ताह में दो बार ट्यूशन रखे हुए हैं।

चीन में विदेशी पत्रकारों को रहने के लिए एक नियत स्थान दिया गया है। राजनय और उनके परिवारों के पास पत्रकारों को मकान दिए जाते हैं। पत्रकार जहाँ चाहें वहाँ नहीं जा सकते। विदेशी पत्रकारों को सरकारी मान्यता पत्रक मिलने के बाद ही कहीं घूमने की आजादी है। अखबारनवीसों के लिए ज्यादा काम नहीं होता पर आर्थिक विकास ने पत्रकारों को विदेशी व्यापारियों और प्रतिनिधि मंडलों के नजदीक ला दिया है।

चीन में आर्थिक उदारवाद के तहत सरकारी कम्पनियाँ स्वयं ही व्यापार निर्यात की चर्चा करने लगी हैं। राज्य व्यापार प्राधिकरण के अधिकारी भी इसमें भाग लेते हैं। वैज्ञानिक संयंत्रों को बनाने वाली एक फैक्ट्री चमक-दमक विहीन थी। ज्यादातर वैज्ञानिक निष्ठा और मेहनत से काम करते हैं। बहुत सहज और साधारण। वैज्ञानिक संस्थान हमारे देश की तरह लकदक और कृत्रिम नहीं थे। चीन में फैक्ट्रियाँ जल्दी शुरू हो जाती हैं। सवेरे 7.45 बजे वैज्ञानिक और मजदूर काम करने के स्थान पर पहुँच जाते हैं। साढ़े ग्यारह बजे लंच होता है और साढ़े चार बजे छुट्टी। ज्यादातर कर्मचारी साइकिल का उपयोग करते हैं। वेतन कम है, पर सरकारी सुविधाएँ हैं। सरकारी दफ्तरों में काम करने वाले बहुराष्ट्रीय कम्पनियों के कर्मचारियों से ईर्ष्या करते हैं। बहुराष्ट्रीय कम्पनियाँ सरकारी कम्पनियों से चार-पाँच गुना ज्यादा वेतन देती हैं। ज्यादा वेतन के कारण चीन में मुद्रास्फीति बढ़ गई। महँगाई बाजार में दिखाई देती है। पर ज्यादा वेतन कमाने वाले खूब खरीदी कर रहे हैं। जिस दिन बीजिंग में पहली बर्फ गिरी थी, वह एक ठंडी रात थी। दो दिन बाद दूसरी बार हिमपात हुआ। उसी दिन सड़क पर एक बूढ़ा अपने पोते के साथ आने-जाने वाले से पैसा माँग रहा था। ठंड उसकी आवाज को कमजोर कर रही थी।

चीन में इन दिनों निर्माण कार्यों का बोलबाला है। हर जगह इमारतें बन रही हैं। सड़कें सुविधाजनक की जा रही हैं। टेलीफोन और बिजली सरकार की प्राथमिकताएँ

बन गए हैं। सरकार और देश बहुत खुल गया है। पिछले पन्द्रह वर्षों से चीन आ रहे एक जर्मन टी.वी. इंजीनियर ने बताया कि पिछले तीन-चार वर्षों में इस देश में बहुत बदलाव आ गया है। यह बदलाव आर्थिक सम्पन्नता से जुड़ा है। चीन में एक वर्ष में एक करोड़ दस लाख टेलीविजन सेट बन रहे हैं। चीन की कम्युनिस्ट पार्टी के एक पदाधिकारी ने बताया कि उनकी दस वर्ष की बेटी हर रोज दो घंटा टेलीविजन देखती है। बच्चे टी.वी. बहुत देख रहे हैं। युवा पीढ़ी के लिए सेटेलाइट टी.वी. और अमेरिकी संस्कृति से जुड़े खाने-पीने के स्थान आकर्षण का केन्द्र बने हुए हैं। यही कारण है कि हांगकांग से चीन आने वाली रेल जिसका किराया भारतीय मुद्रा में 600 रुपया है, काफी अलग किस्म की है।

सवेरे सात बजकर पचास मिनट पर एक तेज धक्के के साथ कवलून के साफ-सुथरे स्टेशन से चीन के प्रवेश द्वार ग्वांगझाओ की यात्रा शुरू हुई। वह रविवार की सुबह थी। जिस तरह सवेरे-सवेरे पुणे जाने वाली इंद्रायणी में चढ़ते समय वी.टी. में यात्री खुश होते हैं, लगभग वैसी ही खुशी चीनी यात्रियों को अपने प्रिय शहर में जाते हुए हो रही थी। एक महिला ने हमें टिकट नम्बर बताया और हम सीट पर बैठ गए। रेल साफ-सुथरी थी और बड़ी-बड़ी काँच की खिड़कियाँ लगी थीं।

जब चीन के शहर आने लगे तो तेजी से रेल गुजरती और कुछ सिपाही दिखाई देते। रेल में प्रवेश करते ही चीनी भाषा में घोषणाएँ होने लगीं। रेल के अन्दर कई विज्ञापन लगे थे। एक विज्ञापन ग्वांगझाओ इंटरनेशनल गोल्फ क्लब का था। रेल के डब्बे में एक दीवार घड़ी लगी थी। इसके नीचे सिगरेट कम्पनी 555 का विज्ञापन था। शुरू में लगा यह हांगकांग की रेल है। चीन में शायद विज्ञापन नहीं हो। पर यह बात आगे जाकर गलत सिद्ध हुई। चीन में बहुराष्ट्रीय कम्पनियों और खाने-पीने की वस्तुओं के विज्ञापन हर जगह दिखाई देते हैं।

हांगकांग और चीन का सीमान्त शहर शनजन चालीस मिनट बाद आया। रेल थोड़ी देर रुकी। हर डब्बे में पुलिस वाले आए। दो पुलिस वाले हमारे डब्बे में आए, नौजवान और हँसमुख। रास्ते में चीनी भोजन और कॉफी उपलब्ध कराई गई। यह मुफ्त में नहीं थी। कॉफी के एक प्याले की कीमत बीस रुपया थी। गुवाचुंग स्टेशन पर रेल थोड़ी देर से पहुँची। बीच में इन्तजार करना पड़ा, यानी गाड़ी रुक गई। चीन के स्वास्थ्य और कस्टम अधिकारी बेहद शिष्ट और अच्छे थे। जब हमारा सामान एक्स-रे मशीन से बाहर आने लगा तो दो चीनी युवक बोले 'इनदू-इनदू' (भारतीय-भारतीय)। हम चार जन पाँच मिनट में सारी औपचारिकताएँ पूरी कर स्टेशन से बाहर आ गए। स्टेशन के बाहर सौ-दो सौ से अधिक युवक-युवतियाँ अपने प्रियजनों की प्रतीक्षा कर रहे थे। स्टेशन के बाहर एक ओवर ब्रिज बना था। भायखला ब्रिज जैसा। चीन में जाने के लिए हवाई टिकट पन्द्रह दिन के पहले विदेशों में नहीं मिलता। लेकिन देश के अन्दर पहुँचकर उसी दिन टिकट मिल सकता

है। हमसे यह कहा गया कि चीन के ग्वांगझाओ शहर से बीजिंग जाने का टिकट मिलेगा। हमने ग्वांगझाओ जाकर टिकट खरीदा।

हवाई अड्डे पर टिकट मिलना आसान रहा। चीन में खूब पैसा आ रहा है। इसका सबूत वहाँ के हवाई अड्डे थे। जिस तरह हमारे यहाँ बस स्टैंड पर भीड़ को अन्दर घुसने की उतावली रहती है, उससे भी ज्यादा उतावली यात्रियों को हवाई जहाज में चढ़ने की थी। हमारी फ्लाइट थोड़ी लेट थी। पर इंडियन एयर लाइंस जितनी देरी नहीं हुई। ज्यादातर यात्री आम वेशभूषा में थे। साधारण और कुछ-कुछ वैसे ही जैसे हमारे यहाँ केरल और राजस्थान से गए खाड़ी के कमाऊ पूत। कई यात्री जहाज के उड़ान भरते ही खिड़कियों से उत्सुकतापूर्व झाँकने लगे। कुछ तो कैमरे से क्लिक भी करने लगे। पूरे जहाज में विमान परिचारिका ही थोड़ी-बहुत कामचलाऊ अंग्रेजी जानती थी। वरना अंग्रेजी जानने वाला-समझने वाला कोई नहीं था।

ग्वांगझाओ हवाई अड्डे पर फैशन और सिगरेट के विज्ञापन की फिल्म दिखाने वाले बड़े-बड़े पैनल थे। समाज खुला था। युवा लड़के मिनरल वाटर की बोतलें लेकर घूम रहे थे और लड़कियाँ जींस और टॉप पहनकर आ-जा रही थीं। सीमावर्ती शहर होने की वजह से पुलिस की उपस्थिति बहुत दिखाई दे रही थी। रेलवे स्टेशन से हवाई अड्डे तक वातानुकूलित बसें थीं। बसें बेहद सस्ती थीं। आठ रुपये प्रति सवारी लेकर उन्हें हवाई अड्डे तक पहुँचाया गया। रविवार होते हुए भी जहाज और हवाई अड्डे पर काफी भीड़ थी। कई लड़के-लड़कियाँ तो जमीन पर बैठकर ही भोजन कर रहे थे। हमारे देश के हवाई अड्डों पर ऐसा दृश्यों को देखना दुर्लभ है।

हांगकांग से चीन की रेल यात्रा करते समय पास में एक वृद्ध सज्जन बैठे थे। उनके पास अमेरिकी पासपोर्ट था। पर वे अंग्रेजी नहीं जानते थे। जैसे ही चीन की सीमा शुरू हुई वे बोले, "अब ध्यान से देखो चीन अब शुरू होता है।" उन्होंने कई चीनी व्यंजनों के लिए आदेश दिए। ग्वांगझाओ में शाकाहारियों के लिए कुछ नहीं था। इसलिए सबसे पहले फल ही खाए। केले बहुत मीठे और स्वादिष्ट थे। आम, सेव और नारंगी जैसे फल भी थे। अभी तक सांप और मेढक से सामना नहीं हुआ। देखें कब दिखते हैं?

## चीन में साम्यवाद मर रहा है

चीन में आज भी कारों से ज्यादा साइकिलें हैं। साइकिलों पर सवारी करने वालों की सुविधा के लिए पूरी लेन बनाई गई है। कारों और टैक्सी के ड्राइवर साइकिल वालों का सम्मान करते हैं और उन्हें सड़क पार करते देख अपनी गाड़ी रोक लेते हैं। पैदल चलने वालों को भी चीन की सड़कों पर ज्यादा कठिनाई नहीं होती है।

कोई ड्राइवर तेजी से ब्रेक लगाकर साइकिल सवार या पैदल चलने वालों को आतंकित नहीं करता है।

चीन के उपनगरों में मोटरसाइकिल के पीछे लकड़ी की चौकोर सीटें होती हैं जिसमें छह लोग बैठ सकते हैं। इन दिनों चीन में विदेशी कारों का बाजार फैल रहा है। जगह-जगह बड़े-बड़े विज्ञापन बोर्ड लगे हुए हैं जिन पर सुन्दर महँगी गाड़ियों की तस्वीरें हैं। चीन में इन दिनों हाईवे पर ट्रक ड्राइवरों को लूटने का भय भी बना रहता है। कुछ वर्ष पहले इस तरह की घटनाएँ नहीं के बराबर होती थीं। कई वर्षों से चीन जा रहे एक जर्मन व्यापारी ने लम्बी बातचीत के दौरान बताया कि इस समय चीन में सरकारी शिकंजा 50 प्रतिशत ढीला हो गया है। व्यापार, निर्माण और होटलों को इस छूट में शामिल किया गया है।

चीन के शहरों में तीन तरह की टैक्सियाँ हैं। पीले रंग की टैक्सियाँ महँगी हैं। मारुति वैन के आकार की टैक्सी में सवारी करने के लिए कम-से-कम चालीस रुपया जेब में होना चाहिए। दूसरी तरह की टैक्सी हमारे यहाँ की मारुति 800 जैसी है। इसमें हीटर की व्यवस्था होती है। इसमें बैठने के लिए कम से कम सत्तर रुपये होने चाहिए। तीसरी गाड़ी विदेशी टोयटा है, जो अस्सी रुपये से मीटर गिराती है। चीन में टैक्सी की मीटर व्यवस्था भी बहुत अच्छी है। आप कितने किलोमीटर चल लिए हैं इसकी सूचना प्रदर्शित होती रहती है। टैक्सी के ऊपर यदि रोशनी जल रही है तो इसका अर्थ है कि वह खाली है। पीले रंग की टैक्सियाँ हजारों की संख्या में हैं।

तीन वर्ष पहले थ्येनआनमन चौक पर आजादी के लिए कई युवक सत्याग्रह के रूप में धरना देने के लिए इकट्ठा हो गए थे। 1 अक्टूबर, 1950 को 'लांग मार्च' पूरा कर माओ त्से तुंग ने पाँच सितारों वाला लाल झंडा इसी चौक में फहराया था। इस चौक पर माओ की युवा तस्वीर आज भी लगी है। इसके सामने माओ का स्मारक भी बना हुआ है। इसे देखने के लिए एक लम्बी कतार लगती है। इस चौक को देखने के लिए सवेरे ही रवाना हुआ। सस्ती टैक्सी को होटलों के अन्दर आने की अनुमति नहीं है। सड़क पर बाहर ही उतर जाना पड़ता है। चीन में भी टैक्सी वाले छोटी दूरी के सफर के लिए आनाकानी करते हैं। एक टैक्सी वाले ने तो कुछ किलोमीटर दूर जाने के लिए भी अस्सी रुपये माँगे। एक रात पहले ही बहुत बर्फ गिरी थी। बर्फ में चलते हुए और टैक्सी की खोज करते हुए जब एक युवक से थ्येनआनमन चौक जाने का रास्ता पूछा तो उसने कहा कि बाएँ हाथ पर मुड़ जाइए और बस नं. 110 या 120 में बैठ जाइए।

चीन में बस स्टैंड ज्यादा भीड़ भरे नहीं होते हैं। बसें लम्बी और प्लास्टिक की सीटों वाली होती हैं। ड्राइवर और कंडक्टर महिलाएँ होती हैं। यदि कंडक्टर के पास खुल्ला पैसा नहीं है तो वह अपनी साथी कंडक्टर के पास जाकर पैसे माँग लाती है। जब वह थोड़ी दूर पैसे माँगने जाती हैं तो अपना कैश और बैग नहीं ले जाती

है। लेकिन कोई भी हाथ तो क्या नजर भी नहीं डालता। 110 नं. की बस दो बसों को मिलाकर लम्बी की गई थी। बहुत धीमी और रुक-रुक कर चलती हैं चीनी बसें। चीन में बसों के किराये सबसे सस्ते हैं। दस-दस, पन्द्रह-पन्द्रह किलोमीटर की दूरियाँ आप बहुत कम पैसे में तय कर सकते हैं। कंडक्टर विनम्र और शिष्ट होते हैं। कोई जल्दबाजी नहीं करते हैं। औरतों और बच्चों पर विशेष ध्यान दिया जाता है। थ्येनआनमन चौक जाने के लिए मेरा टिकट एक ऐसे चीनी युवक ने खरीदा जो न तो मेरी भाषा जानता था और न मैं उसकी भाषा। वह युवक थ्येनआनमन चौक आने के बहुत पहले उतर गया था। उसने उतरने से पहले कंडक्टर को यह कह दिया था कि वह मुझे कहाँ उतारे। और जब थोड़ी देर तक बस मुड़ती रही और कई स्टॉप आ गए तब यह भय लगने लगा कि कहीं आगे तो नहीं जा रहे। पीछे मुड़कर देखा तो महिला कंडक्टर ने आश्वस्त किया और जब स्टॉप आया तो उसने कन्धे को हलका-सा छूकर कहा उतर जाइए।

रास्ते में कई पुरानी इमारतें तोड़ी जा रही थीं। उनकी जगह बड़े-बड़े व्यापारिक परिसर बनाए जा रहे थे। बीजिंग की आकाश रेखा देखें तो जगह-जगह पीले रंग की क्रेनें दिखाई देती हैं। ये क्रेनें इतनी लोकप्रिय हो गई हैं कि बच्चों के लिए बनाए गए डिपार्टमेंटल स्टोर में जो सबसे महँगा खिलौना था वह क्रेन ही था। चीन में शुरू में फ्रेंडशिप स्टोर खोले गए थे। अब बहुराष्ट्रीय कम्पनियों के साथ मिलकर बड़े स्टोर खोले जा रहे हैं। विशालता भव्यता प्रदान कर देती है, यह सोच इन बड़ी दुकानों का है। अमेरिका के मैकडॉनल खाने-पीने की दुकान में एक साथ साठ हजार लोग चाय-कॉफी और आइसक्रीम खा सकते हैं। इसी दुकान के पास चीन की सबसे पुरानी पुस्तकों की एक दुकान थी। जो हमारे चीन पहुँचने के पहले ही दिन तोड़ दी गई थी। चीन में पुस्तकों की दुकान में आप दो-दो, तीन-तीन घंटे जाकर बगैर किसी कठिनाई के पुस्तक पढ़ सकते हैं। जब आप पुस्तक के बारे में कुछ जानते ही नहीं हैं तो उसकी खरीद कैसे हो सकते है? यह सोचना पुस्तक बेचने वालों के लिए अचम्भे की बात होती। बहरहाल पुस्तकों की दुकान खुल रही थीं। सड़क पर कागजों में अच्छी तरह से लिपटी पुस्तकें रखी हुई थीं। इन पुस्तकों की दुकान के पास बच्चों के खिलौने की दुकान थी और उसके पास एक बहुत बड़ा डिपार्टमेंटल स्टोर। इस स्टोर के बाहर एक मूर्ति लगी थी। यह मूर्ति वहाँ के सबसे अच्छे सेल्समैन की थी। 'सौ फूलों को खिलने दो।'। यह नारा माओ ने सांस्कृतिक क्रान्ति के दौरान लगाया था। इस दुकान का नाम 'सौ फूलों को खिलने दो' ही था। यहाँ पर हर वस्तु उपलब्ध है।

चीन में परिवार नियोजन को बहुत कड़ाई से लागू किया गया है। शहरों में लड़के-लड़की का अन्तर समाप्त हो गया है, पर गाँवों में अब भी लड़के का महत्त्व है। सरकार ने हाल ही में कानून बनाकर गर्भस्थ शिशु के लिंग की जानकारी देने

वाले प्रयोगों को बन्द करवा दिया है। एक सप्ताह के चीन के प्रवास में सिर्फ एक डिपार्टमेंटल स्टोर में एक गर्भवती स्त्री दिखाई दी। वरना आम दृश्यों में बच्चों को लाड़-प्यार करते अभिभावक ही दिखाई देते थे।

पर्यटन चीन का बड़ा व्यवसाय है। कुछ दिनों पहले दक्षिण कोरिया ने चीनी विमानों पर यह कहकर रोक लगा दी थी कि चीन में प्लेग हो गया है। कोरिया की सूचना के अनुसार करीब 120 शहरों में प्लेग फैला। चीन की बस्तियाँ गरीब और गन्दी भी हैं। ज्यादातर शौचालय और मूत्रालय अस्वच्छ हैं, बदबूदार हैं। ज्यादातर के दरवाजे टूटे हुए हैं। प्लेग के बावजूद हजारों की संख्या में अमेरिकी, आस्ट्रेलियन और ब्रिटिश पर्यटक चीन पहुँचे। चीन की दीवार दुनिया के सात आश्चर्यों में से एक है। ऊँची और बड़ी दीवार पर चढ़ने की वीडियो फिल्म चार सौ रुपये में कैसेट समेत आपको दे दी जाती है। तत्काल फोटो निकालकर भी पर्यटकों को दिए जाते हैं। चीन की दीवार देखिए और बतख खाकर जाइए। यह विज्ञापन जगह-जगह दिखाई देता है। चीनी शाम का भोजन जमकर करते हैं। ज्यादातर समय चाय पी जाती है। बगैर शक्कर और दूध की चाय पीने के लिए कप की जगह शीशियाँ काम में ली जाती हैं। इन शीशियों को लेकर किसी में शर्म नहीं। पश्चिम का असर जमकर दिखता है। युवा पीढ़ी के पास पश्चिमी वस्त्र बहुत हैं। जींस और टॉप सभी पहनते हैं। माओ के परम्परागत बन्द गले के कोट बूढ़े गलों में ही दिखाई देते हैं। अमेरिका भी कोकाकोला और पेप्सी को चार रुपये में बेचकर अपनी संस्कृति वहाँ फैला रहा है।

अमेरिकी संस्कृति को झटका देने के इरादे से चीन में कुत्तों की शामत आ गई है। चीन सरकार के नए नियम के अनुसार देश में कुत्तों को पालने वालों को अपना पंजीकरण कराना पड़ेगा और घर में कुत्ते रखने की फीस देनी होगी। यह फीस 10,000 रुपया है। इस फीस के कारण चीन के कुत्ते प्रेमी घबरा गए हैं। चीन में इस समय न तो कोई मेनका गांधी है और न कोई कुत्तों का रक्षक। पिछले एक महीने में बड़े-बड़े स्टोर्स में एक भी कुत्ता नहीं बिका है। विश्वविद्यालय के छात्र कुत्ते न रखने की स्थिति में उन्हें सड़कों पर ही छोड़कर जा रहे हैं।

जिस दिन हम चीन पहुँचे थे उस दिन चीन के अंग्रेजी दैनिक *डेली चायना* में प्रथम पृष्ठ पर एक खबर छपी थी कि चीन को गैट समझौते में शामिल नहीं करके अमेरिका उस पर अत्याचार कर रहा है। चीन की सरकार गैट समझौते में शामिल होने को बहुत लालायित है। चीन में घाटे में चल रही फैक्ट्रियाँ बन्द की जा रही हैं। जिन मजदूरों को फैक्ट्रियों से हटाया जाता है उन्हें शुरू में तीन महीने के लिए दो सौ युआन दिए जाते हैं। बाद में यह राशि डेढ़ सौ कर दी जाती है और छह महीने बाद सरकारी मदद समाप्त हो जाती है।

चीन में एक नहीं बल्कि कई मनमोहन सिंह बैठे हैं। इस समय चीन के अधिकारी अगले दो-तीन वर्षों की नहीं सोच रहे हैं। उनका सोच सन् 2025 का है। आर्थिक

उदारवाद का गुणगान करने वाली पत्र-पत्रिकाएँ होटलों में रखी गई हैं। नाइट क्लब और लॉटरी के विज्ञापन और उनकी उपस्थिति आम हो गई है। पेरिस और इटली की कई फैशन दुकानें चीन में खुल गई हैं। इन दुकानों में भीड़ लगी रहती है।

चीन में ज्यादातर मकान सरकारी हैं। सरकार ही उनको अलॉट करती है। सरकार में यदि आपका दखल है तो आप दो मकान भी ले सकते हैं। घर छोटे हैं। दफ्तर बड़े। दिन का समय दफ्तर में बिताने के लिए उन्हें बड़ा और हवादार बनाया गया है। जगह की कमी हर ओर दिखाई देती है। लेकिन इतनी जनसंख्या होने के बावजूद एक साथ भीड़ कहीं नहीं दिखाई देती। बीजिंग में चर्चगेट या वी.टी. की तरह लाखों लोग स्टेशन पर नहीं आते। खाने के ठेले फुटपाथ पर ही लगे रहते हैं।

चीन में अब निजी सम्पत्ति रखने की अनुमति दे दी गई है। कम उम्र के लड़के-लड़कियाँ चर्च जाने लगे हैं। "रविवार की प्रार्थना सभाओं में क्या होता है, यह जानने के लिए मेरी बेटी गिरजाघर जाती है।" साम्यवादी पार्टी के एक वरिष्ठ पदाधिकारी ने बताया। उस पदाधिकारी से हमसे पूछा कि आपका क्या धर्म है? एक फल बेचने वाला मेरी दाढ़ी के कारण मुझे मुस्लिम समझ बैठा और सलाम वालेकुम बोलकर फल बेचने लगा। धर्म अफीम को मानने वाला मार्क्सवादी सोच अब समाप्त हो रहा है। युवा पीढ़ी के लोग माओ को कोई बड़ा नेता नहीं मानते। माओ की पत्नी की भी निन्दा करते हैं। साम्यवाद भले ही औपचारिक रूप से समाप्त नहीं हुआ हो पर लोगों के मन में वह मर चुका है। अब ज्यादातर लोग किसी भी तरह पैसा बनाना चाहते हैं। पैसे बनाने की मशीन कहाँ है, यही चीन का यक्ष प्रश्न है।

चीन का आर्थिक और सामाजिक चेहरा बदल रहा है। पर 1957 से शुरू हुई *चीन सचित्र* हिन्दी पत्रिका का चेहरा बदला तो नहीं है पर वह कमजोर और जर्जर तो जरूर हो गया है। बीजिंग में हिन्दी बोलने वाले चीनियों की संख्या कितनी है, इसका पूरा अन्दाज लगाना तो कठिन है। पर *चीन सचित्र* में लिन फूची के दो सहयोगी बहुत सक्रिय हैं। ये दो महिलाएँ चीनी से हिन्दी में सैकड़ों लेख अनुवाद कर चुकी हैं। ये लेख तरह-तरह के हैं। इन्हें अनुवाद करने वालों में अधेड़ उम्र की ऊ फू खुन और युवा च्वांग क्वांग हुंग *चीन सचित्र* में लिन फूची की मदद करती हैं। सभी लिन को साहब कहते हैं और दोनों महिलाओं के नामों के बाद साहिबा लगा देते हैं। विदेशों में हिन्दी का काम करना आसान बात नहीं है। वैसे तो अब भारत में भी हिन्दी का काम करना सहज नहीं है। *संडे मेल* के भूतपूर्व पत्रकार विनोद चंदोला भी *चीन सचित्र* को भाषायी रूप से सँवारने का काम करते हैं। लिन साहब वृद्ध हो चले हैं पर उनकी हिन्दी के प्रति निष्ठा और प्रेम कम नहीं हुआ है। *चीन सचित्र* के प्रवेशांक के दिन से आज तक वे उससे जुड़े हुए हैं। जब लिन साहब को दोपहर में यह मालूम पड़ा कि मैं मुम्बई से आया हिन्दी पत्रकार हूँ और उनसे मिलने की इच्छा रखता हूँ तो उन्होंने आते ही मुझे अपने कार्यालय में

आमंत्रित किया। वह दिन बेहद ठंडा और कँपा देने वाला था। लिन साहब ने ढाई बजे का समय दिया था पर मैं समय की पालना नहीं कर पाया और साढ़े तीन बजे कहा कि क्या मैं देर से आ सकता हूँ? उन्होंने मुझसे मिलने के लिए अपनी एक महत्त्वपूर्ण बैठक भी छोड़ दी थी। उनके दो सहयोगी मिलने के लिए आए थे। तीन चीनी हिन्दी भाषी और मुम्बई से आया मैं।

लिन साहब ने कहा कि अभी आ जाइए। टैक्सी में कितना भाड़ा लगेगा यह भी सूचित किया और एक चीनी भाषी को फोन पर पता भी लिखवा दिया। विदेशी भाषा संस्थान एक सरकारी इमारत थी। इमारत में पहुँचना थोड़ा कठिन था। मुझे शायद वह जगह आसानी से नहीं मिलेगी, यह सोचकर लिन साहब अपने कार्यालय से बाहर निकल सड़क पर मेरी प्रतीक्षा करने लगे। उस दिन, दिन में साढ़े-तीन बजे भी रात का अहसास हो रहा था। तापमान शून्य से भी कम था। ऐसे खराब मौसम में साठ से भी अधिक की आयु के लिन साहब खड़े थे। उन्होंने पहचान लिया और टैक्सी से उतारकर अपने दफ्तर ले गए। दफ्तर में हिन्दी पत्रिकाओं के कार्यालय जैसा माहौल था। तीनों चीनी भाषी, हिन्दी प्रेमी हमारे देश की हिन्दी पत्रिकाओं की बातें करने लगे। लिन साहब इस बात से बहुत दुखी थे कि धीरे-धीरे हिन्दी पत्रिकाएँ बन्द हो रही हैं। वे यह जानना चाहते थे कि *साप्ताहिक हिन्दुस्तान* क्यों बन्द हो गया? *धर्मयुग* की तबीयत कैसी है? उन्होंने इसके बारे में पूछा। उनके कार्यालय में *धर्मयुग* के दो अंक पड़े थे। उन्होंने कहा पहले *धर्मयुग* भी बड़ी साइज में आता था अब वह छोटा हो गया है। मैंने उन्हें कहा अब तो केवल *चीन सचित्र* ही बड़ी साइज की पत्रिका है। बेहतर छपाई और सुन्दर छायाचित्रों की वजह से *चीन सचित्र* बहुत लोकप्रिय पत्रिका हो गई थी। लिन साहब ने कहा कि अब तो हमारी हालत भी खराब है। एक समय था जब हमारी पत्रिका भारत में चालीस हजार बिकती थी। तब हमारी पत्रिका का दाम दो रुपया था। इन दिनों हमारी पत्रिका का दाम बारह रुपया है और हमारी स्थिति अच्छी नहीं है। हमारी सरकार विश्व की पन्द्रह भाषाओं में *चीन सचित्र* प्रकाशित करती है। पर हाल ही में दो भाषाओं रोमानिया और स्वीडिश को बन्द कर दिया गया है।

चीन में अच्छे साहित्य और बाल कथाओं की बहुत माँग है। लिन साहब कहते हैं कि हमारा काम तो सम्पादन का है। छपाई का है, बिक्री का नहीं। भारत में हमारे पास ज्यादा एजेंट भी नहीं हैं। हमारे पास जो भी पत्र आते हैं उनमें पाठक यह जानना चाहते हैं कि हमें भारत में यह पत्रिका कहाँ मिलेगी?

बहुत चर्चित उदारीकरण और आर्थिक विकास के बारे में लिन साहब के विचार बहुत साफ हैं। उनका मानना है कि इन विचारों को और नई जीवन पद्धति को युवा पीढ़ी ने ज्यादा अपनाया है। पुराने लोग अब भी नए कार्यक्रमों को संशय की दृष्टि से देखते हैं। आर्थिक कार्यक्रमों को शुरू हुए पन्द्रह वर्ष हो चुके हैं। हमने

अब अपनी पत्रिका में आर्थिक खबरें देनी शुरू कर दी हैं। उदारीकरण के अनुभवों और उनसे मिलने वाले लाभ के बारे में भी हम ज्यादा खबरें देने वाले हैं। चीन में हिन्दी के लिए काम करने वालों को बहुत पैसे नहीं मिलते। यदि आप जापानी या अंग्रेजी जानते हैं तो आपको काम आसानी से मिलता है। बीजिंग विश्वविद्यालय में कुल मिलाकर बारह छात्र हिन्दी पढ़ रहे हैं। दिल्ली विश्वविद्यालय के हिन्दी प्राचार्य ओमप्रकाश सिंघल पिछले दो वर्षों से अथक परिश्रम कर चीनी छात्रों को हिन्दी सिखा रहे हैं। लिन साहब पिछले अड़तीस सालों से बीजिंग में हिन्दी का काम कर रहे हैं। जब दिल्ली में विश्व हिन्दी सम्मेलन आयोजित हुआ था, तब लिन साहब के भाषण को सुनकर इन्दिरा गांधी बहुत खुश हुई थीं। चीनी मंडप में पुस्तकों का परिचय कराते वे इतना बोले थे कि उनका गला बैठ गया। लिन साहब का मानना है कि हिन्दी आम लोगों की भाषा है और लोगों को हिन्दी भाषा से बहुत प्रेम है। 38 साल हिन्दी सेवा में गुजारने के बाद भी लिन साहब की एक ही ख्वाहिश है कि चीन सचित्र का हिन्दी संस्करण आगे-ही-आगे बढ़ता जाए। उन्हें इटली और कोरिया के संस्करणों को बन्द होने का भय सता रहा था।

चीन में इन दिनों टीवी ने पत्रिकाओं को समाप्त कर दिया। बच्चे हर दिन दो घंटे से भी ज्यादा समय तक टीवी के सामने ही बैठे रहते हैं। इस संकट को चीनी के हिन्दी प्रेमी समझ रहे थे। हमारे पास बहुत विषय थे। पर बाहर बर्फ गिरने की सम्भावना बनी हुई थी। हम सब एक-दूसरे को छोड़ना नहीं चाहते थे। लिन साहब ने यह आश्वासन दिया कि वे अगले दिन फिर से होटल में आकर मिलेंगे। बाहर सड़क पर फिर छोड़ने के लिए वे आए। बर्फ गिरनी शुरू हो गई थी और हिन्दी की युवा उप सम्पादिका च्वांग क्वांग हुंग अपनी साइकिल पर सवार हो दस किलोमीटर दूर अपने घर के लिए रवाना हो गईं। चीन के हिन्दी भाषी कम आमदनी वाले जरूर थे पर उनका मन गरमाहट और स्नेह से भरपूर था। उन दो घंटों में ऐसा लगा कि चीन में नहीं बल्कि दिल्ली में ही बैठा अखबारनवीसों से बात कर रहा हूँ। चीन के इन हिन्दी प्रेमियों को एक व्यापक पाठक क्षेत्र कैसे मिले इस पर विचार करना जरूरी है।

*(वर्ष 2005)*

## चीन

# चीन एक सपना

छह महीने के भीतर फिर दुनिया के दूसरे कोने की दुबारा यात्रा। 'अमेरिका नशा है' और इस नशे को उतारने के लिए चीन की यात्रा। चीन, सिंगापुर और हांगकांग पासपोर्ट पर सबसे ज्यादा ठप्पे हांगकांग के लगे हुए हैं। कितने आश्चर्य की बात है कि चीन जाना आज भी एक टेढ़ा काम माना जाता है, पर चीन के हिस्से हांगकांग जाना दुनिया में सबसे आसान है। सिर्फ अपने देश का पासपोर्ट होना चाहिए। हांगकांग, चीन का हिस्सा होते हुए भी 'फ्री पोर्ट' है। यहाँ चीन को नापसन्द करने वाले कई नागरिक हैं। जैसे भारत में कई बूढ़े आज भी ब्रिटिश राज का गुणगान करते नहीं थकते, उसी तरह हांगकांग एयरपोर्ट से कवलून होटल जाते समय टैक्सी ड्राइवर, जिसे बहुत ही थोड़ी अंग्रेजी आती थी, चीन के प्रति अपनी नाराजगी जाहिर कर रहा था। पर छह साल के अन्तराल में हांगकांग भी बदल गया था। नया हाईवे पहाड़ियों के नजदीक से होकर शहर में दाखिल हो रहा था। रात में शहर पहुँचते हुए कोई डर नहीं लग रहा था। कवलून हिस्सा जीवन्त और शानदार था।

हांगकांग के रास्ते चीन में दाखिल होना और वह भी रेल के जरिये चीन में प्रवेश करना नया अनुभव नहीं था। पहले हांगकांग से ग्वांगझाओ तक की थोड़ी लम्बी यात्रा थी पर इस दफा शनजन तक का सफर एक घंटे से ज्यादा का नहीं था। हम जिस दिन चीन पहुँचने वाले थे वह दिन चीन में पुरखों को याद करने का दिन था। हांगकांग से कई चीनी परिवार अपने पुरखों को याद करने अपने गाँवों की ओर लौट रहे थे। ट्रेन में भीड़ होगी सोच हांगकांग से शनजन का टिकट फर्स्ट क्लास का लिया। ट्रेन वातानुकूलित थी। टिकट चैकर के रूप में एक लड़की थी, जिसने हमें सीट नम्बर बताया। हमारा टिकट चैक किया और हर स्टेशन पर चढ़ने वालों के 'पास' जाँचें। चीन के स्टेशन आधुनिक थे। स्टेशनों पर एक भी स्टॉल नहीं था। पटरी के पास कोई निर्माण नहीं था। झोंपड़िया दूर-दूर तो क्या एक भी नहीं थी। रेल की पटरी के पास तार की फेसिंग थी। रेल में इलेक्ट्रॉनिक सूचनाएँ दी जा रही थीं, जिनमें अगले स्टेशन का नाम लिखा था। सबसे महत्त्वपूर्ण सूचना

यह थी कि रेल डब्बे की जमीन पर बैठना वर्जित है। इस कानून को तोड़ने वालों को 2,000 डॉलर की सजा थी। एक सूचना जो बार-बार प्रदर्शित की जा रही थी वह 'जेबकतरों से सावधान' रहने की थी। हमारी यात्रा मुम्बई के हिसाब से देखें तो मुम्बई सेंट्रल से दहाणू रोड जितनी ही थी। हमारा सामान एक लगेज डब्बे में रख दिया गया, हमने सामान अपनी आँखों के सामने नहीं चढ़ाया। सामानवाला टिकट जरूर सँभालकर रखा और शनजन में सामान कुलियों ने उतारकर कस्टम्स तक पहुँचा दिया जहाँ सिर्फ दो मिनट में हमारा सामान हमें सौंप दिया गया। कुली चालाक, महँगे और लालची थे। थोड़ी-सी दूरी तक सामान उठाने के लिए बहुत पैसे माँग रहे थे। हमारे कुछ साथियों ने अपना सामान स्वयं उठा लिया। तीन-चार साथियों का सामान कुलियों ने उठाया और बाद में मुँहमाँगे खूब पैसे वसूल किए।

शनजन स्टेशन के बाहर भीड़ थी। आव्रजन पर भी भीड़ थी, लेकिन चीनियों के लिए अलग खिड़कियाँ थीं। चीन में एक शहर से दूसरे शहर जाना हमारे देश जितना सहज नहीं है, पर शनजन रेलवे स्टेशन से हम अपना सामान हाथगाड़ी में लेकर पाँच सितारा होटल पहुँचे। एक फर्लांग या डेढ़ फर्लांग दूरी के बड़े पैसे हमसे झटक लिये गए, जो यह श्रम से जुड़े कार्यों का अधिक मेहनताना था या फिर ज्यादा से ज्यादा कमाने की लालसा, पता नहीं। शनजन चीन का पहला विशेष आर्थिक विकास क्षेत्र है और पिछले दस वर्षों में यहाँ का कायाकल्प हो गया है। यहाँ उद्योग है, बन्दरगाह है। टेलीफोन बनाने की चीन की सबसे बड़ी फैक्टरी है और है आर्थिक प्रगति को प्रतिस्पर्धा से बढ़ते हुए देखने की चाहत। जब हम अपनी पहली बैठक के लिए विशेष आर्थिक विकास क्षेत्र की ओर रवाना हुए तो लगा अटलांटा या वाशिंगटन की सड़कों पर चल रहे हैं। चार लेन की चौड़ी सड़कें, सड़कों को विभाजित करने वाले विभाजकों (डिवाइडरों) के रूप में नाना प्रकार के पुष्पों की क्यारियाँ, रास्ते में कई फ्लाईओवर। आर्थिक विकास के भीतर सभी तरह की सुविधाएँ मौजूद थीं। दफ्तर विशाल और करीने से बने हुए थे। कॉन्फ्रेंस हॉल गरिमामय थे। चीन में उस दिन छुट्टी थी पर हमें आर्थिक विकास क्षेत्र की जानकारी देने के लिए एक महिला और उनके सहयोगी उपस्थित थे। छुट्टी के दिन सरकारी कर्मचारियों की जो मन:स्थिति होती है वह कतई नहीं थी। वे काम करने को हाजिर थे।

किसी भी देश की आर्थिक सफलता उसके राजनीतिक नेतृत्व और उसकी इच्छाशक्ति पर निर्भर करती है। चीन का वर्तमान नेतृत्व इस समय उदारवादी बाजार की अर्थव्यवस्था तथा कम्युनिस्ट अनुशासित समाज व्यवस्था दोनों का ही उपयोग कर रहा है। यहाँ हांगकांग का फ्री पोर्ट भी है और शंघाई का साम्यवादी तंत्र में बढ़ता रूप भी है। चीन में उदारीकरण के बीस वर्ष पूरे हो रहे हैं। जिस समय हमारे देश में बैंकों और बीमा कम्पनियों का राष्ट्रीयकरण हो रहा था, उस समय चीन में

उदारीकरण की प्रक्रिया शुरू हो गई थी। चीन का राजनीतिक तंत्र सरकारीकरण एवं नौकरशाही द्वारा चलाए जाने वाले संगठनों—व्यावसायिक केन्द्रों की सीमाएँ जान चुका था। 1970 के दशक के अन्तिम वर्षों में देंग शियाओ पिंग ताकतवर नेता बनकर उभरे। वे ही इस नई आर्थिक व्यवस्था के असली कर्णधार हैं। उन्होंने चीनी विशेषताओं के साथ समाजवाद का सिद्धांत गढ़ा। इस सुधार-प्रक्रिया के तीन दौर चले 1978, 1983 और 1990। चीन में बाजार बारी-बारी से और धीरे-धीरे आया। सबसे पहले दक्षिण चीन में आर्थिक विशेष क्षेत्र बनाकर निर्यात बढ़ाने में चीन ने अपनी रुचि दिखाई। चीन जब सात वर्ष पूर्व हम पहली बार गए थे तब चीनी ताले, चीन बाम और चीन की चमेली चाय को प्राप्त करना कठिन नहीं था, पर अब चीन अपनी यह परम्परागत पहचान तोड़ रहा है। शनजन और शंघाई में इन पारम्परिक चीजों को दुकानों से खरीदने के लिए हमें अपने मित्र हरिवंश के साथ शंघाई में बहुत मशक्कत करनी पड़ी। चाकू और बाम की छवि चीन अब समाप्त कर रहा है। चीन में 1970 के दशक के अन्तिम वर्षों में व्यापार सकल घरेलू उत्पाद (जीडीपी) का तीन प्रतिशत था। आज वह बढ़कर 22 प्रतिशत हो गया है। विश्व में चीन ऊपर चढ़ने लगा। विश्व के सकल घरेलू उत्पाद में चीन का हिस्सा 0.92 प्रतिशत से बढ़कर अब 3 प्रतिशत से भी ज्यादा का हो गया है। 1980 के दशक में चीन का निर्यात विश्व व्यापार की तुलना में ढाई गुना बढ़ा है और 1990 के दशक में चार गुना। चीन का निर्यात ब्राजील के निर्यात का तीन गुना और भारत के निर्यात का चार गुना है।

सिर्फ शनजन बन्दरगाह से जितना सामान निर्यात होता है, उतना पूरे भारतवर्ष का निर्यात नहीं है। यानी चीन के एक बन्दरगाह का निर्यात और दूसरी तरफ सम्पूर्ण भारत का निर्यात। इसी से शनजन का महत्त्व मालूम हुआ और भावी बढ़ते चीन के विकास की ओर गतिमान होने का अन्दाज हुआ। 2020 तक चीन अमेरिकी अर्थव्यवस्था का टक्कर देने की स्थिति में। यानी अमेरिका भारत से 100 वर्ष आगे है, तो चीन 50 वर्ष आगे निकल चुका है। विश्व व्यापार संगठन में प्रवेश को लालायित चीन अब सामान खरीदने वाले देश की जगह सामान बेचने वाले देश के रूप में संगठन में प्रवेश ले रहा है। चीन एक नया प्रयोग कर रहा है और यह प्रयोग कई मायनों में अलग है। चीन अब पूरे देश में सन्तुलित विकास करना चाहता है। इसलिए उसने विशेष आर्थिक क्षेत्रों का निर्माण अब रोकने का निर्णय लिया है। भारत अब अपने आर्थिक विकास के लिए विशेष आर्थिक क्षेत्र बनाने में जुटा है। चीन के कई आर्थिक विशेषज्ञ यह मानते हैं कि चीन में एक क्षेत्र का विकास, वहाँ का इन्फ्रास्ट्रक्चर, वहाँ पूँजी का निर्माण ज्यादा हुआ और आर्थिक विषमता क्षेत्रीय हो गई है। वहाँ अब उदारीकरण के एक कदम के रूप में नागरिकों को निजी मकान रखने की अनुमति दे दी गई है। जब हम शनजन हवाई अड्डे के लिए सवेरे बहुत

जल्दी रवाना हुए तो 60 किलोमीटर दूर हवाई अड्डे के बीच घरों की, फ्लैट्स की कई बस्तियाँ मिलीं जहाँ जॉगिंग करने वाले, साइकिलों पर दफ्तर जाने वाले और सवेरे रिंग खेलते वृद्ध भी दिख रहे थे।

शनजन अब एक सम्पूर्ण शहर बन गया है। फैक्टरियों और विभिन्न उद्योगों के साथ ही और यहाँ का आकर्षण है 'थीम-पार्क'—विंडो ऑफ द वर्ल्ड (दुनिया की खिड़की) जहाँ पूरे विश्व के महत्त्वपूर्ण आकर्षणों को हू-ब-हू बनाकर सजीव कर दिया है।

शनजन का यह थीम पार्क पाँच लाख वर्गमीटर में फैला हुआ है। पार्क आठ हिस्सों में बँटा हुआ है। पहला है—दुनिया चौराहा, अन्य हैं, एशिया हिस्सा, यूरोप हिस्सा, अफ्रीका हिस्सा, अमेरिकी नज़ारे, वास्तुशिल्प पार्क और अन्तर्राष्ट्रीय स्ट्रीट। यहाँ पर 108 मीटर ऊँचा एफिल टावर है। कहीं पास में नियाग्रा प्रपात अपने पूरे वेग से बह रहा है। इन सभी नजारों को थोड़ी ऊँचाई से देखने के लिए रेल की सवारी है जो पूरे इलाके में घूमती है। इस पार्क में दस हजार लोग एक साथ घूम सकते हैं। दुनिया के विभिन्न स्तम्भों की अनुकृतियाँ भी यहाँ हैं। दुनिया के इन विशाल 108 स्तम्भों में साँची का स्तूप और अशोक स्तम्भ है। हू-ब-हू। दुनिया की विभिन्न सभ्यताओं को समझाने के लिए 'शताब्दी से गुजरते हुए' कार्यक्रम भी हर शाम को दिखाया जाता है। यूरोप हिस्से में चर्च, रेस्तराँ, दुकानें हैं। दस बजे खुलकर आठ बजे बन्द हो जाने वाला यह थीम पार्क शाम होते-होते रोशनी से सराबोर हो जाता है और यहाँ सिर्फ झूले और तेज गाड़ियाँ नहीं हैं, बल्कि दुनिया को जानने और समझने की कोशिश है। चीन के कई नागरिक जो विदेश जाकर इन स्थानों को नहीं देख पाते हैं। उन्हें देश में ही घर या शहरों में ही रहते ही न्यूयॉर्क का सेंट्रल पार्क या वाशिंगटन डीसी का कैपिटल हिल देखने की आजादी है। हमारे यहाँ थीम पार्क झूलों और खाने-पीने की चीजों से जुड़े हैं। वहाँ जाकर आप इतिहास और संस्कृति के बारे में नहीं जान सकते हैं। सिर्फ मशीनों से चमत्कृत हो सकते हैं। सिंगापुर में सेंटोजा में समुद्र के भीतर मछली दर्शन एक अद्‍भुत अनुभव है, वहीं मुम्बई में एसेल वर्ल्ड या वाटर किंगडम सिर्फ मनोरंजन से जुड़ा संस्थान है। सेंटोजा में सिंगापुर के स्वाधीनता संग्राम और मछुआरे शहर से सम्पन्न शहर बन जाने को शालीनता से बगैर प्रचार-तंत्र का सहारा लेकर दिखाया है।

शनजन के पाँच सितारा होटल विशाल, साफ-सुथरे और स्तरीय थे। बीजिंग का 'हुआ दू' होटल पुराना और सरकारी था पर ये होटल नया और चमचमाता था। हमारा सामान जब हाथगाड़ी में भर के होटल की लॉबी में पहुँचा तो हमारे सामान को हमारे कमरों तक पहुँचाने के लिए होटल के युवा सामान ढोने वाले हमारे पास आ गए और हमसे पूछने लगे कि हम कहाँ से आए हैं? जब भारत का नाम लिया तो उस युवक ने पूछा कि क्या आप उस देश से आए हैं, जहाँ कम्प्यूटर का बहुत

जोर है? आपका देश कम्प्यूटर में बहुत आगे है। लेकिन एक दिन चीन भी भारत जैसा हो जाएगा। शनजन में अंग्रेजी नहीं के बराबर चलती है। यहाँ पर सस्ते बाजार और दिल्ली के करोलबाग की तरह की दुकानें हैं, जो बड़ी हैं। जूतों, कपड़ों और गर्म कपड़ों के लिए विख्यात हैं। यहाँ सिलासिलाया सूट सिर्फ 1,200 रुपये में मिल गया, जिसे हमारे दल के अधिकांश सदस्यों ने सहर्ष खरीद लिया। जूते भी अच्छी ब्रांड के पाँच सौ रुपये में मिल गए। सिंगापुर में ही हमारे मित्र जॉनाथन ने सभी सस्ती दुकानों के बारे में चीनी भाषा में विस्तार से जानकारी देते हुए डायरी में कई सूचनाएँ दर्ज करा दी थीं। सवेरे शनजन पहुँचकर सबसे पहले आर्थिक विकास के क्षेत्र की सबसे बड़ी टेलीफोन फैक्टरी देखने पहुँचे। इस टेलीफोन फैक्टरी का नाम पूरी दुनिया में है।

शनजन के विशेष आर्थिक क्षेत्र में टेलीकॉम निर्माण एवं टेलीकॉम सोल्यूशन देने वाली कम्पनी थी—जेड.टी.ई., चीन की सरकार द्वारा संचालित 512 मुख्य सार्वजनिक क्षेत्र की कम्पनियों में एक। नवम्बर 1997 में यह शनजन स्टॉक एक्सचेंज में सूचीबद्ध की गई थी। इस सरकारी प्रतिष्ठान में 8 हजार कर्मचारी हैं, जिनमें 80 प्रतिशत बी.ए. पास हैं और 2,500 के पास पी-एच.डी. और एम.एस-सी. की डिग्री है। फैक्टरी शुद्ध व्यावसायिक तरीके से चलाई जाती है। साफ-सफाई पर विशेष ध्यान रखा जाता है। हम जेड.टी.ई. कार्पोरेशन के उस क्षेत्र में, जहाँ मजदूर या कार्पोरेशन के सबसे निचले स्तर के कर्मचारी काम करते हैं, वहाँ के शौचालय तथा मूत्रालय बहुत साफ थे। सिर्फ एक स्थान पर सिगरेट का टुकड़ा दिखा। वरना पूरा परिसर साफ-सुथरा था। बहुत कुछ हमारे यहाँ के दक्षिण भारत के बेंगलुरु शहर की फैक्टरियों की तरह।

जेड टी.ई. अपनी वार्षिकी बिक्री का दस प्रतिशत नए शोध एवं विकास में खर्च करती है। शनजन, बीजिंग, नानजिंग, शंघाई, जियास चोंगक्विन के अलावा अमेरिका की सिलिकॉनवेली और कोरिया में इस कम्पनी ने अपनी शोध प्रयोगशालाएँ खोली हैं। पिछले साल इस कम्पनी की बिक्री 300 मिलियन अमेरिकी डॉलर थी, जेड.टी.ई. कई किलोमीटर के ऑप्टिकल फाइबर केबल हर वर्ष निर्माण करती है।

इस कम्पनी का सर्वोच्च अधिकारी कम उम्र का चीनी कम्युनिस्ट पार्टी का एक पदाधिकारी था जिसने चीन और भारत के बीच संचार सम्बन्धों को बढ़ाने और भारत के साथ मोबाइल कम्पनियों से जुड़े व्यवसाय में रुचि दिखाई। चीन में टेलीफोन का विस्तार तेजी से हो रहा है। पूरे देश में यह दर 13 प्रतिशत है और शहरों में 28.4 प्रतिशत है। चीन में 7 करोड़ उपभोक्ता मोबाइल फोन का उपयोग करते हैं। इनमें ज्यादातर चीन में बने फोन ही उपयोग में लाते हैं।

चीन में इन दिनों बड़े पैमाने पर अंग्रेजी सीखने का चलन बढ़ा है। पुडोंग के टावर ऑफ ऑरियंटल पर्ल, जो लुजीआजुई में स्थित है, में हमें भारतीय मूल के

ब्रिटेन में स्थायी निवासी बनकर रह रहे हाईस्कूली छात्र-छात्राएँ मिले जो चीन के ग्रामीण क्षेत्र में बच्चों को अंग्रेजी सिखा रहे हैं। चीन अब जान गया है कि बगैर अंग्रेजी जाने वह दुनिया की अगली कतार में आ चुका है पर और आगे बढ़ने और इस बढ़त को आगे बनाए रखने के लिए अंग्रेजी जानना जरूरी है। 468 मीटर ऊँचे एशिया के इस सबसे ऊँचे टावर को दुनिया के सबसे ऊँचे टावरों में तीसरा माना जाता है। यहाँ जगह-जगह विश्व भर के टावरों की ऊँचाई बताई गई है। मैं जापान के टीवी और रेडियो टावर एन.के.एच. के ऊपर लिफ्ट से टोकियो देख चुका हूँ। मुझे बार-बार लगता है दिल्ली के पीतमपुरा इलाके के टीवी टावर पर भी देश भर के नागरिक ऊपर चढ़कर दिल्ली देखने लगें तो हमारे पर्यटक नए स्थानों में फैलती दिल्ली देख सकते हैं। यहाँ पर हमारी बीजिंग के एक गैर सरकारी संस्थान में काम कर चुके युवक से मुलाकात हुई जिसने हमारे साथियों को ई-मेल पते दिए। यह हमारा चीन की कम्प्यूटर दुनिया से पहला परिचय था। हाँ बेसमेंट में हमारे मित्र श्रीकान्त मोडक ने शंघाई के आर्थिक विकास पर अंग्रेजी में लिखी पुस्तक खरीदी। सामान खरीदी के अलावा यह चीन में हमारी पहली पुस्तक खरीद थी। चीन में हमारे साथी हर दिन एक सूटकेस या हैंडबैग या चमड़े के सुन्दर बैग खरीदते थे। एक दिन जब बहुत देर से कुछ बैग खरीद नहीं हुई तब शनजन हवाई अड्डे पर ही तीन-तीन चमड़े के बैग खरीद लिये गए जिन्हें आज भी हमारे देश में कई यात्री देश के विभिन्न हवाई अड्डों पर देखकर एक बार पीछे मुड़ बैग के मालिक को नहीं देखते हैं पर बैग पर जरूर नजर डाल देते हैं। यह है चीन के सामान का कमाल।

चीन में हवाई अड्डों पर सुरक्षा का आतंक नहीं के बराबर है। सैनिकों की उपस्थिति भारी तादाद में होती है, पर वे अपने को सिर्फ कुछ विशेष क्षेत्रों तक ही सीमित रखते हैं। एयरपोर्ट सरचार्ज हवाई अड्डे पर लगता है पर हवाई अड्डों का विस्तार हो रहा है, लेकिन शंघाई से हांगकांग की यात्रा के दौरान जिस तरह से जहाज रनवे पर दौड़ा और पूरे समय उड़ा उससे लगा कि चीन में पायलेटों को और प्रशिक्षण की जरूरत है। समुद्री चक्रवातों के कारण शनजन-शंघाई, शंघाई-हांगकांग रास्ते में बादलों-बरसात का असर बहुत रहता है।

शंघाई में हवाई यात्रियों की संख्या बहुत ज्यादा थी। बाहर आकर होटल जाने के लिए हमने छह यात्रियों के लिए मिनी बस कर ली। बाद में अगले दिन जब हम शंघाई का चिड़ियाघर, बुद्ध मन्दिर और कम्युनिस्ट पार्टी के स्थापना स्थल के पास गए तो मिनी बस ही हमारी यात्रा का साधन थी। यूँ शंघाई में विभिन्न किस्म की टैक्सियाँ लीं। शंघाई में चार बड़ी कम्पनियाँ नीली, पीली, हरी और हलकी हरी रंग की टैक्सी चलाती हैं। चीन की लोकल गाड़ियों और बस में इस बार सफर नहीं हो पाया। लेकिन इस बार चीन के 'मैकडॉनल' और 'पिज्जा हट' में

शाकाहारी भोजन किया और नाजिंगल रोड की सैर की। भीड़-भाड़ भरी नाजिंगल रोड साढ़े पाँच हजार मीटर लम्बी है। स्थानीय निवासी इसे 'तेन ली' स्ट्रीट कहते हैं। शंघाई के कई व्यावसायिक प्रतिष्ठान यहाँ हैं और शाम होते-होते यहाँ नशा छाने लगता है। बाजार में घूमने की आजादी को पाकर चीन निवासी दीवाने हो जाते हैं। यहीं पर हमने चीन का बदलता नया चेहरा देखा। बाजार के प्रति चीनी जनता का उत्साह देखा। हम यात्री मैं और हरिवंश फ्रीडम पार्क में इसलिए चले गए थे क्योंकि सड़क की मरम्मत के कारण ट्रैफिक रुक गया था और हमारे बाकी सहयोगी टैक्सी में पीछे रह गए थे। फ्रीडम पार्क में छोटी बेंचें रखी हुई थीं जिनमें कई चीनी परिवार, कुछ जोड़े और कुछ अकेले स्त्री-पुरुष बैठे हुए थे। बेंचें कई थीं। हम भी वहाँ बैठ गए थे। वह अप्रैल के पहले सप्ताह की कुनकुनी धूप थी। हवा में थोड़ी नमी थी। हलकी-सी ठंड। तभी डिपार्टमेंटल स्टोर जहाँ हमें जाना था, उसके सामने एक मंच तैयार होने लगा और कुछ ही देर में वहाँ संगीत बजने लगा। कई महिला मॉडल इकट्ठी होने लगीं। जब मालूम किया तो बताया गया कि उस दिन कोई फ्रिज कम्पनी अपना नया मॉडल बाजार में ला रही है और उसी का परिचय देने के लिए रोड शो हो रहा है।

यह रोड शो करीब आंधे घंटे चला। बाद में कुछ रियायती दाम पर फ्रिज स्टोर के बाहर रख दिए गए और जब शाम को हम लौट रहे थे तब तक सभी फ्रिज बिक चुके थे। पतली, दुबली, छरहरी मॉडल छोटे-छोटे स्कर्ट पहनकर लौट चुकी थीं। रात हो रही थी, जहाँ दोपहर के संगीत की धुन बज रही थी उसके और पिज्जा हट के बीच कुछ चीन के कलाकार अपनी पेंटिंग्स को सड़क पर बेच रहे थे। आग्रह और जिद का मिला-जुला रूप। जिस तरह दिल्ली में मूर्तियाँ या शाम के अंग्रेजी दैनिक बेचते हैं लगभग उसी तरह का आग्रह। मसाज करवाने का आग्रह करने वाली लड़कियाँ भी सड़क के कुछ इलाकों में घूम रही थीं। रात में घर की तरफ लौटता एक युवा जोड़ा सार्वजनिक रूप से चूमता हुआ गुजर रहा था। चीन सचमुच आजाद हो रहा है। आर्थिक सम्पन्नता का असर जीवन के विभिन्न क्षेत्रों में दिखाई दे रहा था। नाजिंगल रोड सपनों और रोशनियों का मेनहटन है। 20 वर्ष पूर्व यह इलाका आठ बजे बन्द हो जाता था। बीस वर्षों में आया बदलाव यहाँ आकर समझा जा सकता है और यही नज़ारा पुडोंग पहुँचकर होता है। चीन का पुडोंग इलाका आपको आँखें मल कर बढ़ते हुए, फैलते हुए, सम्पन्न होते हुए चीन को देखने के लिए विवश कर देता है। टीवी टावर के ऊपर से एक तरफ पुराना सुन्दर शंघाई दिखाई देता है तो पुडोंग में उभर चुका आधुनिक व्यावसायिक क्षेत्र दिखाई देता है। शंघाई के दोनों रूप मोहित करते हैं। दोनों का अपना-अपना रंग है, रूप है।

शंघाई की एक और खासियत यह है कि वह झोपड़पट्टी-विहीन शहर है। शंघाई के पुराने हिस्से में खास किस्म के बाजार लगे हुए हैं। एक तरफ विवाह

समारोह से जुड़ी दुकानों की कतारें हैं तो दूसरी तरफ सड़कों के बीचोबीच सूखते कपड़े हैं। यहाँ बाहर डोर लगाकर या कपड़े सुखाने के यंत्र को सड़क पर ही रख दिया जाता है और वहाँ कपड़े सुखा दिए जाते हैं। चीन के बाजार में दुकानों को सँभालने का काम स्त्रियाँ करती हैं। उन्हें अंग्रेजी कम आती है, पर उनसे दाम कम करवाना आसान नहीं है। चीन में ज्यादा दाम बताकर कम करने का रिवाज दिखा। शंघाई के बुद्ध मन्दिर के सामने भगवान बुद्ध की मूर्ति, परम्परागत चीनी 'टी सेट' की खरीद करते समय लगभग वही नज़ारा था जो दिल्ली के करोलबाग या मुम्बई के फैशन स्ट्रीट में होता है।

चीन में विकास के प्रति एक सामूहिक इच्छाशक्ति का विकास हुआ है और इस इच्छाशक्ति के चलते जीवन-शैली में भी अलग विशेषताएँ दिखाई देती हैं। कोई भी समाज अपने बच्चों को, अपने जानवरों को कैसे सँभालकर रखता है इसी से उसकी चिन्ताएँ स्पष्ट होती हैं। जून चीन में बाल दिवस के रूप में मनाया जाता है। शंघाई के बच्चों का एक महल है जहाँ बच्चे स्कूल के बाद अपनी कला और रचनाशीलता को बढ़ाने के लिए यहाँ आते हैं। शंघाई का चिड़ियाघर अपने 'पांडाओं' के लिए मशहूर है। सफेद भालू और पांडा को देखने माता-पिता और एक बच्चा आया था जिसकी कई जिज्ञासाएँ थीं। कई अभिभावक उस रविवार को हमें मिले जो हलकी सर्दी का दिन था। चीन में भी अमेरिका की तरह छुट्टी के दिन घूमने का रिवाज बढ़ता जा रहा है। ज्यादातर बच्चों को उनकी माताएँ चिड़ियाघर घुमा रही थीं। कई पिता या तो चाय पी रहे थे अथवा धूप सेंक रहे थे।

शंघाई में अब धार्मिक आस्था का फिर से चलन हो रहा है। चीन के जिस होटल में हम रुके थे, वहाँ पीछे ही चर्च का ऊँचा क्रॉस बना हुआ था। चीन में जेड बुद्ध मन्दिर में धूप-अगरबत्तियों का पवित्र माहौल देखकर विश्वास करना कठिन था कि हम सारनाथ में या बौद्धगया में है या फिर शंघाई के उत्तर-पश्चिम में बसा यह मन्दिर बहुत शुरुआती दिनों का है। 1882 में बर्मा के भिक्षु ह्यूगेन दूध की तरह सफेद दो शुभ्र मूर्तियाँ लाए, जिनकी ऊँचाई 1.9 मीटर है। इन मूर्तियों के कारण इस बौद्ध मन्दिर में पर्यटकों की संख्या बढ़ती जा रही है।

चीन में कम्युनिस्ट पार्टी का शासन है, लेकिन साम्यवाद के बदलते रूप में माओ से लेकर साम्यवादी दल तक पर प्रश्नचिह्न लग रहे हैं। चीन के पूर्व प्रधानमंत्री भारत का दौरा करते समय बेंगलुरु आना नहीं भूलते, जहाँ साम्यवादी नेता की चिन्ता कम्प्यूटर शिक्षा में विस्तार करने की है। उसी तरह जब हमने अपने गाड़ी चालक से चीन की साम्यवादी पार्टी की स्थापना और पहले राष्ट्रीय कांग्रेस अधिवेशन के स्थल पर चलने को कहा तो उसने अनिच्छा जाहिर करते हुए कहा, "वहाँ अब कोई नहीं आता है। आप जाकर क्या करेंगे?" जुलाई 1921 में शंघाई में चीन की साम्यवादी पार्टी की स्थापना हुई थी, जिस तरह से मुम्बई के अगस्त

क्रान्ति मैदान के पास बने गोकुल दास हॉल में भारतीय राष्ट्रीय कांग्रेस की पहली सभा हुई थी। लगभग उसी तर्ज पर चीन का आम आदमी अतीत से प्रेरणा ग्रहण करता नहीं दिख रहा है।

चीन जाने वाले भारतीयों के लिए अब भी शाकाहारी भोजन समस्या है। जब हम शनजन में दाखिल हो रहे थे तब हमारे पीछे एक-दो भारतीय व्यापारी थे, जिनके शनजन में भारतीय होटल थे। इस बार हमारे भारतीय व्यंजन जो कि शाकाहारी थे सिंगापुर के हॉलीडे इन होटल में ही छूट गए, लेकिन शंघाई में हमारे होटल के पास बेसमेंट में मैकडॉनल में शाकाहारी भोजन, जिसमें मिल्क शेक और फ्रेंच फ्राई प्रमुख थे, खाए गए। दो रात में से पहली रात होटल में ही शाकाहारी भोजन हुआ। दूसरी रात हमारे दल को दो अलग-अलग 'पिज्जा हट' में पिज्जा खाना पड़ा क्योंकि टैक्सीवाले अलग-अलग पिज्जा हट में ले गए। नाजिंगल रोड स्थित पिज्जा हट खचाखच भरा था। एक चीनी अधेड़ महिला अपनी बेटी के साथ वहाँ पिज्जा खाने आई थी। हम वहाँ देर से पहुँचने वाले सम्भवत: अन्तिम ग्राहक थे। युवा उम्र के वेटर छात्र-छात्राएँ लग रहे थे। उन्हें घर लौटने की जल्दी थी। हम भी अपने होटल लौट सवेरे बरास्ता हांगकांग होते हुए मुम्बई लौट जाना चाहते थे। पास में नाजिंगल रोड, फ्रीडम पार्क और थोड़ी दूर मरम्मत होती हुई सड़क मौजूद थी, तभी दो चित्रकार अपनी कलाकृतियाँ खरीदने के लिए जिद कर रहे थे।

शंघाई में नगरपालिका है जो चीन की केन्द्रीय सरकार के अधीन है। यह चीन की आर्थिक राजधानी है। चीन का सर्वाधिक बड़ा व्यावसायिक एवं व्यापारिक केन्द्र। यहाँ के बन्दरगाह पर सबसे अधिक माल चढ़ता-उतरता है। चीन का आधुनिक मीटिंग सेंटर भी यहाँ है, जिसमें 4,300 वर्गमीटर में फैले बहुआयामी कमरे, 3,600 वर्गमीटर में समाचार संकलन के कमरे और अन्य 30 सभागार हैं। शंघाई में अन्तर्राष्ट्रीय व्यापार सेंटर हैं जो कि अन्तर्राष्ट्रीय स्तर के हैं। यही स्थिति शनजन की भी है, जहाँ कई अन्तर्राष्ट्रीय बैठकें और व्यापारिक मेले आयोजित होते हैं। शंघाई चीन के समुद्रीय किनारे की सीमा रेखा के मध्य में बसा है। जब आप पुडोंग के टीवी टावर पर पहुँचकर शंघाई देखते हैं तो शंघाई का अतीत बरबस याद आ जाता है। 1920-30 तक शंघाई अपनी तटीय मस्ती के लिए विख्यात था। आज भी शंघाई में एक किस्म की आजादी है। हमारे दो मित्रों ने जिस पाँच सितारा होटल में हम रुके थे, वहाँ पर बार एवं क्लब में जाकर महसूस किया कि 'किस मी' क्लब में पैसा खर्च कर अच्छी शराब और सुन्दर बालाओं से बातचीत की जा सकती है। यांगट्ये नदी का मुहाना शंघाई से सिर्फ दस किलोमीटर दूर है। यहाँ से चीन के तीन बड़े शहरों का जलीय मार्ग भी है। दुनिया शंघाई को चीन में प्रवेश का दरवाजा मानती है। जब हम शंघाई हवाई अड्डे पहुँचे तो हमारे मित्र मयंक भट्ट

ने कहा, "अरे! यह तो अहमदाबाद जैसा लगता है, लेकिन बाद में जब पूरा शहर देखा तो यह किसी भी अमेरिकी शहर के मुकाबले का और कई अर्थों में उनसे बेहतर शहर था। जब शंघाई के पर्यटन स्थलों को देखने की बात चली तो हमने पुराने और नए शंघाई को देखना तय किया। हम चीन में चीनी बनकर, सामान्य नागरिक की नजर से चीन देखना चाहते थे। यह सच है कि चीन हर क्षेत्र में भारत से आगे निकल चुका है। चीन ने दोनों व्यवस्थाओं का अपनी प्रगति में सहयोग लिया। चीन बदला और तेजी से बदला और अब हर चीनी के मन में देश को आगे बढ़ाने का सपना पलने लगा है। पुडोंग विशेष आर्थिक क्षेत्र की इमारतों को देखने आए कई चीनी वृद्ध उन विशाल इमारतों को देखकर एक सन्तुष्टि का भाव ला रहे थे। शंघाई ने चीन का गौरवमय अतीत भी देखा है और वह अब सम्भावना का भविष्य भी देख रहा है।

चीन में बड़ी संख्या में 'डिपार्टमेंटल स्टोर' खुल रहे हैं। पुराने सरकारी फ्रेंडशिप स्टोर्स की जगह बड़े आकर्षक और विदेशी ब्रांड के साइनबोर्ड, नियोन लाइट्स और दुकानें तेजी से फैली हैं। ज्यादातर विशाल सात-आठ मंजिल के स्टोर्स में बिजली से चलने वाली सीढ़ियाँ हैं। दोनों तरफ यानी चढ़ने की अलग-उतरने की अलग सीढ़ियाँ, लगातार ग्राहकों को खरीदारी के लिए लाती-ले जाती हैं। जिस विभाग में खरीदारी की जाती है उसका हिसाब वहीं दिया जाता है। चीन में ज्यादातर नकदी में ही लेन-देन होता है। डॉलर के आर.एम.बी. (चीनी मुद्रा) में कुछ तो हमने हांगकांग में ही परिवर्तन करवा लिये थे। कुछ को होटल में करवाया और कुछ को जब हम स्टोर की खिड़की नम्बर-1 पर बदलने के लिए पहुँचे तो सरकारी दुकान के सामने ही एक व्यक्ति ने हमें इशारे से बुलाया और कहा कि वह हमें 100 डॉलर के सरकारी भाव से ज्यादा का पैसा देगा और उसने तत्काल डॉलर के बदले में चीनी मुद्रा का परिवर्तन कर दिया। यह सब खेल सरकारी अधिकृत दुकान से कुछ मीटर की दूरी पर ही हो रहा था, शायद सरकारी अधिकारी भी उस व्यक्ति के साथ मिले हुए थे।

इसी डिपार्टमेंटल स्टोर में हमने माओ कोट और चेयरमेन माओ का ओवरकोट खरीदते समय दुकानदार से माओ के बारे में पूछा तो उसने मुँह पर उँगली रखकर चुप रहने को कहा। चीन में बहुत कम जगह चीन के जननेता माओ के वस्त्रों का चलन है। शंघाई के जेड बौद्ध मन्दिर के बाहर माओ कैप और लाल किताब को पाकर हमारे मित्र हरिवंश प्रसन्न हो गए क्योंकि उनसे बिहार के कुछ माओवादी मित्रों ने यह सामान लाने का आग्रह किया था। चीन में वस्त्रों, जूतों, बालों की स्टाइल में भारी बदलाव आ गया है। वर्षों तक अमेरिका से नफरत करने वाले चीनी समाज में अमेरिकी राह का हमसफर बनने की होड़ लगी है। प्रगति के रास्ते पर चल निकला चीन अब अमेरिकी भोजन, भूषा को अपना रहा है। माओ ओवरकोट

अब दुकानों में कम बिकता है। हमारी खरीद से दुकानदार खुश था। शंघाई के पाँच सितारा होटलों में समाचारों की प्राप्ति कोई कठिनाई भरा काम नहीं है। स्टार न्यूज की खबरें (अंग्रेजी की) शंघाई में सुनकर जाना कि किस तरह सी.एन.जी. के चलते दिल्ली में परिवहन क्षेत्र में अफरा-तफरी मची हुई। सी.एन.एन., बी.बी.सी. की खबरें बेरोक-टोक देखी जा सकती हैं।

शंघाई और चीन के होटल सरकारीकरण की लालफीताशाही से उबर रहे हैं। समय की पाबन्दी और वहाँ के छोटे-से-छोटे कर्मचारी में समय का महत्त्व उन्हें आगे बढ़ा रहा है। शंघाई के होटल में पहुँचने पर हमें कुछ डॉलर जमानत के रूप में जमा कराने पड़े और होटल के स्वागत अधिकारी ने हमें कम्प्यूटर रसीद दे दी और डॉलर जमा कर लिये। दो दिन बाद जब हम हांगकांग लौट रहे थे, तब सवेरे कोई और स्वागत कक्ष में था। दुर्भाग्य से या हड़बड़ी में डॉलर जमा करने की रसीद कहीं गुम गई। मैं पूरे दिन उसे ढूँढ़ता रहा। लेकिन सवेरे जब छह बजे ही मैं होटल की लॉबी में पहुँच गया तो वहाँ मौजूद स्वागत अधिकारी ने बाकायदा वह राशि हिसाब में जोड़ हमें चीनी मुद्राएँ लौटा दीं। उसने रसीद से ज्यादा कम्प्यूटर में क्या दर्ज है इस पर विश्वास किया। जरा सोच लीजिए मुम्बई के एयरपोर्ट सेंटोर या दिल्ली के अशोक होटल में यह अनुभव होता तो क्या होता?

इसी तरह छह वर्ष पूर्व जब हम हांगकांग के होटल से जमानत राशि वापस लेना भूल गए थे तब हमारे एक मित्र को रसीद डाक से भेजकर हमें वह राशि मिल गई थी। क्या हम शंघाई और हांगकांग के अनुभवों से कुछ सीख सकते हैं? दुनियाभर की होटलों की संस्कृति उसके देश की कार्य संस्कृति से हमारा परिचय कराती है। चीन में सरकारीकरण से मुक्ति की ओर प्रयत्न तेजी से शुरू हुए हैं। अब पूरे चीन में सरकारी होटलों की संख्या कम हो रही है और नए निजी क्षेत्र के आधुनिक होटल बन रहे हैं, जहाँ संचार व्यवस्था आधुनिक है, जहाँ से आप पूरी दुनिया में सम्पर्क कर सकते हैं। चीन में एक पूँजीवादी, विकसित देश बनने की जबरदस्त इच्छाशक्ति पैदा हो गई है। देश निर्यात बढ़ाकर अपनी आर्थिक शक्ति मजबूत कर सकता है यह चीन के विकास का मूलमंत्र दिखाई दे रहा है। चीन में हवाई यात्रा, रेल यात्रा और बस यात्रा करने के बाद यह भी मालूम पड़ता है कि दूरियाँ समाप्त करने में चीन की विशेष कोशिशें हो रही हैं। बीजिंग, शंघाई और शनजन की रेलगाड़ियाँ सूर्योदय से लेकर सूर्यास्त के बीच 500 किलोमीटर की दूरी तय कर लेती हैं। चीन में 3 वर्ष पहले तक रेल पटरियों की लम्बाई 66,400 किलोमीटर रही है जो एशिया में सर्वाधिक लम्बी है और दुनिया के चौथे नम्बर पर है।

चीन में ऊर्जा उत्पादन के हिसाब से 2,77,000 मेगावॉट की क्षमता है जो कि विश्व में उसे दूसरे नम्बर पर ला देती है। चीन में पीली नदी को उसके बाढ़ और प्रकोप की वजह से पूरे विश्व भर में याद किया जाता है। इस नदी पर चीन दुनिया

का सबसे बड़ा बाँध बना रहा था जिसमें कुल सात करोड़ व्यक्तियों के विस्थापित होने की सूचना है। इसी तरह कुछ वर्ष पूर्व तक चीन की राजधानी बीजिंग से 'ग्रेट वॉल' (महान दीवार) देखने जाने में ढाई घंटे लगा सकते थे। अब यह अवधि घटकर 45 मिनट रह गई है क्योंकि सरकार ने बीच रास्ते में आने वाली यातायात की रुकावटों को हटा दिया। सरकार ने कई बस्तियाँ तक हटा दी हैं। सरकार के एक प्रवक्ता ने बताया, "हमने उस इलाके में रहने वालों को ढाई माह का नोटिस दिया कि वे या तो सरकार द्वारा उपलब्ध घरों के शिविर में चले जाएँ अथवा सरकार एक समय सीमा के बाद उनकी बस्तियाँ हटा देगी। इस तरह का नोटिस पीली नदी के पुनर्वास में भी दिया गया है।

शनजन जाते समय हमसे कहा गया कि वहाँ सबसे ज्यादा जान का खतरा पत्रकारों को है क्योंकि वहाँ पिछले तीन-चार माह में चार पत्रकारों की हत्या हो चुकी है। ये पत्रकार वेश्यावृत्ति के कारण मरे यह भी सरकारी अधिकारी ने बताया। शनजन में कानून-व्यवस्था को लेकर चिन्ताएँ व्यक्त की जा रही थीं, लेकिन शनजन की सस्ती और अन्दर की दुकानों में जाकर और वहाँ पतंगों, देशी शराब और मांस की दुकानों के पास से गुजरने के बाद हमें इस तरह का कोई भय नहीं लगा।

शनजन चीन के उदारीकरण पर चले हुए रास्ते की पुख्ता गवाही है और शंघाई के बारे में कहा जा रहा है कि चीन हांगकांग को छोड़ अब ज्यादा प्राथमिकता शंघाई को देगा। बीजिंग में चीन की राजनीतिक सत्ता दिखाई देती थी तो शंघाई में आर्थिक वैभव और चमक-दमक का नज़ारा दिखाई देता है। चीन में विदेशी वस्तुओं की इफरात नहीं दिखती है क्योंकि चीन के पास अपने उत्पादन का उपयोग करने के लिए स्थानीय बाजार हैं। चीन के उत्पाद सस्ते हैं और अमेरिका के बाजार को चीन ने जिस तरह कब्जा किया है, उससे लगता है चीन दुनिया के अन्य बाजारों पर भी अपना कब्जा जमा ले तो आश्चर्य नहीं होना चाहिए। चीन में दुकानों, डिपार्टमेंटल स्टोर्स और होटलों में भीड़ है। चीन का खुद का बाजार फैल रहा है।

चीन में सांस्कृतिक मुद्दों से अब क्या सांस्कृतिक कार्यक्रम हों, पश्चिम का कितना घालमेल हो इस पर बहस होती है। कुछ वर्ष पूर्व चीन में विश्व में फैले समाजशास्त्र के विद्वानों का सम्मेलन हुआ था। वहाँ पर चीन के समाजशास्त्रियों ने दुनिया को बताया कि उनके यहाँ समाजशास्त्र विषय नहीं होने के कारण चीन में समाजशास्त्रियों की कमी है। साम्यवादी देश वर्षों तक समाजशास्त्र को पूँजीवादी देशों को बुर्जुआ शास्त्र मानते थे। चीन में अब सम्पत्ति रखने की सीमा बदली जा रही है। छोटे परिवारों को फ्लैट रखने की आजादी दी जा रही है। दफ्तरों में चीनी अधिकारी बदले हुए दिखाई देते हैं। उनमें ज्यादा आत्मविश्वास आया लगता है।

उदारीकरण एवं विश्व ग्राम की स्थापना को सभ्यता का परिवर्तन मानना चाहिए। परिवर्तन रुके भी तो कोई इसे अब रोक नहीं पाएगा। इस सभ्यतागत बदलाव को चीन समझ गया है। चीन दुनिया की छत पर अपनी कोशिशों से चढ़ गया है। पिछली बार चीन गए थे, तब बीजिंग में बर्फ गिरते देखी थी। इस बार शंघाई और शनजन में फिर बारिश देखी। दुनिया भर के शहरों में बारिश को देखना अपने में एक अपूर्व अनुभव है। चीन का आकाश बीजिंग में बहुत बादलों से घिरा था, पर इस बार शंघाई और शनजन में बादल थोड़ी देर के लिए थे। चीन अब एक सपने की तरह दिखता है। एशिया के देश ने लम्बी छलाँग लगा आठ साल बाद होने वाले बीजिंग ओलम्पिक अभी ही जीत लिये हैं। अमेरिका नशा है तो चीन अब भी सपना है क्योंकि अमेरिका की असली चुनौती चीन से ही है।

*(वर्ष 1994)*

## हांगकांग

# एशिया का बदलता चेहरा

एक हाथ में फोन और दूसरे में लड़की।

हांगकांग चीन और जापान के मुकाबले एक अलग देश है। दो वर्ष बाद हांगकांग चीन का हिस्सा हो जाएगा (अब हो चुका है)। चीन ने हांगकांग के दोहरे रूप को बनाए रखने की स्वीकृति दे दी है। हांगकांग पर 99 वर्षों तक अंग्रेजों ने राज किया। अब यह शासन समाप्त हो रहा है।

हांगकांग में विश्व के सभी प्रमुख बैंक और आधुनिक दफ्तर मौजूद हैं। असल में एशिया की मुख्य खिड़की हांगकांग ही है। चीन का असर हांगकांग पर दिखाई देता है। बाजार, दुकानें चीनी असर लिये हुए हैं। पर वे हैं बहुत व्यवसायी। हांगकांग में राजनीति से ज्यादा महत्त्व अर्थ नीति का है। पैसा कमाना हर हांगकांगवासी का लक्ष्य है। हांगकांग में जगह की बेहद कमी है। वहाँ के होटल मुम्बई से भी महँगे हैं। घर इतने छोटे हैं कि बहुत से परिवार बाहर ही खाना खाते हैं। अचल सम्पत्ति का दाम बहुत ही ज्यादा है। व्यापार और व्यापारिक सेवाएँ प्रदान कर हांगकांग अपने को मजबूत आर्थिक स्वरूप दे चुका है। हांगकांग में पुराना कवलून इलाका समुद्र पार मुख्य शहर से बहुत भिन्न है।

पर्यटन हांगकांग की आय का एक महत्त्वपूर्ण स्रोत है। ओशन पार्क और पीक तक जाने वाली गाड़ी हांगकांग को नया ही पर्यटन का स्थान दिलाती है। हांगकांग में आम आदमी अपनी रोजी के लिए सवेरे ही निकल पड़ता है। यह शहर वहाँ के निवासियों के लिए तनाव वाला शहर है। हांगकांग में माफिया बहुत डरावना और सक्रिय है। निजी बसों और घरों की खरीद-फरोख्त में माफिया सक्रिय है। हांगकांग में पुलिस की उपस्थिति दिखाई देती है। ट्रैफिक में पुलिस बहुत चुस्त है। स्टेशन के बाहर पार्किंग करने पर एक हजार रुपया जुर्माना हो जाता है। गाड़ी चलाने वालों की गलतियों के प्वाइंट्स होते हैं। यदि यह संख्या बढ़ जाती है तो लाइसेंस रद्द हो जाता है। कवलून में ट्रैफिक जाम होना आम बात है। हांगकांग में इस समय दुनिया का सबसे महँगा हवाई अड्डा बनने जा रहा है। इंग्लैंड और चीन ने एक समझौता

कर उस विवाद को समाप्त कर दिया जिसके चलते हवाई अड्डे के निर्माण को टाला जा रहा था।

हांगकांग में इस समय गैर चीनी मूल के निवासी अपने पासपोर्ट बनवाने में लगे हैं। दक्षिण अफ्रीका, कनाडा की सरकारों के विज्ञापन समाचार-पत्रों में आते हैं कि बीस लाख रुपये बैंक में जमा कराइए और पासपोर्ट हासिल कीजिए। हांगकांग में कोई सांस्कृतिक और अतीत का चिह्न नहीं दिखाई देता है। हाँ, यहाँ व्यावसायिकता ही प्रमुख है। हांगकांग में ऊँची अट्टालिकाएँ हैं। इन अट्टालिकाओं के बीच अपार धन है। धन की इस संस्कृति में उपभोक्तावाद का बोलबाला है।

यदि आप हांगकांग की सड़कों पर चलें तो दो बातें दिखाई देती हैं। पहली, हर व्यक्ति के पास अपना मोबाइल है। वे सड़क पर खड़े होकर फोन से बातें करते रहते हैं। वे फोन के ऊपर बेहद निर्भर हैं। एक हाथ में फोन और दूसरे में लड़की। हांगकांग में लड़कियाँ विवाह का निर्णय खुद लेती हैं। पुरुष को लड़की के पिता को उसकी आमदनी का तीन गुना पैसा देकर विवाह प्रस्ताव करना पड़ता है। ज्यादातर रिश्ते टूटते नहीं हैं।

मुम्बईवासियों को यह जानकर आश्चर्य होगा कि हांगकांग में पैसा देकर घर तत्काल मिल जाता है। सवेरे पैसा दें तो शाम को फ्लैट की चाबी मिल जाती है। कुछ वर्ष पहले तक मकान के लिए सौ प्रतिशत ऋण मिलता था अब यह घटाकर सत्तर प्रतिशत कर दिया गया है। लेकिन घरों की कमी अब भी है। सस्ते घरों की। हांगकांग में भारतीय परिवारों की संख्या बीस हजार है। भारतीयों के हाथ में कई महत्त्वपूर्ण व्यापार हैं। भारतीयों का अपना संसार फैल रहा है।

पिछले एक महीने में कई भारतीय फिल्म कलाकार हांगकांग आकर अपने कार्यक्रम दे चुके हैं। इन कार्यक्रमों को भारी सफलता मिली है। जिस तरह पश्चिम के गायकों को हांगकांग आकर लोकप्रियता और धन प्राप्त होता है, उसी तरह भारतीय कलाकारों को भी धन मिल रहा है। अनिल कपूर और मनीषा कोइराला ने पिछले महीने एक कार्यक्रम में भाग लिया था। इस कार्यक्रम के सभी टिकट बिक गए थे। इसी माह राजश्री प्रोडक्शन की *हम आपके हैं कौन* फिल्म को सफलता के साथ भारतीय दर्शकों को दिखलाया गया था। हांगकांग में भारतीय और पाकिस्तानियों का अन्तर करना कठिन है। बीजिंग में लाहौर के एक व्यापारी मिले थे। वे चाहते थे कि मुम्बई आकर व्यापार करें। उन्हें इस बात का अफसोस था कि भारत और पाकिस्तान के राजनेता अपने हितों के लिए इन दोनों देशों के लोगों को अलग कर रहे हैं।

हांगकांग के भारतीय अब बदलते हुए समय में एक हो रहे हैं। हांगकांग के भारतीयों का रुझान फिर से भारत आने में दिखाई देता है। ज्यादातर लोगों ने भारत के महानगरों में सम्पत्ति खरीदना शुरू कर दिया है। हांगकांगवासियों

को अपने भविष्य की चिन्ता सता रही है। भारतीय मूल के निवासियों को चीन से भय लग रहा है। चीनियों का रुख शायद अच्छा न हो। यह चिन्ता भी उन्हें सता रही है। हांगकांग के चीनी मूल के निवासी भारतीयों के प्रति बहुत रूखा व्यवहार करते हैं।

हांगकांग में सवेरे का ट्रैफिक बहुत लम्बा होता है। जिस तरह उपनगरों के लोग दक्षिण मुम्बई आते हैं लगभग उसी तर्ज पर कवलून और अन्य बस्तियों के निवासी हांगकांग जाते हैं। हजारों कारें हांगकांग के लिए खड़ी होती हैं। फेरी भी जाती है। कवलून से पानी के रास्ते हांगकांग जाने में सिर्फ पाँच-सात मिनट लगते हैं। फेरी आधुनिक है और बाहर का इलाका परम्परागत है। हांगकांग में सस्ते बाजार में जाना अपने आप में एक अनुभव है। बाजार रात में लगता है। जोर्डन नाइट बाजार सात बजे शुरू होता है और तीन-चार किलोमीटर तक चलता है। इसमें हर वस्तु मिलती है। विदेशी सैलानियों के लिए यहाँ खरीदारी करना थोड़ा कठिन है क्योंकि हांगकांग में भी मुख्य भाषा चीनी ही है।

हांगकांग में चीन से ज्यादा सम्पन्नता है। पर हांगकांग में बस गए चीनी फिर से अपने देश जाने में प्रसन्न हैं। हांगकांग के चीन में मिल जाने के बाद चीन ज्यादा आधुनिक और ताकतवर हो जाएगा। अब तक कई विदेशी कम्पनियाँ सीधे चीन जाने की जगह वाया हांगकांग आती थीं। हांगकांग निवासियों के लिए हर चमड़े की वस्तु को इटली का होना चाहिए और कपड़ा पेरिस का होना चाहिए। हांगकांग में एक ही छत के नीचे दुनिया के फैशन केन्द्रों की दुकानें हैं। पैसा खर्च करना यहाँ के अमीरों का स्वभाव बन गया है।

हांगकांग में इन दिनों समुद्र को पाटकर जगह बनाई जा रही है। पुरानी इमारतों के किरायेदारों को तीन महीने का नोटिस देकर उसे खाली कराने का अधिकार भी सरकार ने ले लिया है। यही कारण है कि कई इमारतें गिराई जा रही हैं। हांगकांग के होटलों में जगह मिलना बहुत कठिन है। जितने ऊपर आप जाएँगे उतना ही किराया बढ़ जाएगा। हांगकांग में नाचघरों और शराबघरों पर पुलिस की निगाह रहती है। यदि अवैध शराबघर में कोई शराब पीता है तो शराबी को भी पकड़ लिया जाता है। पुलिस और राजनीतिज्ञ यहाँ के जीवन में महत्त्वपूर्ण हिस्सेदारी नहीं करते। लेकिन उनके वजूद को सब स्वीकार करते हैं।

हांगकांग में अखबार और टेलीविजन आधुनिक तकनीक अपनाते हैं। फैशन की और खानपान की पत्रिकाएँ भी बहुतायत में हैं। फैशन सबसे ज्यादा महत्त्वपूर्ण है। चीन से रिश्ते अखबारों के मुख्यपत्रों पर छाए हुए हैं। हांगकांग की सम्पन्नता से चीन बहुत प्रभावित है। शंघाई भी एक नए हांगकांग का रूप ले यह चीन की इच्छा है। हांगकांग में बगीचे और पेड़ नहीं के बराबर हैं। चारों तरफ सीमेंट और कंक्रीट का जंगल है। इस जंगल में सम्पन्नता फैली हुई है।

एशिया के सुदूर पूर्व के देश तेजी से बदल रहे हैं। अगले आने वाले दशक उनकी सोच के प्रमुख हिस्से हैं। चीन तो सन दो हजार पचीस के बारे में सोच रहा है। नई इमारतें, आधुनिक सड़कें और संचार की अच्छी व्यवस्था नए एशिया के नक्शे में है। जापान अपनी तकनीक और दूरदृष्टि से एशिया के अलावा पूरे विश्व को आकर्षित कर रहा है। हांगकांग अपनी सेवाओं और बैंकिंग से एशिया का महत्त्वपूर्ण शहर बन गया है। इन तीनों ही देशों में जगह की और रोजगार की कमी है। सम्पन्नता के साथ-साथ गरीबी भी दिखाई देती है। पर आम आदमी का जीवन उतने कष्ट में नहीं है जितना दक्षिण-पूर्व एशिया में है।

अलग-अलग राजनीतिक व्यवस्थाओं के बावजूद इन देशों में एक निश्चित दिशा में अपने मुल्क को ले जाने की कोशिश हो रही है। इन कोशिशों में एक साम्य भी नजर आता है। बदलाव हो रहा है। यह साफ दिखाई दे रहा है। चीन में सबसे ज्यादा परिवर्तन दिखाई देता है। जब हजारों साल की सभ्यता और संस्कृति का देश बदलता है तो यह एक महत्त्वपूर्ण घटना होती है। उन देशों के लोग निष्ठा और ईमानदारी से अपने काम में लगे हैं। यह निष्ठा बदलाव की सूचक है।

एशिया का बदला हुआ चेहरा यूरोप और अमेरिका ज्यादा साफ तौर से देख पा रहे हैं। इस चेहरे में एशिया भी अपनी नई ताकत लेकर ऊर्जावान बन रहा है।

*(1994)*

मेलबोर्न

# दुनिया का नया आकर्षण

दुनिया के पूर्वी हिस्से के प्रमुख देश ही यात्रा के नक्शे में दिखते हैं। हांगकांग से आस्ट्रेलिया जाते समय सबसे बड़ा अहसास यही होता है कि यह देश दुनिया से बहुत दूर है। अंटार्टिका यहाँ से दूर नहीं है। दक्षिण की ठंडी हवाएँ आस्ट्रेलिया के मौसम पर बड़ा दबाव रखती हैं तो उत्तर के रेगिस्तान से आने वाली गर्म हवाएँ और तेज और असहनीय सूर्य किरणों का प्रताप राजस्थान के रेगिस्तान की गर्मी को भी पीछे छोड़ देता है। आस्ट्रेलिया की दूसरी महत्त्वपूर्ण खासियत यह है यहाँ की कम आबादी। भारत और उसमें भी मुम्बई जैसे महानगर से जब आप मेलबोर्न पहुँचते हैं तो वहाँ का खुलापन, वहाँ की कम आबादी आपको आकर्षित करती है। आस्ट्रेलिया वैसे भी दो करोड़ की आबादी का देश है। शायद मुम्बई, कलकत्ता और दिल्ली के उपनगरों को मिला लें तो प्रत्येक की आबादी आस्ट्रेलिया से ज्यादा है।

खरामा-खरामा ट्राम चलती जरूर है, पर वह आस्ट्रेलिया और विशेषकर मेलबोर्न की शान है। निजी हाथों में, बड़ी आधुनिक और सुचालित। राष्ट्रकुल देशों की खेल प्रतियोगिताएँ जब 15 मार्च को प्रारम्भ हुई तो एम.सी.जी. ग्राउंड के विशाल प्रांगण में एक ट्राम के डब्बे को उतारा गया और शहर ने अपने अतीत, अपनी विरासत को पूरी दुनिया के सामने गौरव से प्रस्तुत किया। हम ऐसे समय क्या कर सकते हैं? मुम्बई में शायद लोकल का डब्बा, दिल्ली में 'मेट्रो' का इंजन या कलकत्ता में हमारी 'ट्राम'। लेकिन कलकत्ता की ट्राम और मेलबोर्न की ट्राम में बहुत अन्तर है। कलकत्ता के ट्रैफिक विशेषज्ञ वहाँ की सड़कों से ट्राम हटाना चाहते हैं। हमारे यहाँ नई आई सम्पन्नता के चलते चार पहियों पर चलने का ज्यादा रिवाज होता जा रहा है, जबकि मेलबोर्न के उपनगरों में प्रत्येक रेलवे स्टेशन के बाहर कार पार्किंग के लिए विशेष जगह निर्धारित की गई जहाँ नि:शुल्क पार्किंग होती है। सरकार और स्थानीय प्रशासन स्वयं चाहता है कि नागरिक 'पब्लिक ट्रांसपोर्ट' का उपयोग करें और रेल-ट्राम से चलें। यूँ भी कार चलाने वाला आस्ट्रेलिया में बड़े डर-डर कर गाड़ी चलाता है।

भारत जैसी भयरहित ड्राइविंग तो दुनिया भर में नहीं है। मेलबोर्न में तीन भारतीय मूल के मित्रों ने शहर में कई किलोमीटर की यात्राएँ कराईं, लेकिन सभी सिग्नल के प्रति सतर्क थे, लेन बदलने के पहले संकेत देते और देर रात में भी हरी बत्ती होने की प्रतीक्षा करते। ट्रैफिक नियमों का पालन, टिकट मिलने का भय, 'फाइन' भरने का डर ट्रैफिक को नई दिशा देता है। राष्ट्रकुल देशों के लिए वहाँ के ट्रैफिक विभाग ने 'गेम लाइन' ही बना दी थी, जिसके चलते खेलकूद प्रतियोगिता में भाग लेने वाले खिलाड़ी पलक झपकते ही खेल मैदान तक पहुँच जाते।

मेलबोर्न के स्कूलों में बच्चों के लिए दो नियम बड़ी कड़ाई से लागू होते हैं। पहला बच्चों को खेलने की आजादी है, पर उनके सिर पर 'हैट' (टोपी) होनी जरूरी है। 'नो हैट', 'नो प्ले'। सभी स्कूलों का दूसरा नियम है, हर बच्चे के पास सूर्य की किरणों के प्रकोप से बचने का 'लोशन' होना और उसे लगाना भी जरूरी है। इन दोनों वस्तुओं से बच्चों की सूर्य किरणों से रक्षा होती है। वैसे भी आस्ट्रेलिया में सूर्य किरणों के कारण चमड़ी के कैंसर की घटनाएँ बहुत बढ़ी हुई हैं। छोटे बच्चों के स्कूलों में बस्ता घर पर खाली ही आता है। कई दफा तो स्कूल में रखा रहता है। बच्चों को पढ़ने के लिए पुस्तक दी जाती है, जिसका चयन बच्चे ही करते हैं और माता-पिता अगले दिन तक एक रिपोर्ट भरकर भेजते हैं कि बच्चे को पुस्तक पढ़ने में कितना आनन्द आया।

आस्ट्रेलिया में स्वास्थ्य सम्बन्धी सुविधाएँ प्रदान करना राज्य का कर्तव्य है। दो अस्पतालों को देखने के बाद वहाँ की साफ-सफाई, कम्प्यूटर में रोगी की बीमारियों, जाँच की रपट का इतिहास रखने वाले 'सॉफ्टवेयर' और डॉक्टरों की शालीनता देखने के बाद मुझे उदयपुर के सरकारी अस्पताल का वार्ड नम्बर 3 ए याद आया, जहाँ मेरे पिता का हर्निया का ऑपरेशन हुआ था। एक गरीब देश का अस्पताल और एक चमचमाते अस्पताल का तिलिस्म अब भी एक पहेली बना हुआ है। बच्चों का अस्पताल तो खिलौनों की दुनिया जैसा आभास कराता है। सातों मंजिलों पर अस्पताल रंग-बिरंगे फूलों के पोस्टरों, खिलौनों और डॉक्टरों की चहल-पहल से गूँज रहा था। अस्पताल के डॉक्टरों और स्वास्थ्य एजेंसियों के बीच एक मुद्दा गर्मजोशी से उठा हुआ है, वह है क्या 'जंक फूड' बनाने वाले 'मैकडॉनल' के कैफे को अस्पताल प्रांगण में रहना चाहिए? बच्चों की दुनिया भर में 'जंक फूड' खाने की आदत है। इस आदत को मैकडॉनल बहुत प्रोत्साहित करता है। मैकडॉनल प्रशासन ने अस्पताल में कैंसर से पीड़ित कई बच्चों का खर्चा उठाने का निर्णय ले अपनी सामाजिक जिम्मेदारी का निर्वाह तो किया है, पर यह बहस जारी है कि अस्पताल के अहाते में किस तरह का 'फूड' दिया जाए। दूसरी तरफ सरकारी अल्फ्रेड अस्पताल में हमारे मित्र मालविंदर उर्फ टैडी की किडनी के एम.आर. आई. का नियत समय 9 बजे सवेरे था। हम पौने नौ बजे पहुँचे। सवा नौ बजे तक

जाँच पूरी हो गई। कहीं भी डॉक्टरों ने, अस्पताल प्रशासन ने यह आभास नहीं होने दिया कि मरीज का मुफ्त इलाज हो रहा है।

स्वास्थ्य सेवाओं की तत्परता और मरीज को मदद करने का एक उदाहरण अल्फ्रेड अस्पताल में हेलिपैड का होना भी था। बच्चों के अस्पताल में भी एक किडनी विशेषज्ञ ने बताया कि उन्होंने कई बार गम्भीर रूप से बीमार बच्चों को छोटे कस्बाई अस्पतालों से लिवा लाने के लिए हेलीकॉप्टर से यात्रा की है और कई बच्चों की जान बचाई है। सड़कों पर भी दुर्घटना हो जाने, सड़क या ट्राम के भीतर बीमार होने पर मरीज को प्राथमिकता के आधार पर तत्काल इलाज उपलब्ध कराया जाता है। हाँ, यदि मरीज सिर्फ बहाना कर रहा है या बीमारी ज्यादा नहीं है तो उसे प्रशासन बिल थमाने में देरी नहीं करता। अल्फ्रेड अस्पताल जाते समय हमसे तीन ट्राम आगे एक यात्री बीमार हो गया था। तत्काल वह ट्राम रुक गई और देखते-देखते ट्रामों की कतार लग गई। कुछ ही मिनटों में एम्बुलेंस हाजिर थी। हमें जल्दी पहुँचना था, हम पैदल चलकर अल्फ्रेड पहुँच गए जो हमारी ट्राम से दिख रहा था। हम जब अस्पताल पहुँचे तब तक बीमार यात्री भी एम्बुलेंस में अस्पताल पहुँच गया।

ऑस्ट्रेलिया में बच्चों के कई स्कूल सवेरे 7 बजे खुल जाते हैं और दोपहर 3.30 या चार बजे तक चलते हैं। ज्यादातर बच्चों के माता-पिता नौकरी करते हैं इसलिए स्कूलों को इतनी लम्बी अवधि तक खोला जाता है। आस्ट्रेलिया की आबादी बेहद कम है। वहाँ ज्यादा बच्चे हों, इसका सरकारी तौर पर प्रचार होता है, सुविधाएँ भी मिलती हैं। माता-पिता और सरकार बच्चों का बहुत ध्यान रखते हैं। बच्चे सन लोशन की महत्ता जानते हैं इसलिए उन्हें लिए बगैर घर नहीं छोड़ते।

पूरे आस्ट्रेलिया में प्रकृति का सौन्दर्य बिखरा पड़ा है। जंगल, गहरे और सन्नाटे भरे हैं। ग्रेट ओशन रोड समुद्र का नया दर्शन कराती है। प्रशान्त महासागर के नाना रूप, नीला-हरा कंच पानी। समुद्र की विशालता, गहराई, निकटता-दूरी तरह-तरह के रूप। समुद्र-पानी आस्ट्रेलियावासियों के मन में बसा है। यहाँ पर ज्यादातर बच्चे छोटी उम्र में माता-पिता के साथ सर्फिंग करते दिखाई देते हैं। औरतें बिकनी में समुद्र तट पर घूमती हैं। कई तो सड़क किनारों पर वस्त्र बदलती दिखाई दे जाती है। समुद्र के साथ इस तरह की दोस्ती का नज़ारा मेलबोर्न में ही दिखाई देता है। मेलबोर्न के बाहर निकलते ही कई कारों के पीछे ट्रेलर पर रखी नावें दिखाई देती हैं तो कई ट्रेलरों पर घोड़े भी दिखते हैं।

ग्रेट ओशन रोड मेलबोर्न से दो घंटे की कार ड्राइव पर है। ग्रेट ओशन रोड का बायाँ किनारा समुद्र के नए-नए रूप दिखाता है। कई बार नीलाम्बर आपके पास बराबरी पर रहता है, कभी गहराई की अतलता दिखती है तो कभी समुद्र दूर से अपनी विशालता दर्शाता है। और इसी विशाल समुद्र तट पर धूप लेते स्त्री-पुरुष।

प्रशान्त महासागर का पानी साफ और ठंडा है। दक्षिण अंटार्टिका की हवाओं ने पानी को भी ठंडा किया हुआ है। मैंने अपनी हर यात्रा में बारिश होती देखी है। मेलबोर्न भी इसका अपवाद नहीं रहा, लेकिन बरसात की इतनी छोटी अवधि और इतनी छोटी बूँदें पहले कभी नहीं देखी थीं। मेलबोर्न में एक ही दिन में चार मौसम होते हैं। चिलचिलाती, बदन काटती धूप, लेकिन हवा में आर्द्रता (नमी) ज्यादा नहीं होती है, इसलिए मुम्बई और गोवा जैसा पसीना यहाँ नहीं आता। ठंडी हवाएँ कभी वासन्ती लगतीं तो कभी अपने तीखेपन के कारण गर्म कपड़े पहनने को मजबूर करती हैं मेलबोर्न के समुद्र तट पर नग्नता नहीं थी, लेकिन स्त्रियों-पुरुषों को कम वस्त्रों में, अनौपचारिक रहने और बियर पीने का शौक है।

मेलबोर्न के बाहर निकलते ही नज़ारा बदल जाता है। ज्यादातर इलाके शान्त, चहल-पहल से परे और उपनगरीय संस्कृति से दूर थोड़ा-सा ग्रामीण परिवेश दिखता है। लिलिडेल, डेंनडीनोंग पर्वत और मोरिनबार जाते हुए फैले हुए खेत, तरतीब से कटी हई घास और वाइन बनाने वाली वायनरी की मक्खियाँ। लिलिडेल में राष्ट्रकुल देशों की शूटिंग (निशानेबाजी) प्रतियोगिता हुई थी। यहाँ छोटे हवाई-जहाजों का आना-जाना वैसे ही लगा हुआ था, मानो कोई बस स्टैंड हो। यही हाल मोरिनवार का था जिसके पास खरीदारी का सबसे सस्ता केन्द्र डीओएफ था, जहाँ ज्यादातर वस्तुएँ फैक्टरी से ही सीधी पहुँचती हैं। यूँ छोटे जहाज ग्रेट ओशन रोड जाते हुए भी मिले और शहर से बहुत दूर सस्ती हवाई यात्रा करने वालों का हवाई अड्डा भी दिखा। यहाँ तक पहुँचने में ही 100 आस्ट्रेलियन डॉलर टैक्सीवाले ले जाते हैं और डेढ़ घंटे का सफर अलग। तब लगा हमारे यहाँ सस्ती यात्रा करने वाले भाग्यशाली हैं जो सांताक्रूज और पालम से ही सस्ती हवाई यात्राएँ कर लेते हैं। आस्ट्रेलिया में ग्रामीण क्षेत्र की आबादी 100 लोगों की और कस्बों की 2,000 लोगों की होती है। हाईवे पर जगह-जगह मृतदेह की क्रिया करने वाले अधिकारियों की सूचना, शहर के बीच-बीच मृत्यु के बाद अच्छी जगह पर दफनाने के विज्ञापन। कई लोग तो अपने जीते जी ही यह तय कर लेते हैं कि उन्हें किस तरह शवयात्रा में ले जाया जाए। उन्हें क्या पहनाया जाए। किन-किन को सूचना दी जाए, कौन-सा संगीत बजाया जाए। हमारे यहाँ भी तो बहुत लोग अपने जीते हुए श्राद्ध कर्म कर डालते हैं।

मेलबोर्न शहर में यदि नागरिकों के लिए ट्रैफिक नियम कड़े हैं तो सार्वजनिक परिवहन शुक्रवार, शनिवार और रविवार को उदार भी हैं। रेलें जो हर रात साढ़े ग्यारह बजे बन्द हो जाती हैं, इन दिनों एक घंटे देर से बन्द होती हैं। भोजन से पैदा होने वाले रोग के भय के कारण कई भोज्य पदार्थ आस्ट्रेलिया में लाने पर प्रतिबन्ध है। भारतीय क्रिकेट स्पिनर हरभजन सिंह के जूतों पर हरी घास लगी तो उन्हें आस्ट्रेलिया में वे जूते कूड़ेदान में फेंकने पड़े थे। खाना यदि ज्यादा है तो उसे फेंक दो, यह यहाँ का नियम है। आस्ट्रेलिया का अमेरिका से राजनय (डिप्लोमेसी)

स्तर पर ज्यादा झुकाव है। इराक में आस्ट्रेलिया की सेना के हजारों सैनिक बगदाद में है। लेकिन मेलबोर्न की गलियों में ईरान-इराक विषय पर पोस्टर लगे हैं। युद्ध के खिलाफ जन आक्रोश! मेलबोर्न आतंकवादियों की लिस्ट में भी है। इसलिए जब राष्ट्रकुल खेलों का प्रारम्भ और समापन हुआ तो तीन-तीन हेलीकॉप्टर स्टेडियम के ऊपर उड़ रहे थे।

आस्ट्रेलिया का पर्याय है कंगारू! आस्ट्रेलिया जाएँ और कंगारू ही नहीं देखें तो यात्रा पूरी नहीं होती। फिलिप आईलैंड में समुद्र का नज़ारा, कंगारू, शुतरमुर्ग से मुलाकात, पेंग्विन परेड की बानगी और एक छोटे से आईलैंड में दो दिन की छुट्टियाँ बिताने का कार्यक्रम। आस्ट्रेलिया में जंगलों और वन्य जीवनों की रक्षा मुस्तैदी से होती है। लेकिन आस्ट्रेलिया ही एकमात्र देश है जिसके राष्ट्रीय पशु कंगारू का मांस भी खाया जाता है। आस्ट्रेलिया के जंगलों में यूकिलिप्टस बहुतायत में हैं। पहाड़ों पर घर तरतीब से बने हैं। पहाड़ियों की रक्षा भी होती है और उनका सौन्दर्य भी बचा रहता है।

आस्ट्रेलिया खरीद-फरोख्त के हिसाब से महँगा देश है। यहाँ अमेरिका की तरह खरीदारी करने वाले मॉल विशाल और सम्पन्न (कुछ को छोड़कर) नहीं है। लेकिन आस्ट्रेलिया के आभिजात्य का सन्दर्भ बिन्दु अमेरिका और इंग्लैंड ही है। यहाँ कई दुकानों में भाव-ताव होता है। ब्रांड वस्तुओं की 'सेल' हो तो सामान सस्ते में मिल जाता है। ज्यादातर महिलाएँ ही खरीदारी करती दिखती हैं। शनिवार रात्रि को कुछ पुरुष भी अपनी पत्नियों के साथ दिख जाते हैं। आस्ट्रेलिया के कपड़े नए कट, नए डिजाइन और नए फैशन के होते हैं और जब हम मेलबोर्न पहुँचे थे, तब सर्दियाँ प्रारम्भ हो चुकी थीं और गर्मियों का स्टॉक खाली हो रहा था और सस्ता था।

ऑस्ट्रेलिया के ज्यादातर मकान लकड़ी के बने होते हैं। घरों में भी लकड़ी का काम बहुत होता है। इसीलिए इन घरों में आग लगने का भय बहुत रहता है। यहाँ जंगल की आग भी बहुत खतरनाक होती है। लिलिडेल जाते हुए एक जगह पर दमकल विभाग ने हमारी गाड़ी सहित सभी गाड़ियाँ रोकीं, क्योंकि जंगल में आग लग गई थी। बड़ी आग का भय उसी प्रकार रहता है जैसे बिहार में बाढ़ का। आस्ट्रेलिया का भारतीय मन क्या है? कैसा है? जब आस्ट्रेलिया में सिर्फ 300 भारतीय रहते थे तब अरुण और जया शर्मा मेलबोर्न आए थे और अब जबकि एक लाख भारतीय यहाँ रहते हैं, तब भारतीय मन को पहचानने, भारतीय समाज को बाँधने का काम अपनी भाषा के जरिये, अपनी संस्कृति के जरिये करते हैं। आस्ट्रेलिया में रह रहे भारतीय पढ़ने-लिखने वाले व्यवसाय में ज्यादा हैं। सत्यम और इंफोसिस के बड़े कार्यालय मेलबोर्न में हैं। कई बस्तियों में 'देसी' रहते हैं। ग्लैनहडली में एक सॉफ्टवेयर इंजीनियर ने बड़ी सफलता से भारतीय राशन की दुकान खोली हुई

है। राष्ट्रकुल देशों में अतिरिक्त पैसा कमाने के लिए भारतीय छात्रों, जिनकी संख्या आस्ट्रेलिया में काफी है, ने महत्त्वपूर्ण भागीदारी की।

पाँच होटलों में हिस्सेदारी रखने वाला अमृतसर का पुनीत इटालियन होटल चलाता है, जहाँ 250 से 450 व्यक्तियों के भोजन करने की व्यवस्था है। वह अमृतसर लौट जाना चाहता है जहाँ उसके माता-पिता हैं। भारत में उसकी स्मृतियाँ और जड़ें हैं। स्वाति भी इसी साल डॉक्टरी की प्रैक्टिस कर भारत लौट आना चाहती है। यूँ उसका मन मेलबोर्न की स्वास्थ्य सेवाओं से जुड़े रहने का है, पर उसका पति भारत में नौकरी खोज रहा है। मालविंदर टैडी भी दो वर्षों की पढ़ाई पूरी कर मैनेजमेंट के गुर सीखकर अपने मेलबोर्न के आखिरी दिन बिता रहे हैं। यह अलग बात है कि उनकी पत्नी और बेटी मेलबोर्न में रहना चाहती हैं। पटना की शुचि और खगड़िया के परिमल मिश्र ने जरूर एक बड़ा सुन्दर घर ले लिया है, जहाँ वह नया आशियाना बना रहे हैं। आस्ट्रेलिया में भारतीयों के लक्ष्मी मित्तल, स्वराज पॉल या सर नून नहीं हैं। ज्यादातर भारतीय स्वीकारते हैं कि आस्ट्रेलिया में रंगभेद है। यहाँ अमेरिका की तरह भारतीय या गैर आस्ट्रेलियाई शिखर पर नहीं पहुँचते। आस्ट्रेलिया के बाहर आपका क्या अनुभव है इसका इनके लिए कोई महत्त्व नहीं है।

वर्षों पूर्व दिल्ली, मुम्बई से निकलने वाले अंग्रेजी-हिन्दी साप्ताहिक *संडे आब्जर्वर* के रचनाशील-मौलिक ले आउट कलाकार पंकज गोयल अपनी प्रतिभा के आधार पर पुनः आस्ट्रेलिया में महत्त्वपूर्ण स्थान पर आ गए हैं, लेकिन पंकज ने बताया, "इन्हें मेरे *टाइम्स ऑफ इंडिया* और *आब्जर्वर* के अनुभव से कोई लेना-देना नहीं था। मुझसे पूछा गया पहले बताइए यहाँ पर कहाँ काम करने का अनुभव है? आस्ट्रेलिया में भारतीय युवा बहुत दिखाई देते हैं। फैडरल स्ट्रीट पर बहुत स्वादिष्ट भारतीय भोजन की दो दुकानें हैं, जिन्हें पंजाब मूल के सज्जन वाया हांगकांग, लन्दन और अब मेलबोर्न आकर चलाते हैं। फेडरल स्ट्रीट के बारे में कहा जाता है कि यहाँ के रेलवे स्टेशन का नक्शा वीटी रेलवे स्टेशन से बदल गया था। गहरे पीले रंग की विक्टोरिया काल की यह इमारत अच्छा हुआ मेलबोर्न में ही रह गई वरना हमारा वीटी स्टेशन इतना विशाल नहीं रहता जितना वह आज है। मेलबोर्न का नुकसान, हमारा फायदा रहा। लेकिन फेडरल स्क्वायर, रसल स्ट्रीट मेलबोर्न की आत्मा हैं। यारा नदी को आस्ट्रेलिया विशेषकर मेलबोर्न में सम्मान दिया जाता है। अगर भारतीय परिप्रेक्ष्य में देखा जाए तो यारा नदी जैसे नाले भारत में बहुत हैं। लेकिन यारा नदी के किनारे, उसके पानी, पास के जंगल तो न्यूयॉर्क के सेंट्रल पार्क जैसा आभास कराते हैं। मुम्बई महानगरपालिका के अधिकारियों को मेलबोर्न जाकर वहाँ के बगीचों, वहाँ की वनस्पति को देखने जरूर जाना चाहिए जहाँ रात में भी कई जानवर शहर के बीतोबीच बगैर भय के आ जाते हैं।

मेलबोर्न के ठरकियों, नशेबाजों और मस्तीबाजों की चर्चा के बगैर मेलबोर्न की यात्रा अधूरी है। चैपल स्ट्रीट पर रात भर भीड़ लगी रहती है। कारें धीरे-धीरे चलती हैं। शनिवार-रविवार को यहाँ एक किलोमीटर पार करने में एक घंटा लग जाता है। एक चकलाघर तो स्टॉक एक्सचेंज की लिस्ट में है। यूँ रात में कई वेश्याएँ सड़कों पर भी धन्धे के लिए खड़ी रहती हैं। आस्ट्रेलिया में बार एवं नग्न नृत्य डांस बार की संख्या बढ़ती जा रही है। नाइट क्लब, बियर बार, एडल्ट दुकानें जगह-जगह पर हैं।

रूपर्ट मर्डोक, चैनल नाइन का मालिक कैरी पैकर (जिसका हाल ही में निधन हो गया) आस्ट्रेलिया के सबसे बड़े जुआ घर का भी मालिक है। आस्ट्रेलिया में एक अखबार का दाम 2 डॉलर है। चैनल सेवन और नाइन पर एक भी अश्वेत खबरें पढ़ने वाला नहीं था, पूरे राष्ट्रकुल देशों पर आस्ट्रेलिया के टीवी चैनलों का रुख पक्षपात भरा था। उन्हें सिर्फ 'ऑसी ओय-ओय' कहने की आदत पड़ी हुई थी। आस्ट्रेलिया में बोइंग और टोयोटो कम्पनियों का निर्माण कार्य होता है। मैनेजमेंट की पढ़ाई पूरी करने पर यहाँ नौकरी आसानी से मिल जाती है। कम्प्यूटर की पढ़ाई कठिन और महँगी है। ज्यादातर हिन्दुस्तानियों को कम्प्यूटर का विशेषज्ञ माना जाता है। बहुत न जानने वाला भारतीय भी यदि कम्प्यूटर पर अपनी राय जाहिर करता है तो उसे सही मान लिया जाता है। आस्ट्रेलिया में शिक्षा निजी हाथों में है। छोटे-छोटे हॉल में भी विश्वविद्यालय के कार्यालय हैं।

आस्ट्रेलिया का मेलबोर्न शहर सांस्कृतिक शहर तो है, यहाँ पूरे साल में कुछ-न-कुछ होता रहता है। खेल, संगीत, दौड़, क्रिकेट, गोल्फ, टेनिस, ग्रां.पी. 320 से 365 दिन यहाँ कार्यक्रम होते हैं। इनमें आम नागरिक भी भागीदारी करता है, वे मुस्कुराने के, लिफ्ट में 'हलो' बोलने के आदी होते हैं। आस्ट्रेलिया दुनिया के बदलते रूप में अपनी भागीदारी करने को तैयार दिख रहा है।

आस्ट्रेलिया भी दुनिया के नक्शे पर आ रहा है। आस्ट्रेलिया में वर्क कल्चर और सम्पन्नता का जीवन है, यहाँ उनकी एयरलाइंस कॉन्टास में बैठने से ही मालूम पड़ता है। मेलबोर्न हम सुबह पहुँचने वाले हैं। मैं पास बैठे यात्री से विंडो सीट पर बैठने का आग्रह करता हूँ। विशाल भू प्रदेश, बादल, बड़ा चाँद और बड़ा सूरज और दिन में पल-पल बदलता मौसम। शुरू में सिर्फ बादल-ही-बादल दिखते हैं। सोचा बिना बात सीट के लिए बात की, लेकिन तभी मेलबोर्न का चमत्कार दिखने लगता है। मेलबोर्न पहुँचते ही ठंडी हवाएँ और बारिश की हलकी बूँदें हमारा स्वागत करती हैं।

मेलबोर्न न्यूयॉर्क के बाद सर्वाधिक पुस्तकें पढ़ने वालों का देश है। खेल यहाँ के नस-नस में भरा हुआ है। ऑसी ओय-ओय नारा तो यहाँ के निवासियों ने पंजीकृत करा लिया है। मेलबोर्न में राष्ट्रकुल देशों की प्रतियोगिता में स्वयंसेवकों ने खिलाड़ियों, आयोजकों और प्रेस का न सिर्फ मन जीता बल्कि समाज में वरिष्ठ नागरिकों की नई भूमिका को भी परिभाषित किया। न केवल सेवानिवृत्त आस्ट्रेलिया

निवासी इस खेल प्रतियोगिता के लिए अपनी सेवाएँ दे रहे थे बल्कि कई नौकरीपेशा नागरिक भी इन प्रतियोगिताओं में ड्राइवर बनकर नि:शुल्क कार्य कर रहे थे। यह भावना क्या थी? ज्यादातर का जवाब था, "हम लोगों को जानना चाहते हैं, हम संवाद करना चाहते हैं। हम खिलाड़ियों से मिलना चाहते हैं।"

आस्ट्रेलिया का राष्ट्रीय स्मारक विशेषकर खेल में मेलबोर्न क्रिकेट क्लब है। विशाल और नई तकनीक से भरपूर, राष्ट्रकुल समारोह के प्रारम्भ और अन्त में जिस प्रकार रंगों की आतिशबाजी हुई, वह चामत्कारिक थी। हम अभी तक जयपुर की आतिशबाजी के नज़ारे ही जानते थे, पर मेलबोर्न शहर के हर छोर पर, नदी के बीचोबीच जिस तरह आकाश चमका वह एक अद्‌भुत नज़ारा था। खुशी जताने का आतिशबाजी अब भी प्रमुख तरीका है। बच्चों की उपस्थिति, आस्ट्रेलिया के मूल निवासियों की संघर्ष गाथा और बदलता आस्ट्रेलिया कार्यक्रम का मूल बिन्दु था। पूरा कार्यक्रम कहीं भटका नहीं। उत्साह का संचरण भी था, पर कार्यक्रम भी फोकस था। यहाँ तक कि रोड लेवर स्टेडियम जो कि टेनिस का कोर्ट था, जिमनास्ट की कलाबाजियों का केन्द्र बना था, वहाँ इंटरवेल के दौरान संगीत की धुनें कलात्मक थीं। पुरस्कार वितरण के समय भी संगीत, उद्‌घोषणाएँ एक अन्तर्राष्ट्रीय प्रतियोगिता की तैयारियों की पूर्ण सूचनाएँ देने में सक्षम हैं। अब जबकि खेल प्रतियोगिताओं को किसी भी शहर की ब्रांड के रूप में प्रस्तुत किया जाता है, उसमें पूर्ण व्यावसायिकता आ गई है। ऐसे में शहर का प्रशासन भी उससे जुड़ गया है।

शूटिंग प्रतियोगिताओं को देखने का पहला अन्तर्राष्ट्रीय अनुभव अलग ही था। भारत के लिए तो यह और भी महत्त्वपूर्ण था क्योंकि हमारे प्रतियोगी न सिर्फ अच्छा प्रदर्शन कर रहे थे बल्कि पदकों की संख्या भी बढ़ा रहे थे। प्रतियोगी भी खिलाड़ी थे। वे ब्रॉड या मीडिया द्वारा बनाए गए बाजार की वस्तु नहीं थे। विनम्र, सहज और बहुत लीन-मगन होकर निशाना साधने वाले। निशानेबाजी शायद मस्तिष्क के अति केन्द्रीय हो जाने के बाद अपने परिणाम देती है। शमशेर जंग, जसपाल राणा और राठौड़, भटनागर, भारत के परिचित शूटर हैं। शूटिंग में परिणाम देर में आते हैं। कई दौर में चलने वाली प्रतियोगिताएँ हर दफ़ा दक्षता की अपेक्षा रखती हैं।

भारत के लिए खेल में मान दिलाने के बाद तिरंगे का फहराना एक राष्ट्रीय महत्त्व का क्षण होता था। पिस्तौल शूटिंग में तो स्वर्ण और रजत पदक भी भारतीय निशानेबाजों ने जीते। शूटिंग प्रतियोगिता भारत के लिए सम्भावना का खेल बनता जा रहा है और कई युवा निशानेबाज इस खेल में आ रहे हैं। भारतीय खेलों में सबसे बुरी स्थिति हॉकी की रही, जहाँ सिर्फ पराजय ही हाथ लगी।

*(2006)*

## गुयाना

# नीले आकाश और नीले समुद्र का देश

गुयाना बहुत गरीब देश है। जॉर्जटाउन तो किसी भी भारतीय कस्बे जैसा है। यह पूर्व सूचना तीसरे विश्व के किसी देश में जाने के पूर्व थी। गुयाना में डेढ़ सौ वर्ष पुराने गिरमिटिया आज भी शासन कर रहे हैं। गुयाना में कभी भी बारिश होती है और बुखार (येलो फीवर) का इंजेक्शन लेना जरूरी है। इन सभी सूचनाओं के बावजूद गुयाना जाने की इच्छा थी क्योंकि तीन वर्ष पहले सूरीनाम की राजधानी पारामारिबो तक पहुँचकर भी गुयाना और त्रिनिदाद की यात्रा नहीं हो पाई थी। इसलिए गुयाना के क्रिकेट स्टेडियम का उद्घाटन एक बार फिर कैरेबियन के नीले आकाश और नीले समुद्र की तरफ ले गया।

समुद्र, नदी और जंगल कैरेबियन की खासियत हैं। छेदी जगन एयरपोर्ट रात में किसी बस स्टैंड से छोटा लगा था और जॉर्जटाउन पहुँचना जैसे गहन अन्धकार में बस्तियाँ पार करते हुए अनजान जगह जाना था। सवेरे लगा सिर्फ हाथ भर की दूरी पर समुद्र है। बीच में हैं तो कुछ वनस्पतियाँ, छोटी झाड़ियाँ और उनके पीछे विशाल, गहरा समुद्र। जॉर्जटाउन का समुद्र मटमैला और तटविहीन था। मुम्बई की मैरिन ड्राइव की तरह पाल बनी हुई थी, जिस पर कुछ लोग चहलकदमी तो कुछ युवा जॉगिंग करते हुए दिखे। वहीं पर कुछ गरीब, विक्षिप्त (समाज से कटे हुए लोग कहना ज्यादा ठीक होगा) कचरे में से कुछ खोजते मिले। समुद्र के तटों पर कचरा उतना नहीं था, जितना मुम्बई के समुद्र तटों पर होता है। समुद्र की लहरें उछाल लेती थीं और इतने कम लोगों की उपस्थिति समुद्र के बाहर की शान्ति बयान कर रही थी। लेकिन समुद्र के अलावा जॉर्जटाउन की खासियत वहाँ की नदी दमदारा है, जिसका पाट गंगा नदी से भी बड़ा है और जिसका पुल पुराना होते हुए भी कई अर्थों में आधुनिक है। यह पुल बीच में से खुल जाता है और गहरी नदी में चलने वाले जहाज इसमें से पार हो जाते हैं। नदियों के छोर कई शहरों के गरीब-अमीर इलाके तय कर देते हैं, पर जॉर्जटाउन में नदी के छोर ने शहर और कस्बों का विभाजन तय कर दिया। नदी में दूर-दूर तक समुद्री वनस्पतियाँ सुरक्षित थीं। करीबी के बावजूद

नदी के बहुत पास कोई निर्माण नहीं था। रास्ते में नदी पार जाने वाले, बसों की प्रतीक्षा कर रहे थे, जो हमारे यहाँ की आरटीवी बसों जैसी थीं। पुल हिलता था, आवाजें भी करता था, ये आवाजें कुछ-कुछ अबोली सी रेड हाउस से भी आ रही थीं जहाँ गुयाना के प्रथम राष्ट्रपति छेदी जगन की याद में एक शोध केन्द्र बनाया गया था। छेदी जगन गुयाना के राष्ट्रपिता हैं। गुयाना की राजनीति, वहाँ की अन्तर्राष्ट्रीय राजनीति वर्षों तक छेदी जगन के इर्द-गिर्द घूमती रही। 22 मई, 1966 को स्वतंत्रता हासिल करने वाले ब्रिटिश गुयाना को अपना संविधान बनाने में चार वर्ष लगे और को-ओपरेटिव रिपब्लिक ऑफ गुयाना की सरकार 23 फरवरी, 1970 को बनी।

गुयाना के राष्ट्रपति मार्टिन की कविताएँ तीन वर्ष पूर्व *भूख का विश्वविद्यालय* पुस्तक में पढ़ी थीं। इनका अनुवाद अक्षय कुमार ने किया था और पहली बार जब यह पुस्तक पढ़ने को मिली तब कैरेबियन के काव्य संसार का हिन्दी के माध्यम से परिचय हुआ था। मार्टिन का निधन हो चुका है, पर उनकी विधवा और गुयाना के स्वतंत्रता संग्राम में मार्टिन की कविताओं से परिचित होने वाली श्रीमती मार्टिन जॉर्जटाउन के एक शान्त और सुन्दर दो मंजिला मकान में अकेले रह रही हैं। अक्षय कुमार राय हमारे साथ थे। श्रीमती मार्टिन को पहले से हमारे आगमन की खबर थी, वे हमारी प्रतीक्षा कर रही थीं। उनकी स्मृति में सिर्फ मार्टिन और उनकी कविताएँ थीं। कवि पत्नी के पास क्या होता है? वे सौम्य, शान्त और गरिमामय थीं। मार्टिन की मृत्यु इसी घर में हुई थी, उन्होंने बताया। कॉमरेड के लिए कविता उनकी कब्र पर अन्तिम विदाई देते हुए पढ़ी थी। मार्टिन की उपस्थिति का आभास उनकी हर बात से होता था। मार्टिन का बेटा संयुक्त राष्ट्र संघ की एक संस्था में डॉक्टर है और दुनिया के इस हिस्से में मलेरिया की रोकथाम में लगा है। थोड़े समय के लिए वह भी हमारे बीच में आए। सभी का अभिवादन किया और इस बात से खुश हुए कि उनके नामी पिता की काव्य पुस्तक का हिन्दी में अनुवाद हुआ है। श्रीमती मार्टिन और उनका अमेरिका में बसा बेटा दोनों ही हिन्दी नहीं जानते थे, पर वे विश्व की गरीबी, भूख, गैर बराबरी और रंगभेद को जानते थे। श्रीमती मार्टिन के घर के बाहर तार लगे थे। उन्होंने बताया, "कुछ दिन पहले असामाजिक तत्त्वों ने मेरे बगीचे को तहस-नहस कर दिया था। तभी से सुरक्षा के लिए तार लगा लिये हैं।" गुयाना में कानून-व्यवस्था सचमुच एक बड़ी समस्या बन चुकी है। 2006 से 900 व्यक्ति हिंसा के शिकार हो चुके थे, इनमें गुयाना के कृषि मंत्री भी शामिल थे, जो हिंसा के चलते मारे गए।

गुयाना में हिंसा छोटी-सी बात पर हो जाती है। सरे बाजार गोलियाँ चलने लगती हैं। अपहरण के बाद हत्याएँ भी आम बात हैं, लेकिन गरीबी और अशिक्षा के कारण बेरोजगारी और महँगाई बहुत है। गुयाना की राजधानी में मॉल मुम्बई के सहकारी भंडारों से भी छोटे हैं और बनियान, साबुन, कंघी से ज्यादा कुछ उपलब्ध

नहीं था। मॉल और दुकानों में बिजली गायब रहती थी और खाने की दुकान पर जरूर खरीदारों की भीड़ थी। सबसे ज्यादा चहल-पहल जॉर्जटाउन की पुस्तकों की दुकान पर थी जहाँ हमें *जनसत्ता* के सम्पादक ओम थानवी ले गए। ओम थानवी तो तीन दिन के प्रवास में वहाँ चार दफा गए और चालीस हजार रुपये से भी ज्यादा की पुस्तकें खरीद दिल्ली ले आए। पुस्तकों की दुकान वातानुकूलित थी और सबसे महत्त्वपूर्ण थी वहाँ स्कूली छात्रों, उनकी माताओं और पर्यटकों की उपस्थिति। पुस्तकों की दुकान के मैनेजर मौजूद किताबों की न केवल जानकारी रखते थे, बल्कि कई पुस्तकें वे पढ़े हुए भी थे। पुस्तकें पश्चिम के देशों के मुकाबले सस्ती हैं और विविधता भरे विषयों की हैं, यह मानना था पुस्तक प्रेमी सम्पादक ओम थानवी का। दोपहर में स्कूल के कई छात्र यूनिफॉर्म में शायद स्टेशनरी खरीदने ही आए थे, पर वे किताबों की सुगन्ध पहचानते थे। उन्हें स्टेशनरी लेने के लिए भी किताबों के रैक की तरफ से गुजरना पड़ता था। गुयाना में स्कूलों के पास, पुस्तकों की दुकान के पास किसी भी किशोर-किशोरी को सिगरेट पीते नहीं देखा, यहाँ तक कि गुयाना विश्वविद्यालय का प्रांगण भी मुझे बार-बार अपने शहर उदयपुर के रूरल इंस्टिट्यूट की याद दिला रहा था, जहाँ आजादी के बाद ग्रामीण भारत के आदिवासी छात्र आकर पढ़ते थे। गुयाना विश्वविद्यालय की शुरुआत 1 अक्टूबर, 1963 को कला, विज्ञान और सामाजिक विज्ञान के संकाय के साथ सिर्फ 164 छात्रों के साथ हुई थी। शुरू में विश्वविद्यालय सिर्फ संध्याकालीन था। सरकारी तकनीक संस्था और क्वीन्स कॉलेज के साथ प्रयोगशाला की भागीदारी करके विश्वविद्यालय चलता था। बाद में एक कम्पनी ने 1,450 एकड़ जमीन देकर विश्वविद्यालय कैम्पस की स्थापना की। प्रधानमंत्री एल.एफ.एस. बर्नहाय ने 21 मई को विश्वविद्यालय की नींव रखी। निर्माण कार्य 2 जनवरी, 1968 को शुरू हुआ और 24 फरवरी, 1970 को विश्वविद्यालय ने औपचारिक रूप से कार्य प्रारम्भ कर दिया।

इस समय गुयाना विश्वविद्यालय में पाँच हजार छात्र पढ़ रहे हैं और कई छात्र कृषि, स्वास्थ्य, सामाजिक विज्ञान विषय पढ़ते हैं। गुयाना के शिक्षामंत्री पहले विश्वविद्यालय में ही नौकरी करते थे। पूरे विश्वविद्यालय का माहौल अनौपचारिक और समारोह में महत्त्वपूर्ण राजनेताओं की उपस्थिति से जिस प्रकार की औपचारिकता और एक हद तक आतंक भी छा जाता है, उससे मुक्त था। विश्वविद्यालय का पुस्तकालय वातानुकूलित था और पुस्तकों की संख्या ज्यादा नहीं थी। इस विश्वविद्यालय से 12,000 छात्र अध्ययन करके निकल चुके हैं।

गुयाना की राजधानी में कई स्मारक हैं। इसी तरह के एक स्मारक की छोटी-सी इमारत में नेशनल म्यूजियम था जो 1844 में बनाया गया था, लेकिन 20 वर्ष बाद ही यह अग्नि को भेंट चढ़ गया। 1936 में अंग्रेजों के आने से पहले दि रॉयल एग्रीकल्चर एंड कमर्शियल सोसाइटी ने उसे फिर बनवा दिया। 1945 में यहाँ फिर से आग लग

गई और 6 वर्ष बाद वह म्यूजियम फिर से खड़ा हो गया। म्यूजियम के बाहर गुयाना की लकड़ी का काम उपलब्ध था, दुकानें छोटी और बगैर हवादार खिड़कियों की थीं। भाव-ताव भी होते और ज्यादातर दुकानें महिलाएँ ही चला रही थीं। होटलों में वेटर पुरुष थे और स्त्रियाँ घरों, दफ्तरों में और पारम्परिक कार्य करती नजर आती थीं।

गुयाना में वर्षों पूर्व गिरमिटिया बनकर काम करने गए भारतीय अपनी धार्मिक आस्था और भारतीय फिल्मों के जरिये एक अलग पहचान बनाए हुए हैं। इस पहचान में भौगोलिक भारतीय सन्दर्भ नहीं के बराबर है, सिर्फ एक अतीत बचा है। जड़ों को वर्तमान में पहचानने की कोशिश है। भाषा-भोजन बदल गया है। घरों में आस्तिक धार्मिक चिह्न, पूजा में भारतीय देवी-देवता मौजूद हैं। हनुमान की ऊँची और सुन्दर मूर्तियाँ गुयाना और त्रिनिदाद में भी दिखाई दीं। घरों के बाहर रंगीन पताकाएँ भी इस बात की द्योतक हैं कि घर का मालिक हिन्दू धर्म में विश्वास करने वाला है। घरों में पूजा स्थल में शिव का बहुत पुराना चित्र भारत से आया हुआ लगता है। गुयाना के युवाओं को भारत से जोड़ने वाले सलमान, आमिर और शाहरुख खान हैं। हिन्दी नहीं जानने वाले भारतीय मूल के गुयानावासियों में हिन्दी फिल्में बेहद लोकप्रिय हैं।

भारत में वेस्टइंडीज का अर्थ लोकप्रिय मायने में क्रिकेट भी है। भारत के लोग त्रिनिदाद, गुयाना, जैमका के क्रिकेट खिलाड़ियों से ज्यादा परिचित हैं, वहाँ के राजनेताओं, व्यवसायियों और शिक्षाशास्त्रियों की तुलना में। गुयाना के प्रॉविडेंट इलाके में भारत की मदद से बने क्रिकेट स्टेडियम का उद्घाटन समारोह किसी उत्साह भरे त्योहार के दिन से कम नहीं था। नहीं थी तो क्रिकेट के नामी खिलाड़ियों की उपस्थिति। गुयाना में एक भी क्रिकेट स्टेडियम नहीं था अगस्त 2003 में गुयाना के राष्ट्रपति भारत जगदेव ने भारत यात्रा के दौरान 2007 में होने वाले विश्वकप के समय स्टेडियम वाले क्रिकेट मैदान की जरूरत बयान की थी। 11 नवम्बर, 2004 को स्टेडियम बनना शुरू हुआ। भारत की कम्पनियाँ विदेशों में निर्माण क्षेत्र में क्यों लोकप्रिय हैं यह स्टेडियम को देखने से मालूम पड़ता है। शापुरजी पालन जी मुम्बई की एक नामी निर्माण कम्पनी है। इसी कम्पनी ने स्टेडियम का निर्माण किया। पिच और मैदान की जिम्मेदारी गुयाना सरकार ने ली है और स्टेडियम का निर्माण भारत की कम्पनी ने किया। गुयाना में रोहन कन्हाई, क्लाइव लायड जैसे नामी खिलाड़ी हैं। गुयाना में दो क्रिकेट मैदान दिखाई दिए। गुयाना में चर्च, लाइट हाउस की संरचनाएँ सुन्दर और ब्रिटिश काल की हैं। वहाँ की संसद, सर्वोच्च न्यायालय की इमारतें बहुत आकर्षक हैं। गुयाना में अब भी किसी सड़क पर सिग्नल नहीं है। कारें, बसें ज्यादा हैं। विश्व कप के दौरान ट्रैफिक को चलायमान रखने के लिए भारतीय कम्पनी सिग्नल लगाने वाली हैं। गुयाना का हवाई अड्डा शहर से पचास किलोमीटर दूर है, जिस तरह पारामारिबो में है। आज भी बहुत बड़े जहाज जॉर्जटाउन के हवाई अड्डे पर नहीं उतर पाते हैं।

8-11 अगस्त, 1972 को गुयाना में गुट निरपेक्ष देशों के विदेश मंत्रियों का सम्मेलन हुआ था। इस मौके पर गुयाना के प्रथम राष्ट्रपति आर्थर चुंग ने गुट निरपेक्ष देशों के प्रणेताओं की मूर्तियों का अनावरण किया था। इजिप्ट के गुटनिरपेक्ष आन्दोलन के नेता कमाल अब्दुल नासिर, घाना के एनक्रूमा, यूगोस्लोवाकिया के टीटो और भारत के जवाहरलाल नेहरू इनमें प्रमुख हैं। इन चारों की मूर्तियाँ समाप्त से हो गए गुटनिरपेक्ष आन्दोलन के अच्छे दिनों की याद दिलाती हैं। क्योंकि दुनिया अब सिर्फ एक ध्रुवीय हो गई है और अमेरिकीपरस्त देशों की बढ़ती तादाद में सिर्फ कुछ ही लातिन अमेरिकी देश, अमेरिकी नीतियों का विरोध करते हैं। गुयाना के राष्ट्रपति भारत जगदेव ने छह वर्ष तक मास्को में रहकर अपनी पढ़ाई पूरी की है और वे विचारों से वामपंथी कहे जा सकते हैं। वे तीन दफा भारत भी आ चुके हैं। जब क्रिकेट स्टेडियम का उद्घाटन हो रहा था, तब राष्ट्रपति खुद अपने भाषण की काट-छाँटकर रहे थे और खुद का लिखा भाषण बीच में रोक आशु भाषण देने लगे। गुयाना के राजनेता सहज बिना तामझाम के, कम सामन्ती लगे।

गुयाना में अमेरिकी और कनाडा के राजदूतावासों की इमारतें भव्य हैं, और सिर्फ एक पाँच सितारा होटल है। सड़कों पर ट्रैफिक है, लेकिन लालबत्तियाँ नहीं हैं। छेदी जगन का निवास भी तीन मूर्ति का 'आउट हाउस' जैसा है या वहाँ के मेहमान का घर। जिन देशों में कम पूँजीनिवेश, उद्योगों का न के बराबर होना गरीबी की तरफ ले जाता है, गुयाना उसी का ज्वलन्त उदाहरण है। भाषा और भोजन को भूल चुके गुयानावासी आस्था और मनोरंजन के जरिये अपने पुरखों के देश से जुड़े हुए हैं। गुयाना अन्दर से अशान्त और अराजक है। साधनों की कमी और परदेश में जाकर बस जाने की इच्छा से गुयाना जूझ रहा है। पुराने स्मृति चिह्नों और दमदारा नदी के उस पार बसे भारतीय मूल के कस्बाई मकानों की कीमत भारतीय रुपयों में पन्द्रह से बीस लाख के बीच है। भारतीय मूल की युवा पीढ़ी वाणिज्य और कम्प्यूटर में अपनी कुशलता हासिल कर रही है। गुयाना के भारतीय मूल के नागरिक राजनीतिक सत्ता पर काबिज हैं, परन्तु समाज में विषमता के कारण भारतीय मूल और अफ्रीका मूल के नागरिक गरीबी और अशिक्षा में जी रहे हैं।

गुयाना से लौट रहे थे तब मूसलाधार बारिश होने लगी, समुद्री हवाओं ने बादलों को इकट्ठा कर दिया, लेकिन जब जहाज उड़ने लगा तो बारिश थम गई थी। ऊपर आकाश से गहरे हरे वृक्षों से भरे पहाड़, दूर तक फैले जंगल दिखाई दिए, जैसे कि पारमारिबो के आकाश से दिखे थे। हम एक घंटे में पोर्ट ऑफ स्पेन पहुँच गए। पोर्ट ऑफ स्पेन एक नया रूप था कैरेबियन देशों के समूह का।

त्रिनिदाद की राजधानी को आकाश से तीन दफे रात और एक दफे दिन में देखने का मौका मिला। कई शहरों को ऊपर से देखने में पहाड़, पानी और जंगल दिखाई देते हैं, पर एक भी बार इन्द्रधनुष देखने को नहीं मिला। सिर्फ पोर्ट ऑफ

स्पेन को छोड़कर। जहाज उतरने के क्रम में था और हरे जंगलों के बीच बड़े से इलाके में सिर्फ सात रंग का इन्द्रधनुष पाँच मिनट तक दिखता रहा। नीचे उतरे तो बीस मिनट बाद हलकी बारिश होने लगी। फोर्ट जॉर्ज भी पोर्ट ऑफ स्पेन को ऊँचाई से देखने का स्थान है। जहाँ पुराने भग्नावशेष अब भी इतिहास के गवाह बनकर सुरक्षित रखे हुए हैं। जेल की आकृति बदल गई है पर फोर्ट जॉर्ज को सुरक्षित रख स्मारकों को सुन्दर, स्वच्छ और आकर्षक रखा गया है। फोर्ट जॉर्ज से समुद्र के बीच उठते तूफान को भी देखा जा सकता है और पूरे शहर का नज़ारा तो कैरेबिया के समुद्र पर मौजूद पहाड़ों से देख सकते हैं।

त्रिनिदाद का विश्वविद्यालय खुला और कैम्पस सुविधाजनक था। छात्रों की कक्षाओं में वातानुकूलित यंत्र और कुर्सियों पर गद्दियाँ लगी हैं (मालूम नहीं हमारे देश में विश्वविद्यालयों में लकड़ी की सख्त कुर्सियाँ क्यों होती हैं)। छात्रों के लिए लॉकर और हर कक्षा में 20-30 छात्र पढ़ रहे थे। एक अश्वेत छात्रा अमेरिका से लौटकर अपने अभिभावकों के साथ आकर रह रही थी और सामाजिक कार्य (सोशल वर्क) में एम.ए. कर रही थी। अमेरिका और त्रिनिदाद का सामाजिक, सांस्कृतिक माहौल उसे ज्यादा रम नहीं रहा था, परन्तु उसे ज्यादा शिकायत नहीं थी। त्रिनिदाद के वेस्टइंडीज विश्वविद्यालय जाते हुए हमें त्रिनिदाद मेडिकल कॉलेज में उच्च शिक्षा ग्रहण कर रहे एक डॉक्टर के साथ यात्रा का मौका मिला, जिसने अपनी पढ़ाई का लम्बा समय ब्रिटेन में गुजारा था। डॉक्टर मनीष भारतीय मूल के थे, युवा और कुछ ही महीने पहले विवाह किया था। उन्हें भारतीय मूल के पूर्व प्रधानमंत्री से ज्यादा सहानुभूति नहीं थी क्योंकि दाँतों के इलाज के लिए, पढ़ाई के लिए बने डेंटल अस्पताल में किए गए भ्रष्टाचार, घोटालों की उन्हें जानकारी थी।

पोर्ट ऑफ स्पेन में भारतीय मूल और अफ्रीकी मूल के नागरिकों में कटुता सार्वजनिक नहीं दिखी परन्तु राजनीतिक रूप से कटुता अब भी खत्म नहीं हुई है क्योंकि पिछले चुनावों में भारतीय मूल और अफ्रीकी मूल के प्रतिनिधित्व करने वाले राजनीतिक दलों को बराबर-बराबर सीटें मिली थीं लेकिन त्रिनिदाद में क्रिकेट का जलवा आज भी बरकरार है।

त्रिनिदाद और टौबेगो के शहरों को हम क्रिकेट के जरिये जानते थे, पोर्ट ऑफ स्पेन एक आधुनिक, सम्पन्न और फैला हुआ शहर है। समुद्र, पहाड़, गन्ने के खेत और प्राकृतिक गैस के भंडार हैं यहाँ। तेल और गैस की उपलब्धता ने कई देशों को अमीर बना दिया है, त्रिनिदाद भी उन्हीं में से एक है। त्रिनिदाद अपनी अस्सी प्रतिशत गैस अमेरिका को निर्यात करता है और यही उसकी सम्पन्नता का राज है। एल.एन.जी., कच्चा तेल, पेट्रो-रसायन और स्टील त्रिनिदाद द्वारा निर्यात किए जाने वाले उत्पाद हैं। अमेरिका, मध्य एवं दक्षिण अमेरिका, यूरोपीय संगठन त्रिनिदाद के व्यापारिक सहयोगी हैं।

दुनिया भर में भारत के व्यावसायिक कौशल का झंडा गाड़ने वाले लक्ष्मी मित्तल के उत्थान की कहानी भी त्रिनिदाद से ही शुरू होती है जहाँ 1989 में एक नुकसान में चल रही सरकारी स्टील मिल को मित्तल स्टील ने खरीदा। तीन वर्षों में ही घाटे में चल रही यह मिल मुनाफे में बदल गई। इस मिल को देखने का मौका हमें मिला। यह भारतीय उद्योगपतियों के दुनिया में फैलने की गवाह थी। इस मिल के साथ-साथ मित्तल उद्योग ने यहाँ बन्दरगाह और जहाजरानी उद्योग को भी स्टील मिल से जोड़ लिया था और इसी बदौलत मित्तल उद्योग त्रिनिदाद के ऊर्जा क्षेत्र को छोड़कर यहाँ का सबसे बड़ा निर्यात करने वाला उद्योग बन गया है। यहाँ कमर्शियल बैंक के पचास प्रतिशत शेयर भी मित्तल उद्योग के पास हैं और इस बैंक के भारतीय बैंक आई.सी.आई.सी.आई. से व्यावसायिक (कॉरस्पोंडिंग सुविधाएँ) समझौता है। मित्तल उद्योग में त्रिनिदाद के स्थानीय निवासी ही प्रमुख रूप से काम करते हैं। भारतीय मूल के वरिष्ठ पदाधिकारियों की संख्या कम है, पुराने सरकारी स्टील प्लांट के अलावा हाल ही में मिल के अहाते में मित्तल उद्योग ने एक नया, आधुनिक स्टील प्लांट लगाया है। इस तरह प्रचुर मात्रा में उपलब्ध लोहे का अयस्क का उपयोग मित्तल उद्योग कर रहा है। क्या उड़ीसा और झारखंड की तस्वीर भी त्रिनिदाद के पोर्ट ऑफ स्पेन की तरह बदल सकती है? इन दोनों प्लांट्स को देखने के बाद यही खयाल आ रहा था। त्रिनिदाद एक करोड़ निवासियों का देश है और पूरा देश पाँच हजार वर्ग किलोमीटर में फैला हुआ है। इसमें से तीन सौ वर्ग किलोमीटर टौबेको का है। त्रिनिदाद की सरकारी भाषा अंग्रेजी है पर यहाँ आप ठेठ पुरबिया, भोजपुरी और हिन्दी सुन सकते हैं। त्रिनिदाद की साक्षरता छियानबे प्रतिशत है और भारतीय मूल के वासी न केवल अपने पुरुखों की भाषा जानते हैं बल्कि स्थानीय और अंग्रेजी भाषा में भी पारंगत हैं। भारत के राजनेताओं की त्रिनिदाद यात्राओं में 1968 महत्त्वपूर्ण वर्ष है। श्रीमती इन्दिरा गांधी ने पहली बार त्रिनिदाद की यात्रा की थी।

भारतीय मूल के निवासियों ने अपने पुरखों की याद को एक म्यूजियम के रूप में सँभालकर रखा है, जहाँ हिन्दी में प्रकाशित पुस्तकें मौजूद हैं। यहीं पर 70 वर्षीय एक वृद्ध महिला ने भोजपुरी में बातें शुरू कर दीं। यूँ उन्हें बहुत अच्छी अंग्रेजी भी आती थी और वे जब भोजपुरी में बोल लीं तो उन्होंने अपने बेटे से अंग्रेजी में भी बात की जिसे सम्भवतया उतनी अच्छी भोजपुरी नहीं आती थी। त्रिनिदाद में जगह-जगह भारतीय मूल के निवासियों के आस्था से जुड़े संघर्षों की कथाएँ भी सुनने को मिलीं जहाँ वर्षों पहले त्रिनिदाद की धरती पर मन्दिर बनाने की अनुमति नहीं मिली तो उन्होंने वाटरलू के किनारे समुद्र में मिट्टी डालकर एक विशाल मन्दिर बना दिया। दक्षिण भारत के कई मठ, मन्दिर, धार्मिक सम्प्रदाय त्रिनिदाद में धार्मिक प्रचार में सक्रिय हैं और उन्होंने हनुमान की विशाल मूर्तियाँ गुयाना, त्रिनिदाद में

लगवाई हैं, जो हनुमान के खड़े हुए रूप में हैं। इन्हें विशाल तो कहा जा सकता है, लेकिन मूर्तिकला की नफासत इनमें नहीं है। मन्दिरों में विशेषकर दत्तात्रेय मन्दिर में साफ-सफाई दक्षिण भारतीय मन्दिरों की सादगी और पवित्रता है। यहाँ भी भारतीय हिन्दुओं के घरों में हिन्दू उत्सवों की पताकाएँ लगी थीं जो उनकी उत्सवप्रियता और परम्पराओं को बचाए रखने की कोशिश है। भारतीय मूल के पन्द्रह लाख निवासी यहाँ की आबादी का 40 प्रतिशत हिस्सा हैं। वेस्टइंडीज विश्वविद्यालय में भारत सरकार ने विशेष रूप से हिन्दी और इतिहास के अध्ययन के लिए केन्द्र स्थापित किए हैं। 1987 में भारत-त्रिनिदाद के बीच सांस्कृतिक आदान-प्रदान का समझौता हुआ था परन्तु अभी तक उसका क्रियान्वयन नहीं हुआ है। भारत के 200 से भी अधिक अनिवासी डॉक्टर, व्यवसायी, बुद्धिजीवी यहाँ रहते हैं और त्रिनिदाद की आबोहवा में जी रहे हैं।

भारत-त्रिनिदाद के रिश्तों में वासुदेव पांडेय के कार्यकाल में गर्मजोशी आई थी पर वासुदेव पांडेय के सरकार से हट जाने, चुनाव में हार जाने और पराजय के बाद जेल जाने पर कई योजनाएँ खटाई में पड़ गईं। 1994 में त्रिनिदाद सरकार ने भारत सरकार को सांस्कृतिक केन्द्र बनाने के लिए मुफ्त में सरकारी जमीन आवंटित की थी, जिसकी नींव 1999 में रखी गई पर आठ वर्ष बाद भी अभी तक निर्माण कार्य शुरू नहीं हुआ है। लेकिन 1997 में शुरू हुए महात्मा गांधी इंस्टिट्यूट ऑफ कल्चरल कॉरपोरेशन का कार्य सुचारु रूप से चल रहा है, जहाँ हिन्दी के साथ-साथ नृत्य और तबले की शिक्षा भी दी जाती है। भारत में भी त्रिनिदाद के 200 से भी अधिक छात्र छात्रवृत्ति लेकर आ चुके हैं। ये छात्रवृत्तियाँ भारत सरकार ने प्रदान की हैं।

त्रिनिदाद और गुयाना में वैश्वीकरण की उपभोक्ता आँधी चलने तो लगी है, पर उतने जोर से नहीं जितनी एशियाई विशेषकर पूर्वी एशियाई देशों में चली है। यहाँ पर विशेषकर पोर्ट ऑफ स्पेन में भी अभी दुकानें छोटी और स्थानीय उत्पादों से भरी पड़ी हैं। कपड़े महँगे हैं और इलेक्ट्रॉनिक सामान कम है। मॉल तीन मंजिलों से बड़े नहीं हैं और कम हैं। शहर के कुछ हिस्सों में ही चमक है वरना कई जगहें तो जयपुर के बाहर रेत के पास बनी कच्ची बस्तियों जैसी हैं। मैदान, खुली जगहें बहुत हैं। यहाँ की संसद का कक्ष हमारे देश की कई महानगरपालिकाओं से भी छोटा है। लेकिन बहसें गरिमापूर्ण और बगैर किसी शोर-शराबे के होती हैं। उसकी एक ब्रिटिश परम्परा मौजूद है। संसद के आसपास सुरक्षा नहीं के बराबर होती है। सभी सांसद व्यावसायिक राजनीतिक यानी सिर्फ राजनीति के जरिये अपनी आजीविका नहीं चलाते हैं। राजनेताओं को संसद में भाग लेने का भत्ता और वेतन भी नहीं मिलता है। वहाँ के राष्ट्रपति प्रोफेसर जॉर्ज मैक्सवेल रिचर्ड ने 1951 से 1965 तक तेल कम्पनियों के साथ काम किया। 1965 में वे केमिकल इंजीनियरिंग विभाग, वेस्टइंडीज विश्वविद्यालय में वरिष्ठ व्याख्याता बन गए। बाद में उपकुलपति भी

बने। इसी तरह विदेश मंत्री अरनॉल्ड पिगोट ने फर्स्ट सिटिजन बैंक के मैनेजर के रूप में 25 वर्ष तक कार्य किया। प्रधानमंत्री पेट्रिक मेनिंग भी भू-शास्त्र के विद्वान हैं। भारतीय मूल के पूर्व प्रधानमंत्री वासुदेव पांडेय विश्वविद्यालय में शिक्षा ग्रहण करने के पूर्व अध्यापक और सरकारी सेवा की। 1962 में उन्होंने ब्रिटेन से कानून की पढ़ाई की और अर्थशास्त्र और नाट्यशास्त्र में उच्च अध्ययन किया। वासुदेव पांडेय के राजनीतिक वनवास के बाद भारतीय मूल के निवासियों की सत्ता में दखलन्दाजी कम हुई है। वासुदेव पांडेय के शासन में हुए भ्रष्टाचार के किस्से भी हमें भारतीय मूल के लोगों ने सुनाए। कुछ वर्ष पूर्व तक भारतीय मूल के राजनेता ही सक्रिय थे पर अब भारतीय उद्योगों में मित्तल और एस्सार की उपस्थिति और कई बैंकों के आने से भारतीय व्यावसायिक परिदृश्य बदल रहा है। त्रिनिदाद का समाज भी बदल रहा है।

2007 में होने वाले क्रिकेट विश्वकप की चर्चा गुयाना और त्रिनिदाद में हर तरफ है। गुयाना में क्रिकेट के बड़े स्टेडियम वाले मैदान नहीं हैं और सुरक्षा के मद्देनजर गुयाना सरकार ने भारत सरकार से क्रिकेट स्टेडियम बनाने की गुहार लगाई। यूँ दो सुन्दर, बहुत खुले और अनौपचारिक मैदान दिखे, जहाँ क्रिकेट खेला जा रहा था। मैदान मुम्बई के क्रिकेट मैदानों से बेहतर और कुछ-कुछ लन्दन और मेलबोर्न की तर्ज पर बने थे जहाँ बेफ्रिक कैरेबियन युवा खेल देख रहा था। पोर्ट ऑफ स्पेन में वही दिन-रात क्रिकेट का खेल खिलाने वाले बिजली चमकाने वाले स्तम्भ दिखे और विशालता दिखी। हमारे साथ जयपुर के पत्रकार साथी गोपाल शर्मा लारा का घर और वह बस्ती देखना चाहते थे, जहाँ यह दुनिया का नामी खिलाड़ी रहता है। घर-बस्ती देख आने के बाद लौटकर आने पर उन्होंने बताया कि पहाड़ी के ऊपर बसा लारा का घर बहुत शानदार है, सम्पन्नता भरा। याद आया मुम्बई में भी कई बार लोग जुहू जाकर अभिनेताओं के घर देखते हैं, दिल्ली में राजनेताओं को मिले सरकारी आवास देखते हैं और कई अमेरिकी-यूरोपीय मुम्बई आकर धारावी में जाने की इच्छा प्रकट करते हैं जहाँ एशिया की सबसे बड़ी गन्दी बस्तियों का अम्बार है। लारा पोर्ट ऑफ स्पेन के प्रथम नागरिक लगे, वहाँ एक मोबाइल कम्पनी के कई इश्तहार उनकी तस्वीर के साथ टँगे थे, लेकिन त्रिनिदाद-गुयाना में क्रिकेट का जलवा था पर समाज का अपना चक्र था, उसकी अपनी धारा थी और युवाओं के मन में अमेरिका के सपने थे और भारत और अफ्रीका मूल के नागरिकों के अतीत को वर्तमान से जोड़ने की चाह थी। युवा डॉक्टर नरेन्द्र को नए-नए यौन अपराधों की चिन्ताएँ थीं, जहाँ आनन्द के लिए सांस रोककर यौन किया जाता और इसी क्रम में कई की मृत्यु हो गईं। यह इस क्षेत्र में नया मृत्यु का कारण है, जबकि एचआईवी इस इलाके में बहुत फैला हुआ है। सरकार और समाज अपने-अपने तरीके से इसका सामना कर रहे हैं।

त्रिनिदाद की सम्पन्नता और गुयाना की गरीबी दोनों देशों के विश्लेषण का सरलीकरण हो सकता है। उपनिवेश रहे देशों के साधनों का उपयोग किसने किया? कृषि को उद्योगों के मुकाबले प्रमुखता देकर क्या गुयाना पिछड़ गया? स्वास्थ्य और शिक्षा के मापदंडों पर प्रगति क्यों नहीं हुई? गुयाना से लौटते हुए एक उदासी और दुख का अहसास बना हुआ था, जिस तरह हमारे देश के भीतर भी पिछड़े और साधनरहित गाँव-कस्बों के प्रान्तों से लौटते हुए होता है। दोनों ही देशों में मॉलकरण और बाजारीकरण की हवा तेज नहीं चली है। शायद विश्वकप का क्रिकेट बाजार इन दोनों देशों और कैरेबिया के अन्य द्वीपों को भी नई दुनिया की ओर आकर्षित करे वरना कैरेबियन के शान्त हरे-भरे समुद्र तट आज भी अपने पुराने रूप में मौजूद हैं। बाजार-आपाधापी और दौड़-धूप से परे पोर्ट ऑफ स्पेन और जॉर्जटाउन में जीवन सरल और सहज है। यह सहजता कब तक रह पाती है यह देखना इसी सदी की मुख्य जिज्ञासा होगी। क्या ये द्वीप भी वैश्वीकरण की आँधी के शिकार बनेंगे या फिर अपने गीतों को, अपने स्वर में गाते रहेंगे?

क्रिकेट के जरिये कैरेबियन में एक नया राजनय भी चल निकला है जिससे वहाँ के गरीब मुल्कों में सम्पन्नता की आशा दिख रही है।

*(वर्ष 2006)*

लन्दन

# तीन यात्राएँ

लन्दन की कुल जमा तीन यात्राएँ हैं। इनमें दो के बीच अन्तराल बहुत लम्बा है। बाकी दो वर्षों के संक्षिप्त काल में ही हो गईं। पहली नितांत अकेली। किसी पुराने शहर में अकेले पहली बार जाने, डेरा खोजने से लेकर घूमते-फिरते-मुलाकातें, कार्यक्रम बनाने तक। दूसरी यात्रा सुरक्षित, आनन्ददायी परिचितों से मिलने का सुख और तीसरी सरकारी व्यवस्थित और संक्षिप्त।

पहली बार पेरिस से लौटते हुए लन्दन रुका था और दूसरी बार भी यूरोप से लौटते हुए लन्दन में रुकने का मौका मिला था। तीसरी बार की यात्रा में पेरिस जाते हुए लन्दन में रुका था। आने-जाने का क्रम लगा रहा। कभी पेरिस पहले, तो कभी लन्दन पहले में।

लन्दन की तीनों ही यात्राओं में सबसे महत्त्वपूर्ण बात यह रही कि लन्दन का मौसम तीनों ही बार खुशनुमा रहा। वहाँ के दारुण शीत को हमने नहीं सहा और यात्राएँ भी डबल डेकर, ट्रेन, उपनगरीय रेल, कार से लेकर बी.एम.डब्ल्यू. में हुईं।

लन्दन दूसरी बार सूरीनाम से लौटते हुए पहुँचे। एम्सटर्डम और वियना की यात्रा के बाद लन्दन पहुँचना था। वहाँ पर तीन विभिन्न देशों से तीन मित्र आकर हमारे मेजबान कुरबान अली के यहाँ एक शानदार रात्रि भोज में शामिल होने वाले थे। विश्व हिन्दी सम्मेलन की समाप्ति के बाद विश्व में हिन्दी को लेकर चर्चाएँ थीं। बी.बी.सी. में वर्षों तक हिन्दी प्रसारण सेवा का कार्य कर चुकी अचला शर्मा का सम्मान हो चुका था। *प्रभात खबर* के सम्पादक और वर्तमान में राज्यसभा के उपसभापति हरिवंश के साथ यूरोपीय और कैरेबियन दौरे का यह अन्तिम पड़ाव था।

हम हीथ्रो हवाई अड्डे पहुँचे तो एक वृद्ध अंग्रेज टैक्सी ड्राइवर हमारे नाम की परिचय पट्टी लेकर बाहर खड़े थे। यह सुखद अनुभव था। वे जानते थे कि हमें कहाँ ले पहुँचाना है। हवाई अड्डे के रास्ते में हमें हैरो उपनगर मिला, जहाँ जवाहरलाल नेहरू ने अपनी शिक्षा ग्रहण की थी। हमें जिस घर में रुकना था, वह एक रात पहले ही एक हादसे का शिकार बन गया था। वहाँ किसी गाड़ी ने घर

की दीवारों को तोड़ जबरन अपना रास्ता बना लिया था और इस कारण वहाँ की बिजली गुल कर दी गई थी। लन्दन में महानगरपालिका और नागरिक चेतना के सवालों से इतनी जल्दी परिचय हो जाएगा यह सोचा नहीं था।

लन्दन में शहरी संस्थानों द्वारा बनाए गए कानूनों को तोड़ना आसान नहीं है। भारत के मूल प्रवासी बहुत बड़ी संख्या में वहाँ मौजूद हैं। जिस तरह प्रवासी भारतीय लन्दन में आकर कानून का कड़ाई से पालन करते हैं, उसे देखकर बिहार-यूपी से आकर मुम्बई में बसने वाले भैया जी की याद आ गई जो मुम्बई आकर लाइन और अनुशासन का पालन करते हैं। हमारे ड्राइवर ने हमें लन्दन के बिगड़ते ट्रैफिक और गाड़ियों की संख्या बढ़ जाने की सूचना दी। वह मुख्य शहर में महँगी हो रही पार्किंग से भी खफा थे, लेकिन यह वहाँ की ट्रैफिक व्यवस्था को सुधारने का प्रयत्न था। लन्दन भी मुम्बई जैसा ही है, जो यहाँ पर वर्षों पहले आ गए, उनसे अब यह शहर छूटता नहीं है। हाँ, नौकरी पर कुछ वर्षों के लिए गए नौकरीपेशा लोगों की बात अलग है। पर ऐसे भी कई लोग हैं जो लन्दन और मुम्बई के बीच सन्तुलन बनाकर चलते हैं। लन्दन के विश्वविद्यालय में भारतीय संस्कृति की प्राध्यापिका और हिन्दी फिल्मों की अध्येता रैचल हर वर्ष न केवल भारत आती हैं, बल्कि फिल्मी विषय पर एक किताब भी लिखती हैं। यश चोपड़ा और कई फिल्म निर्देशकों को जानने वाली रैचल लन्दन को और मुम्बई को बराबरी से चाहती हैं। उनसे विश्वविद्यालय में मिलने पर लगा कि मुम्बई ही लन्दन में आ गई है।

लन्दन जाने की चाहत मन में ही रह जाएगी या फिर वहाँ से नजदीक पेरिस जाकर भी लौट आना पड़ेगा? दिल्ली में देर तक और लम्बी प्रतीक्षा के बाद सिर्फ पेरिस का ही वीजा मिल पाया था। लन्दन के लिए फीस और प्रार्थना-पत्र देने के बाद भी कागजात कहाँ हैं, यह मालूम करना कठिन हो रहा था, बहुत बाद में मालूम पड़ा कि जिस समूह के साथ हम जा रहे थे, उसके आयोजकों ने लन्दन के वीजा के लिए कोशिश ही नहीं की और हमारी फीस का पैसा भी कहाँ गया यह मालूम नहीं पड़ा। कहा गया कि पेरिस में जाकर कोशिश कीजिए, वहाँ शायद लन्दन का वीजा मिल जाए। लगा जब दिल्ली में रहते हुए वीजा नहीं मिल पाया तो लन्दन में क्या खाक मिलेगा? लेकिन कोशिश तो करेंगे। भारत न सही फ्रांस में कोशिश जारी रहेगी।

संयोग से भारत के विदेश राज्यमंत्री और भरतपुर राजघराने के कुंवर नटवर सिंह पेरिस आए हुए थे। पेरिस यात्रा में पुणे की चित्रकार सुजाता बजाज से मिलने का मौका मिला। सुजाता बजाज के आरम्भिक चित्रकला जीवन के बारे में, उनकी जहाँगीर आर्ट गैलरी, मुम्बई में हुई पहली चित्रकला प्रदर्शनी के बारे में *धर्मयुग* में मैंने एक लम्बा लेख लिखा था जो *धर्मयुग* के रंगीन पृष्ठों में छपा था। चित्रों के साथ सुजाता बजाज ने फ्रांस में भारत के राजनयों से मिलवाया और फ्रांस में भारत

के राजदूत के घर पर चाय-पान का आमंत्रण भी दिलवाया। भारत के बाहर राजनय जीवन को जानने का यह पहला मौका था। बाद में तो विदेश मंत्रालय, भारत सरकार के साथ कैरेबियन और फ्रांस, ब्रिटेन में यात्राएँ, कार्यक्रम और सूरीनाम में सातवें विश्व हिन्दी सम्मेलन को आयोजित करने का अवसर भी मिला। राजदूत के निवास पर ही विदेश राज्यमंत्री नटवर सिंह जी से मुलाकात हुई, जहाँ मैंने उन्हें लन्दन जाने और वीजा प्राप्ति में उनकी मदद की गुहार लगाई। नटवर सिंह ने उदारता दिखाई और दूतावास के एक अधिकारी संजय सिंह से हमारे ब्रिटेन वीजा के लिए पूरी सरकारी मदद करने का आदेश दिया। इस आदेश की पालना हुई और दिल्ली जहाँ पर ब्रिटेन का वीजा प्राप्त करना कठिन हो रहा था, वहाँ पेरिस में भारतीय दूतावास की मदद से ब्रिटेन जाने का रास्ता बन गया। पेरिस में हुए इस बदलाव ने यात्रा के कार्यक्रम को पूरी तरह बदल दिया। लन्दन की पहली यात्रा में उपनगरों और बुश हाउस की यात्रा के साथ-साथ लन्दन के लालबत्ती के इलाकों को देखने का मौका मिला, जहाँ पर जाकर उसी तरह का प्रारम्भिक भय लगा जैसा मुम्बई के कमाठीपुरा में बत्तीस वर्ष पूर्व लगा था। अनजान ग्राहकों की भीड़, माफिया की उपस्थिति, चहल-पहल और भय। मुम्बई के कमाठीपुरा में भीड़ और तीसरी आँख आप पर नजर रखे हुए है, यह अहसास बना हुआ था। पर अब जब दस वर्षों से यहाँ (कमाठीपुरा में) शिक्षा और स्वास्थ्य का कार्य कर रहे हैं तो यह भय अब निर्मूल-सा लगता है, लेकिन यह भय लन्दन में भी था और मुम्बई में भी था।

पहली लन्दन यात्रा में महेश पेड़ीवाल के परिचित सिख परिवार के यहाँ भी जाने का मौका मिला जो होनस्लो उपनगर में अखबार की दुकान से लेकर परचून की दुकान तक चलाते थे। वे दुकान के ऊपर ही रहते थे। उन्हें अपने इलाके के समाजसेवी और जाने-पहचाने नाम को पाकर अच्छा लग रहा था, महेश पेड़ीवाल की यात्रा उस प्रवासी भारतीय परिवार की स्मृति का हिस्सा बन रही थी। गंगानगर की बातें, पंजाबी में संवाद मुझे एक नए माहौल में ले जा रहे थे। लगा पंजाब-राजस्थान से ब्रिटेन आ जाने वाले सिख परिवारों की गर्मजोशी और मेहमानों की आवभगत के जो किस्से सुने थे, वे सिर्फ किस्से ही नहीं थे, बल्कि हकीकत में दिखाई दे रहे थे। गंगानगर से लन्दन आया यह परिवार आर्थिक रूप से कोई बड़ी सफलता हासिल नहीं किया हुआ था, पर दोनों समाजों की पहचान उसे हो गई थी और इसी पहचान के आधार पर वे ब्रिटेन और भारत के सामाजिक जीवन की तुलना कर रहे थे। उनके मन में बसे गंगानगर की प्रतीक्षा कर रहे थे।

साउथ हॉल का नाम तो बहुत सुना हुआ था पर जाने का मौका हमारे मित्र कुरबान अली ने दिया जिन्होंने पूरी दोपहर के शाम हो जाने तक अपनी कार में बिठाकर साउथ हॉल का बाजार, वहाँ के प्राकृतिक स्थल जैसे बाग-बगीचे, छोटे तालाब आदि दिखाए और उससे भी ज्यादा 'रंग' भी सुनवाया, जो कि परदेस में

सुनना और भी सुखद लगा। रंग कव्वाली के आखिर में गाया जाता है और उसके बाद कव्वाली समाप्त हो जाती है। मोहम्मद साहब के बेटे की शहादत की याद में इसे लिखा गया है। अमीर खुसरो के रंग आज भी सबसे ज्यादा गाए और सुने जाते हैं।

साउथ हॉल में खाने-पीने के भारतीय व्यंजन बहुतायत में हैं, चूड़ियों, सिंदूर की दुकानें हैं और मृत्यु के बाद का सामान भी उपलब्ध है। यानी जीवन से लेकर मृत्यु तक की पूरी उपस्थिति। भारतीय, पाकिस्तानी और बांग्लादेश की पूरी उपस्थिति। रजनीगंधा पान मसाला से लेकर पान तक। लम्बे काल और बड़ी संख्या में प्रवासियों के कारण यह इलाका दिल्ली का करोलबाग, लाहौर का मीना बाजार और ढाका का बाजारनुमा हो गया है। यहाँ जाकर सुकून और स्मृतियों का अपना संसार दिखाई देता है। हम जब लन्दन की दूसरी यात्रा पूरी कर हीथ्रो हवाई अड्डे लौट रहे थे, तब बुजुर्गवार टैक्सी ड्राइवर जो पाकिस्तानी थे, हमें छोड़ने जा रहे थे। उनसे कई तरह की बातें हुईं। भारत-पाक रिश्तों से लेकर बदलती विश्व अर्थव्यवस्था को लेकर, उनके मन में विभाजन की याद और उसकी त्रासदी ताजा थी। वे कह रहे थे कि दोनों देश के शासक दोनों पिछड़े देशों को एक नहीं होने देना चाहते। उनकी पीड़ा वास्तविक थी।

हमारे ज्यादातर पत्रकार मित्र भारत को याद करते हैं। किसी तरह वर्ष में एक-दो बार दिल्ली या अपने तेजी से बढ़ते हुए एन.सी.आर. के शहर आते हैं पर पूरी तरह हिन्दुस्तान नहीं लौटते हैं। शायद यह होता भी हो, जो एक बार जहाँ जाता है धीरे-धीरे उसकी जड़ें वहाँ जमने लगती हैं और उसे छोड़ना मुश्किल होता है। कुछ ही मित्र लन्दन जाकर दिल्ली या मुम्बई लौट पाए। महानगर चाहे वे भारत के हों या ब्रिटेन के, सभी की चिन्ताएँ आर्थिक मुद्दों से तो जुड़ी ही हैं, पर ट्रैफिक भी एक बड़ी चिन्ता के रूप में उभरता हुआ दिखाई देता है। लन्दन में तो एक रात गाड़ी चलाते हमें हमारे होटल तक छोड़ने आए मशहूर ब्राडकास्टर परवेज आलम ने कहा कि पीली बत्ती को भी लाल बत्ती मानकर गाड़ी चलानी चाहिए।

लन्दन पहुँचते-पहुँचते शाम हो गई थी। सामान और वीसा की औपचारिकताएँ पूरी होने में ज्यादा समय नहीं लगा। हम एक वैन में सबसे पीछे बैठे। होटल तक की यात्रा लम्बी थी और समय लेगी, यह बताया गया था। आकाश में हवाई अड्डे पर उतरने की तैयारी, प्रतीक्षा करने वाले हवाई जहाजों की कतार लगी थी। ट्रैफिक ज्यादा नहीं था। तभी ओम थानवी ने वैन की खिड़की हलकी-सी खोली और ठंडी बर्फीली हवा का झोंका सीधा सीने पर लगा। मुम्बई में लम्बे समय तक रहने के कारण शीत सहने की आदत/शक्ति कम हो गई है। पर यह शीत की प्रारम्भिक दस्तक थी, जो बाद में उतनी भयावह नहीं थी। सरकारी यात्रा में समूह में आने-जाने की मजबूरी होती है। आपके बारे में निर्णय आधिकारिक रूप से लिये जाते हैं। कोई भी निर्णय लेता है। हमारे स्थान में थोड़ा परिवर्तन था। पहले लाव-लश्कर के स्थान

पर पहुँच गए, बाद में कुछ दूरी पर हमारी व्यवस्था थी। ज्यादातर सरकारी मेहमानों को पर्यटन की जगहों पर ले जाने की व्यवस्था थी पर उसकी जगह हमने बातचीत की और बाद में एक होटल में थानवी जी के साथ बगैर प्याज और लहसुन की सब्जियों का आनन्ददायक भोजन किया जिसमें एक सब्जी सांगरी की थी। भोजन, भवन, भाषा और भूषा किसी भी देश की संस्कृति के मुख्य प्राण होते हैं। लन्दन की कई इमारतें, चौराहे और इमारतों की कतारें मुम्बई की-सी लगती हैं। पहली बार लन्दन गया था तब यह अहसास हुआ था लेकिन सबसे बड़ा अन्तर था, दोनों जगहों में भीड़ और लोगों की लगातार आवाजाही का अन्तर। जिस तरह मुम्बई सप्ताहान्त के दिनों में सूना या निर्जन हो जाता है, उसी तरह सप्ताह के दिनों में लन्दन दिखाई दिया था। दस-पन्द्रह वर्ष के अन्तराल के बाद वहाँ भी भीड़ बढ़ गई थी पर उतनी नहीं, जितनी मुम्बई में दिखती है।

भवन निर्माण के हिसाब से लन्दन एक गरिमापूर्ण शहर है, पर उसकी चमक अब उतर रही है क्योंकि आर्थिक मानकों और दुनिया के नक्शे पर नए देशों के आगमन से हालात बदल रहे हैं। स्वास्थ्य और शिक्षा के क्षेत्र में राज्य की भूमिका अब भी वहाँ अहम भूमिका है, पर सार्वजनिक क्षेत्र में स्वास्थ्य सेवाएँ चरमरा रही हैं। अब अंग्रेज यह स्वीकार करने लगे हैं कि उनके राज में सूरज कभी डूबता नहीं था, यह अतीत की बात हो गई है और वर्तमान बदलते आर्थिक परिप्रेक्ष्य को वे नहीं समझ पाए तो कहीं वे खुद न डूब जाएँ। यह अहसास धीरे-धीरे नहीं बल्कि तेजी से ब्रिटेन में घर करता जा रहा है।

*(वर्ष 1989, 2003, 2004)*

अमेरिका में दोबारा

# अमेरिका बदल रहा है

बारह वर्षों में अमेरिका बदल गया है। दुनिया की छत पर बैठा अमेरिका बिगड़े वैश्विक आर्थिक हालात और बेरोजगारी के चलते पहले जैसा नहीं रहा है। युद्ध, आतंकवाद और धीमी पड़ती आर्थिक स्थिति ने अमेरिका को क्या जमीन पर ला दिया है? 200 नौकरियों के लिए 3,000 योग्य व्यक्तियों की लाइन लग जाती है। फेसबुक का शेयर गिर रहा है। फेसबुक का सार्वजनिक चेहरा जुकरबर्ग कहते हैं कि फेसबुक पर भेजा गया हर सन्देश विज्ञापन है। फेसबुक, गूगल और एपल के इस दौर में अमेरिका में मौसम की, पर्यावरण की चिन्ता भी बढ़ रही है। गर्मी, लू, उमस, बारिश, तूफान का सिलसिला रुकने का नाम नहीं ले रहा। इंडियाना पोलिस राज्य में मक्के की खेती चौपट हो गई है। शिकागो से सिनसिनाटी के बीच इंडियाना पोलिस जब आया तो पहले पवन चक्कियाँ दिखीं। एक नहीं, दो नहीं, सैकड़ों। वायु द्वारा ऊर्जा का निर्माण। पर साथ ही दिखने लगी विनाश लीला। इसी इलाके में बारिश नहीं होने के कारण सूखा पड़ गया है। न्यू मेक्सिको के जंगलों में आग लग रही है, पूरे अमेरिका में पर्यावरण के बदलते मिजाज पर चिन्ता है, लेकिन अमेरिका सीनेट की पर्यावरण समिति में डेमोक्रेट और रिपब्लिकन इस बात पर बहस कर रहे थे कि क्या पर्यावरण बदल रहा है या सिर्फ मौसम में बदलाव आया है। रिपब्लिकन यह कह रहे थे कि पर्यावरण बदलाव की बात को अल गोर जैसे पर्यावरणवादी राजनेता और हॉलीवुड के अभिनेताओं ने तूल दिया है वरना समुद्र के पानी की ऊँचाई बढ़ने और ग्लेशियर के पिघलने को वे इतना गम्भीर नहीं मानते हैं। अमेरिका में यह वर्ष चुनाव वर्ष है। ओबामा अपना चार वर्ष का कार्यकाल समाप्त कर अपने दूसरे चार वर्ष के कार्यकाल के प्रचार में जुटे हैं और स्वास्थ्य से जुड़ी सुविधाएँ ही उनकी पहली प्राथमिकता है और यही कारण है कि सीनेट की पर्यावरण समिति में डेमोक्रेट और रिपब्लिकन एक-दूसरे पर नकली वार तो करते हैं पर बात को ज्यादा आगे नहीं बढ़ाते।

अमेरिका में सांसदों के लिए सस्ता भोजन उपलब्ध है, यह बात अलग है कि सिनेटर यहाँ खाना नहीं खाते हों, पर उनके साथ काम करने वाले प्रतिभाशाली

युवक-युवतियाँ राजनेताओं के बौद्धिक सलाहकार, सहायक होते हैं जो राजनेताओं के रास्ते बड़ी कम्पनियों में मोटी नौकरियाँ पाते हैं। जब सीनेट की सभा चल रही थी और सीनेटरों के साथ काम करने वाले उनके भाषणों की प्रतियाँ बाँटने लगे तो सीनेट के अधिकारियों ने उन्हें भाषण की प्रति बाँटने से रोका। इतना ही नहीं, जब एक युवती सीनेटर का फोटो लेने लगी तब उसे भी मना कर दिया गया। ये दोनों ही विभिन्न सीनेटरों के साथ काम करते थे। सीनेटर जब भाषण दे रहे थे, तब जिक्र आने पर ये चार्ट लेकर खड़े हो जाते और बड़े-बड़े सुन्दर-रंगीन चार्ट आँकड़ों-ग्राफ के माध्यम से अपना तर्क प्रस्तुत करते। ये चार्ट भी इन युवक-युवतियों ने बनाए थे। सीनेटर फेसबुक और ट्विटर के माध्यम से ही पत्रकार से जुड़े रहते हैं।

अमेरिका में कानून बनाने वालों के लिए एक स्थान यानी सीनेट के समिति कक्ष से कैपिटल तक जाने के लिए निजी दो डब्बों की ट्रेन भी है। इस ट्रेन में केवल सीनेटर या उनका स्टाफ या फिर पत्रकार यात्रा कर सकते हैं। हम जो भारत के सांसदों के विशेषाधिकारों की अक्सर चर्चा करते हैं, उनके जितने ही अधिकार सांसदों ने यहाँ भी लिये हुए हैं, पर हमारे यहाँ से बड़ा अन्तर यहाँ यह है कि ज्यादातर सीनेटर अपने विषय की जानकारी रखते हैं। सदन में आने से पूर्व उस विषय पर पढ़ते हैं और सोच-समझ कर संक्षेप में अपनी बात रखते हैं।

अमेरिका दोबारा पहुँचना, महज संयोग का ही हिस्सा है। बारह वर्ष पूर्व अमेरिकी सरकार के आमंत्रण पर दुनिया की सीढ़ी पर बैठे अमेरिका को देखना दुनिया के सभ्यतागत बदलावों को देखने जैसा था। जब अमेरिका सहमा हुआ है तो आतंक, युद्ध और आर्थिक मन्दी ने क्या अमेरिका को बदल दिया है? क्या दुनिया के सबसे बड़े उपभोक्तावादी देश में कुछ चहल-पहल कम हो गई होगी? क्या बेरोजगारों की बढ़ती संख्या असन्तोष के रूप में कहीं दिखाई दे रही होगी? यह सवाल मन में थे।

न्यूयॉर्क के हवाई अड्डे पहुँचते ही जो अनुभव हुआ, वह तमाम पृथ्वी परिक्रमा में पहले कभी नहीं हुआ। पहली अमेरिकी यात्रा में तो बिलकुल नहीं। अमेरिका में प्रवेश करने के पहले 'इमिग्रेशन' खिड़की पर जो अधिकारी था, उसे सज्जन तो नहीं कहा जा सकता था, उसने मेरे और क्षमा के पासपोर्ट पलटने शुरू किए। मेरा पासपोर्ट 1999 में नया बनाया गया था और मुम्बई के तत्कालीन पासपोर्ट अफसर ने कहा था उनके पास पासपोर्ट 20 वर्ष तक का जारी करने की शक्ति है। वे मेरा पासपोर्ट 20 वर्षों के लिए जारी करवा देते हैं, वे बोले। "आपको बार-बार की मशक्कत से बचत भी हो जाएगी।" मैं बोला, "ठीक है, कर दीजिए।" मेरा पासपोर्ट 20 यानी 2019 तक की अवधि का बन गया। इस दौरान मैंने 2008 तक बहुत यात्राएँ कीं लेकिन कभी किसी जगह यह शक नहीं किया गया कि यह पासपोर्ट जारी होने के बाद अवैध है और मैं 2019 तक ही इस पासपोर्ट पर यात्रा कर सकता हूँ। 1999 तक हमारे पासपोर्ट कार्यालय आधुनिक नहीं हुए थे और कम्प्यूटर के जरिये पासपोर्ट

पर पता लिखना शुरू नहीं हुआ था। भारत जैसे तकनीक विशेषज्ञ देश में पता हाथ से लिखा था। शायद इस अफसर (इमिग्रेशन खिड़की के) ने हाथ से लिखे अंकों को नहीं पहचाना हो? या मेरी बढ़ी हुई सफेद दाढ़ी इसके संशय का कारण हो? क्या यह मुझे मुस्लिम समझ रहा है? बहुत से सवाल मन में उठने लगे। क्या मुझे वापस भेज देंगे? क्या क्षमा अमेरिका जा सकेगी (उन्हें उसने अनुमति दे दी थी) और मैं फिर मुम्बई। खैर, उस अधिकारी ने हमें साथ लिया और मेरा पासपोर्ट, टिकट एक फोल्डर में रखकर एक हॉलनुमा कमरे में ले गया जहाँ एक महिला और एक वृद्ध सज्जन काफी दूर-दूर बैठे थे। ऊँचे पोडियम पर कई कम्प्यूटर रखे थे और तीन अश्वेत अधिकारी वहाँ बैठे थे। इमिग्रेशन खिड़की के श्वेत अधिकारी ने मेरे पासपोर्ट को 'गहन' जाँच के लिए एक अश्वेत अधिकारी को दे दिया और उन्होंने मुझसे मेरे पासपोर्ट की समाप्ति अवधि की जगह दिखाकर पूछा यह तारीख क्या है? मैंने कहा, "2019।" उसने कहा ठीक है और मेरा पासपोर्ट एक और अश्वेत अधिकारी के पास चला गया जहाँ उसने कम्प्यूटर के जरिये और जाँच-पड़ताल की। तभी दूसरे भारतीय के बारे में वे बोले, "इनका पासपोर्ट गलत है, इन्हें गिरफ्तार कर फिर लौटाना होगा।" कुछ क्षण के लिए मुझे लगा शायद इन्होंने मेरे बारे में निर्णय लिया है। एक भयमिश्रित अप्रसन्नता का भाव मेरे मन में आया, मैंने उनसे अपने पासपोर्ट के बारे में पूछा। वे बोले, "आपका ठीक है। आपकी जाँच पहले ही कर चुके थे। माफ कीजिए हमारे अफसर को कुछ गलतफहमी हो गई।" उन्होंने मेरा पासपोर्ट लौटा दिया। हम दस मिनट में उस कमरे से बाहर निकल आए जहाँ कई भारतीयों को घंटों तक बैठे रहना पड़ता है। बाद में तो शिकागो और सिनसिनाटी से न्यूयॉर्क लौटते वक्त कहीं कोई 'ज्यादा' चैकिंग भी नहीं हुई और न किसी ने अपमानजनक व्यवहार किया।

अमेरिका का सांस्कृतिक माहौल कैसा है? यहाँ पर अपनी धरोहरों को सहेजकर रखने की परम्परा कैसी है? क्या इतने आयोजनों में भागीदारी करने वाले भी होते हैं या नहीं? क्या सभी को सांस्कृतिक, साहित्यिक समझ है? यह वे सवाल थे जो यहाँ के सांस्कृतिक माहौल को समझने के पहले जहन में थे। न्यूयॉर्क के म्यूजियम लाजवाब हैं। वाशिंगटन डी.सी. में म्यूजियम मुफ्त में देखे जा सकते हैं, परन्तु वहाँ रौनक नहीं है। वह सरकारी जगह, वहाँ संस्कृति आयात होती है, उसे प्रश्रय मिलता है। दोनों शहरों के लगभग सभी नामी म्यूजियम प्रयोगशील थियेटर देखने के बाद अज्ञेय की *कितनी नावों में कितनी बार* की एक कविता ही याद आती है, 'देश-देश की मिट्टी है, हर दिक् का है अपना आलोक'। यह चिरन्तन बहस है न्यूयॉर्क बनाम डी.सी. या फिर दिल्ली-बनाम मुम्बई।

ये अमेरिकी गर्मियों के दिन हैं। हर तरफ पर्यटकों, अमेरिकी शहरियों, बच्चों की चहल-पहल है। चिड़ियाघरों में परिवार (ज्यादातर) छोटे हैं। कई बच्चे तो प्राम

में ही बैठे होते हैं। इनकी पहली पसन्द चिड़ियाघर ही होते हैं, जहाँ नाना प्रकार के जानवर तो हैं ही, साथ ही न्यूयॉर्क के ब्राउंस चिड़ियाघर में रेल की (छोटी ही सही) सवारी के साथ-साथ खुले में एशिया विशेषकर दक्षिण एशिया के कई जानवर दिखाई देते हैं। चीनी पांड़ा और टाइगर अब भी किसी भी चिड़ियाघर की खिड़की या यहाँ तो काँच के दरवाजे के सामने भीड़ आकर्षित करने की क्षमता रखते हैं। दोपहर के वक्त ज्यादातर पशु आराम फरमा रहे थे। बहुत सुन्दर माहौल में सफेद भालू को रखा हुआ था। वह आराम से उठा, उसे देखने आने वालों को देख और फिर सो गया। जंगल का इलाका जहाँ चिड़ियाघर था बहुत बड़ा था। उस शहर की नदी के नाम पर इस चिड़ियाघर का नाम रखा गया था। किसी शहरी माहौल में शहर का चिड़ियाघर तो बिलकुल वहीं था। वाशिंगटन डीसी में मेट्रो के भीतर सफर करते हुए एक स्टेशन पर स्टेशन के नाम के अलावा यह भी लिखा था यहाँ चिड़ियाघर भी है। मुझे मुम्बई का भायखला स्टेशन याद आ गया जो रानीबाग के सामने ही है, क्या हमारे यहाँ यह सम्भव है? इसी तरह न्यूयॉर्क में नेचुरल हिस्ट्री म्यूज़ियम एकदम मेट्रो स्टेशन के ठीक बाहर है जहाँ दोनों के दरवाजे आपस में मिले हुए हैं।

न्यूयॉर्क और वाशिंगटन डी.सी. दोनों ही सांस्कृतिक चेतना एवं सांस्कृतिक ऊर्जा के शहर हैं। वाशिंगटन डी.सी. में शेक्सपियर के नाटक *ऑल्स वेल दैट एंड्स वेल* को देखने से पहले दो बजे के शो को देखने 500 लोग हाजिर थे और जब हम नाटक देखकर बाहर निकले तो दूसरे शो के लिए भी भीड़ लगी हुई थी। शेक्सपियर के नाटक मुफ्त भी चाइन टाउन के सर्वश्रेष्ठ थियेटर में दिखाए जाते हैं, जहाँ कुछ टिकट ऑन लाइन लॉटरी और कुछ टिकट लाइन में लगकर मिल रहे थे। बाहर एक स्वयंसेवक खड़ा था जिसने कहा कि सिर्फ मुस्कुराकर टिकट माँगे, मिल जाएगा। मंच सज्जा, अभिनय, नाटक देखने की तमीज देखते ही बनती थी। हास्य के जरिये अभिनय को बाँधा गया था। इसी तरह वाशिंगटन की एच. स्ट्रीट पर एक प्रयोगधर्मी नाटक देखने को मिला जो हिटलर की पुस्तक *मीन कॉफ* के आधार पर था जिसमें एक हिटलर को पेंटर बताया गया है। उसे मदद करने वालों यहूदियों को ही यह चित्रकार कैसे मौत के घाट उतार देता है। इस नाटक में मृत्यु आदिम इच्छा जैसे पात्र थे। एक युवती पात्र तो कुछ देर के लिए ऊपरी भाग से पूरी तरह निर्वस्त्र हो गई थी लेकिन यहाँ 'मॉरल पुलिसिंग' का कोई भय नहीं था। इस नाटक को देखने ज्यादा दर्शक नहीं थे। हॉल छोटा था और कुछ नया देखने की चाह में दर्शक उत्सुकता से बैठे थे। नाटक उनकी आशा के अनुरूप नहीं था, पर नाटक के पूरे होने पर दोनों ही जगह नाटकों पर बहस हुई, अपनी-अपनी राय रखी गई। अमेरिका में आज भी बहस चर्चा का शालीन माहौल बना हुआ है। हाँ, जब सीनेट में गया था तो वहाँ मुश्किल से पाँच सीनेटर भी मौजूद नहीं थे। एक भाषण चल रहा था और लम्बे और ऊबाऊ भाषण में कोई गर्माहट नहीं थी। शायद

राजनीति से लोग ऊब चुके हैं, लेकिन राष्ट्रपति पद के चुनाव की गहमागहमी अब शुरू हो गई है।

अमेरिका की राजधानी में तीन प्रकार के नाटक देखने के बाद यह विश्वास बनता है कि प्रयोगधर्मी, थोड़े से कम शान-शौकत वाले हिटलर के प्रसंग को रेखांकित करने वाले नाटक को देखने के लिए यहूदी आभिजात्य मौजूद था। केनेडी सेंटर में शियर मैडनेस को देखने युवा और अश्वेत मौजूद थे और शेक्सपियर के नाटक *ऑल्स वेल दैट एंड्स वेल* को देखने वरिष्ठ नागरिक और उसी क्षेत्र की वार्ड मेंबर तथा उनकी बस्ती के लोग मौजूद थे।

म्यूजियम की संरचना में सम्पूर्णता होती है। शायद उसका शास्त्र भी होता हो लेकिन रुबीन म्यूजियम ऑफ आर्ट (न्यूयॉर्क) में एक अलग ही किस्म की शान्ति, सहजता और सादगी थी। हिमालय की गोद में बसे तिब्बत की संस्कृति, अतीत की कलाकृतियाँ, अमूर्तन (भारतीय चित्रकला के जरिये) खोजने की कोशिश यहाँ थी। यहाँ सबसे शान्त और गरिमामय स्थान था—बौद्ध पूजा स्थल। यहाँ की मध्यम रोशनी और बौद्ध मंत्रों का जाप एक अद्‌भुत शान्ति देता है। मूर्तियाँ भी काल और परम्परा के हिसाब से लगाई गई थीं। यहाँ शाकाहारी भोजन सर्वश्रेष्ठ था। इसका मुकाबला तो गुजराती महँगे भोजन 'वतन' से ही हो सकता है। यह म्यूजियम पाँच मंजिलों में था। यहाँ तलघर में भारत की पहली स्वर्गीय महिला फोटोग्राफर के फोटोग्राफ्स की प्रदर्शनी भी थी जिसमें एक फोटो में जवाहरलाल नेहरू वियतनाम के राष्ट्रपुरुष क्रान्तिकारी हो ची मिन्ह की दाढ़ी को हाथ से पकड़े हुए हैं। यह म्यूजियम भारत की, बौद्ध जगत की और कला की पहचान कराने वाला है।

सिनसिनाटी न्यूयॉर्क और वाशिंगटन के मुकाबले बहुत छोटा शहर है पर हवाई क्षेत्र में इसका बड़ा नाम है। हवाई जहाज की कल्पना कर उसे साकार करने वाले राइट बन्धुओं के जन्मस्थान के नजदीक सवा सौ साल के हवाई जहाजों के इतिहास से रू-ब-रू होना न केवल रोमांचकारी है बल्कि एक बार पंख लगने के बाद किस तरह हवाई जहाज विकसित हुए और तेज गति, ऊँचाई को नापते हुए आधुनिक बन गए यह जानना महत्त्वपूर्ण भी है। साठ-सत्तर वर्ष की छोटी-सी कालावधि में जिस तरह की प्रगति हवाई क्षेत्र में हुई है, शायद दूसरे क्षेत्र यह मुकाम अब भी हासिल नहीं कर पाए हैं। बी-2 एक अत्याधुनिक अमेरिकी विमान है। यह म्यूजियम सुरक्षा के तगड़े नियमों का पालन करता है। यहाँ पर दाखिले के लिए कोई फीस नहीं ली जाती है। यहाँ अधिकांश स्वयंसेवक समर्पण भावना से लगे थे—उनमें से कई की उम्र ज्यादा थी। पर उन्हें अपने देश के गौरवशाली अतीत पर फख्र था। इन जहाजों में अमेरिकी राष्ट्राध्यक्षों के विमान भी थे जिनमें राष्ट्रपतियों ने दुनिया को नापा था। इसमें एक बात रोचक यह थी कि जहाज में चढ़ने से पहले अपनी कमर की माप लेना जरूरी लग रहा था क्योंकि वहाँ 17 इंच से मोटी कमर वालों को चेतावनी दी

गई थी। यहाँ जहाज की तकनीक का विकास, हवाई जहाज की गति, हवाई जहाज के उच्चतम ऊँचाई तक उड़ने की सूचना के आधार पर म्यूजियम बाँटा गया था।

अमेरिका में म्यूजियम संस्कृति का रूप ले चुका है। संग्रहालयों की रचना, उनका विस्तार, उनकी विषयवस्तु अलग-अलग होती है पर फिल्मों की मदद से अतीत को देखना, दुर्लभ कलाकृतियों को संग्रहालय का हिस्सा बनाना और कला, फोटोग्राफी, संगीत को भुला न देने का संकल्प भी समाज में दिखाई दे।

ब्रांच एवेन्यू ग्रीन लाइन का आखिरी स्टेशन है। ग्रीन बेल्ट और कॉलेज पार्क की तरफ से। उपनगर रेलों के अन्तिम स्टेशनों में गजब का आकर्षण होता है। वे शान्त सुरक्षित हैं और ट्रेन भी वहीं समाप्त होती है और शुरू भी। ब्रांच एवेन्यू के पास 'टोटम' नामक का एक सर्कस देखना अद्‌भुत अनुभव था। महँगी साज-सज्जा, रोशनी और करतबों के सहारे सर्कस आज भी लोकप्रिय बना हुआ है।

अमेरिका में समर कैम्प का रिवाज आज भी है। कम उम्र के बच्चों के लिए अपनी रचनात्मकता खोजने का यह अच्छा रास्ता है। स्कूल में कई बार एक नियत फीस देकर समर कैम्प में बच्चे जाते हैं। वहाँ चित्रकला, तैराकी और पिकनिक तो होती है, साथ ही, नए दोस्त बनते हैं। माता या पिता (ज्यादातर माँ) ही उन्हें नियत समय पर लेने आते हैं। इन समर कैम्प में दिन भर गुजारने के बाद मुक्त हो, बच्चे खुश ही दिखाई देते हैं।

इन समर कैम्पों में सबसे अलग और नया कैम्प था प्रिन्स्टन के स्कूल में आयोजित हिन्दी-उर्दू सीखने का शिविर। उदयपुर से पिलानी और दिल्ली के रास्ते मुम्बई और फिर अमेरिका पहुँचने वाले अनूप भार्गव ने अमेरिका में हिन्दी की जोत जलाई हुई है। वे अच्छी कविताएँ लिखते हैं, साइंस और टेक्नोलॉजी के आदमी हैं, मेरे मन में उनके बारे में यह धारणा थी, लेकिन अमेरिका पहुँचने से पहले मनुहार भरा आमंत्रण और चालीस किलोमीटर दूर हमें लेने भी आते हैं वहाँ हमारे पुराने मित्र आलोक उर्फ अन्ना जोशी भी मिलते हैं और अनूप की पत्नी रजनी से भी मिलना हुआ जो समाजशास्त्री होकर भी हिन्दी का काम करती हैं और हिन्दी का समाजशास्त्र न केवल समझती हैं बल्कि उसका अन्तर्राष्ट्रीय परिप्रेक्ष्य भी जानती हैं। हिन्दी-उर्दू के विद्यार्थी अपनी भाषा, अपनी संस्कृति से न केवल परिचय पाते हैं बल्कि कई तो पारंगत भी हो जाते हैं। अखबार निकालते हैं, हिन्दी में पत्राचार करते हैं। बोलते हैं। शरीर के अंगों की शब्दों से पहचान करते हैं। कुछ तो आशु कविता तक करते हैं जैसे प्रियंका तिवारी कर रही थीं।

मिलिन्द रानाडे मराठी के जाने-माने कार्टूनिस्ट हैं। वर्षों तक मुम्बई में उन्होंने *आम्पला महानगर* के लिए प्रतिदिन कार्टून बनाए और अब अमेरिका में आकर अध्यापन करते हैं। मिलिन्द रानाडे ने एनरोन विवाद से जुड़ा एक इतना अच्छा कार्टून बनाया था कि महाराष्ट्र के तत्कालीन मुख्यमंत्री एवं अखबार

महानगर के घोर विरोधी मनोहर जोशी ने रानाडे से उसकी मूल प्रति माँगी थी और उन्होंने वह दी।

"आपने 31 जुलाई के दिन हमारे लिए कुछ समय निकाला और हमें भारत की शिक्षण परिस्थिति के बारे में कुछ बताया। आपकी दी हुई जानकारी हमें अपनी वेबसाइट बनाने में बहुत ही काम आएगी। हम पिछले छह दिनों से भारतीय शिक्षा कोश (शायद भारत के बारे में जानकारी) बड़ा करने पर चर्चा कर रहे थे, लेकिन आपसे बात करने पर हमें लगा कि भारत में समान शिक्षा देने के क्षेत्र में असली रुकावटें कितनी बड़ी हैं। आपके साथ वाद-विवाद के बाद इस विषय में हमारा ज्ञान और भी गहरा हो गया है।" यह हर्ष तलाटी ने कहा, जो मेल स्काइप पर पूरी क्लास से बातचीत करने के दो दिन बाद मुझे मिला। इस क्लास में गरीबों को शिक्षा कैसे मिले, भारत में एन.जी.ओ. कैसे बना सकते हैं, इस विषय पर बात की। इस क्लास में पाकिस्तानी बच्चे भी थे जो भारत में उर्दू शिक्षा के बारे में जानने को इच्छुक थे। हिन्दी-उर्दू के इस ग्रीष्मकालीन शिविर (समर कैम्प) की पृष्ठभूमि 6 जनवरी, 2006 की राष्ट्रपति बुश की नेशनल सिक्योरिटी लैंग्वेज इनिशियेटिव परियोजना से जुड़ी है। इसमें संयुक्त राज्य अमेरिका की युवा और भावी पीढ़ी में दूसरी संस्कृतियों की जानकारी और अन्य भाषाओं का ज्ञान बढ़ाने की वृहद् योजना बनाई गई। अमेरिका सरकार भविष्य में ज्यादा विदेशी भाषाएँ जानने वालों को सरकारी नौकरी में प्राथमिकता देगी। सरकारी ही नहीं, बल्कि निजी क्षेत्र में नौकरियाँ करने वालों को विदेशी भाषा के ज्ञान के आधार पर रोजगार मिलेगा यानी भाषा को रोजगार से जोड़ दिया गया है। स्पैनिश, फ्रैंच, लैटिन, रूसी और जापानी अमेरिकी स्कूलों के पाठ्यक्रमों में है। अब सात नई भाषाएँ भी स्कूली पाठ्यक्रम से जुड़ रही हैं—चीनी, अरबी, हिन्दी, उर्दू, फारसी, तुर्की और स्वाहिली। इन सात भाषाओं को अमेरिका के राष्ट्रीय महत्त्व की भाषा माना गया है।

इस योजना में 10 सप्ताह के लिए भारत में जाकर हिन्दी-भाषी समाज के साथ मिलकर भाषा को सीखने के लिए छात्रवृत्तियाँ हैं। स्टार टॉक कार्यक्रम में शिक्षक एवं छात्रों दोनों को भाषा का प्रशिक्षण दिया जाता है। 2008 से हिन्दी-उर्दू स्टार टॉक के हिस्से हैं—2007 में इसकी शुरुआत चीनी और अरबी के साथ हुई थी। 2009 में तुर्की और स्वाहिली भी इसके महत्त्वपूर्ण हिस्सा बन गए।

जुलाई के दूसरे सप्ताह में प्रिंस्टन के हाई स्कूल में रजनी भार्गव के निर्देशन में मिलिन्द रानाडे 7 छात्रों को हिन्दी की विकसित और एक सीमा तक कठिन हिन्दी शिक्षा का प्रशिक्षण दे रहे थे, जिसे मिलिन्द लिखना, पढ़ना और बोलने का पूरा अभ्यास बताते हैं। बिन्दु अग्रवाल और शान्ति जैन न ज्यादा-न कम हिन्दी जानने वालों को भाषा का ज्ञान करा रहे थे और नीता याज्ञिक और गार्गी बजाज प्रथमा यानी एकदम नए हिन्दी जानने आए बच्चों को मेहनत और लगन से हिन्दी सिखाने

में जुटी थीं। यहाँ कई विद्यार्थी ऐसे थे जो कुछ वर्ष (बहुत छोटी उम्र में) भारत में रहे थे, जैसे वर्णिता जब तक 6 वर्ष की थी, उसने भारत में रहकर शब्द ज्ञान जान लिया था, आराधिका सारड़ा की हिन्दी शिक्षा घर में हुई और आशिल देसाई तो अमेरिका में ही पला-पढ़ा है। रोशनी पिछले चार वर्षों से कैम्प में आ रही है। जब वह आठ साल की थी तब उसने पहला कैम्प किया था।

डॉ. बिन्देश्वरी अग्रवाल 16 बच्चों को मेहनत से पढ़ा रही हैं। हास्य कविता को समझने वाली डॉ. अग्रवाल इन बच्चों की संवाद क्षमता को बढ़ाने की कोशिश में लगी हैं। यदि ये छात्र भारत में किसी होटल, किसी बाजार में जाएँ या फिर टैक्सी लें तो उनके संवाद का क्या रूप होगा यह बिन्दु जी उन्हें सिखा रही थीं। सौरभ और सपना उनके छात्र थे जिनका मानना था कि संयुक्त परिवार अब भी अच्छी व्यवस्था है।

नीता शर्मा याज्ञिक अहमदाबाद के विजयनगर स्कूल की हैं और उनकी सहयोगी गार्गी बजाज हिन्दी के कनिष्ठ अथवा प्रथमा के 19 छात्र-छात्राओं की क्लास ले रही थीं। गार्गी बजाज ने बताया कि प्रथमा में आने वाले छात्र-छात्राओं ने कभी भी हिन्दी पढ़ी नहीं है। ज्यादातर विद्यार्थी भारतीय मूल के ही थे और उनमें से कई तो दक्षिण भारत के थे जिन्होंने घर में भी हिन्दी नहीं बोली थी। 11 से 15 वर्ष की आयु के इन विद्यार्थियों को हिन्दी पढ़ने का कभी मौका ही नहीं मिला क्योंकि अमेरिका के स्कूल पाठ्यक्रम में हिन्दी नहीं है। इन बच्चों के अभिभावक आपस में हिन्दी में बोलते हैं। इन छात्रों का पढ़ाने का तरीका भी हमारे देश से भिन्न है। यहाँ हिन्दी क, ख, ग को शब्द ज्ञान से नहीं बल्कि वाक्यों को अर्थ एवं उपयोग के अनुसार प्रयोग करके सिखाया जाता है। गार्गी बजाज मानती हैं कि लिपि भी उतनी ही महत्त्वपूर्ण है जितना कि बोलना। हम भारतीय और अमेरिकी पद्धति को मिलाकर पढ़ाते हैं। नीता शर्मा याज्ञिक कहती हैं कि वे ग्रामर यानी व्याकरण में सभी बच्चों को पक्का करना चाहती हैं।

"समर स्कूल का कैम्प 10 दिन का होता है। पहले दो दिन हम कौन हैं? उसके बाद के दो दिन हमारा समाज क्या है? हमारा भूगोल, हमारा पर्यावरण क्या है? यह बाकी दिनों में बताया जाता है। फील्ड ट्रिप मेट्रोपॉलिटन म्यूजियम ऑफ आर्ट और एक दिन अपनी जानकारियों, अपने काम का प्रदर्शन कुल दिन में तीन घंटे पढ़ना होता है। इसमें डेढ़ घंटा लिखना और डेढ़ घंटा पढ़ना है।" उर्दू की टीचर हमेरा रहमान ने जब हमें यह बताया तब उर्दू के छात्र-छात्राएँ सामने थे और हम सभी पाकिस्तान मूल के छात्रों से बात कर रहे थे। हमेरा ने बताया, "हम इन बच्चों को जुबान ही नहीं बल्कि कल्चर भी देते हैं। ये बच्चे लफ्जों को जोड़ना शुरू करते हैं। ज्यादातर बच्चों ने कहा कि वे कैम्प में आते हैं तो उसके बाद वतन में अपने मामू और चाचा-चाची से बात करना आसान लगता है। कैम्प हमारे लिए बहुत मददगार है।

नेवार्क के हवाई अड्डे से शिकागो की यूनाइट एयर लाइंस की फ्लाइट थी। उसका पायलट किसी अन्तर्राष्ट्रीय उड़ान से पहुँचकर अन्तर्देशीय उड़ान के लिए आने वाला था। पहले एक घंटे की देरी हुई, उसके बाद जब जहाज उड़ने लगा तब तक दो घंटे की देरी हो चुकी थी। जहाज रवाना होने के पहले मनोरंजन कार्यक्रम के लिए प्लग बाँटे गए। जब तक जहाज ने उड़ान भरी नहीं तब तक मनोरंजन के कार्यक्रमों की झलक देख सकते थे, बाद में जहाज के उड़ने के बाद कार्यक्रमों को डॉलर देकर ही देखा जा सकता था, लेकिन तभी पायलट की तरफ से घोषणा की गई कि क्योंकि जहाज देरी से उड़ा है इसलिए मनोरंजन के कार्यक्रम मुफ्त में देखे जा सकते हैं। मैंने कार्यक्रम देखने के प्लग पहले ही ले लिये थे, अगले दो घंटे फिल्म देखने को मिल गई।

इन दिनों अमेरिका के उड्डयन विभाग का बुरा हाल है। हमारी यात्रा में जहाज तो पूरे भरे हुए थे, लेकिन जहाजों में बैठने के पहले सुरक्षा की लम्बी-लम्बी कतारें थीं। सामान को हवाई जहाज के केबिन के अलावा यदि बुक कराना हो तो उसका भी पचास डॉलर देना होता है। और तो और, अब ट्राली पर सामान रखने के पाँच डॉलर हैं।

वाशिंगटन में मेट्रो का सफर का दाम समय के अनुसार बदलता है। भीड़भाड़ वाले 'पीक ऑवर' में टिकट का दाम ज्यादा है, जबकि कम भीड़ के वक्त सफर करना सस्ता है। यानी मेट्रो का मानना है कि पीक ऑवर में दाम ज्यादा रखा जाए तो भीड़ कम होगी। दाँतों के डॉक्टर के यहाँ सहायक मैरी ने कहा कि वे मेट्रो में 'पीक ऑवर' की जगह कार से आना ज्यादा पसन्द करती हैं क्योंकि पार्किंग की महँगी दर भी उसे मेट्रो के सफर से सस्ती लगती है।

वाशिंगटन की मेट्रो साफ-सुथरी और गलीचे से सजी है। इसमें खाना-पीना पूरी तरह प्रतिबन्धित है। न्यूयॉर्क की मेट्रो आम आदमी की मेट्रो की तरह है। हर शनिवार-रविवार को मुम्बई में मेगा हाल्ट होते हैं जिसमें हजारों यात्रियों को तकलीफ होती है, लेकिन वाशिंगटन में जब मेगा हाल्ट के दौरान हमने मेट्रो में सफर किया तो मुम्बई के मुकाबले नज़ारा बदला हुआ था। जिस इलाके में मेट्रो स्टेशनों पर कार्य चल रहा था उनके बीच मेट्रो ने बसों की व्यवस्था की थी। स्टेशन पर जगह-जगह पोस्टर लगाए हुए थे। मेट्रो के कर्मचारी थे। बसों की हर स्टेशन तक पहुँचाने वाली लोकल बसें और बगैर रुके पहुँचाने वाली एक्सप्रेस बसें थीं और बसों द्वारा रेलवे स्टेशन तक पहुँचने के बाद फिर ट्रेन यात्री मेट्रो उपलब्ध थी। इस चुस्त व्यवस्था के पीछे कानून का भय तो है, पर यात्रियों की सुविधा भी सर्वोपरि है। रेलवे का हर स्टेशन अपने आप में वास्तुकला का जीवन्त रूप है। ज्यादातर नेटवर्क मेट्रो में नहीं चलते हैं सिर्फ ग्रीन लाइन का नेटवर्क चलता है और ज्यादातर लोग अब उसकी तरफ उन्मुख हो रहे हैं।

मेरीलैंड विश्वविद्यालय में सार्वजनिक परिवहन मुफ्त है। विश्वविद्यालय की बसें तीन-चार दिशाओं में जाती है। मेट्रो स्टेशन और विश्वविद्यालय के बीच पूरी रात बस चलती है। आप फोन करके भी स्टेशन पर नाइट राइडर (रात की बस) को बुला सकते हैं। अमेरिका की राजधानी में सार्वजनिक बसों में अधिकांश यात्री अश्वेत ही होते हैं। विकलांगों के लिए बसों में प्राथमिकता है। विकलांग बस में मुफ्त यात्रा करते हैं।

यूनियन स्टेशन का इन दिनों नव निर्माण चल रहा है। यहाँ कुछ वर्ष पूर्व भूकम्प आया था, जिससे यह सुन्दर स्टेशन थोड़ा क्षतिग्रस्त हो गया था। यह रेल, बस का बड़ा अड्डा है साथ ही पोस्ट-ऑफिस का बड़ा डाकघर भी यानी कभी वी.टी. (मुम्बई) का आभास। वाशिंगटन से न्यूयॉर्क के बीच काफी बसों की आवाजाही है। बसें, रेल के मुकाबले सस्ती हैं। रेल की पटरी सरकारी है। रेलें निजी हैं। अमेरिका में बस, रेल और हवाई यात्रा के अनुभव में सबसे ज्यादा बोल्ट बस का अनुभव भुलाए नहीं भूलता। शनिवार की दोपहर पौने दो बजे हमारी बस नियत समय पर न्यूजर्सी के पेन स्टेशन के लिए निकल पड़ी। बस कोई खास लग्जरी जैसा आभास नहीं करा रही थी, पर उसमें मूल सुविधाएँ थीं। ए.सी. था, इंटरनेट का वाय फाय कनेक्शन भी, कम्प्यूटर चार्ज करने के प्लग थे और शौचालय था। बस बाल्टीमोर एक घंटे में पहुँच गई, वहाँ चार-पाँच यात्री चढ़े। ज्यादातर यात्री युवा थे, जो कम खर्चे में न्यूजर्सी पहुँच जाना चाहते थे। यात्री एक-दूसरे से बात नहीं कर रहे थे। सभी अपने आई पेड पर निगाह जमाए थे। कान पर ईयरफोन लगाए संगीत सुन रहे थे या फिर स्काइप पर बात कर रहे थे। एक चीनी मूल की लड़की अपनी भाषा की फिल्म देख हँस रही थी।

लगा कि चार घंटे में यात्रा पूरी हो जाएगी। तभी बस से अजीब-अजीब आवाजें आने लगीं। अश्वेत ड्राइवर ने सिग्नल दे बताया कि बस में 'लीकेज' की समस्या है और गाड़ी को एक चाय-पान के रेस्त्राँ के पास रोक दिया—कहा गया कि हमारा गन्तव्य अब भी पौन घंटे की दूरी पर है। कहीं दूर से हमारी नई बस आएगी। कुल मिलाकर दो घंटे की देरी होगी। कुछ यात्रियों के नजदीकी उन्हें लेने आ गए। फिर भी यात्रियों की बड़ी तादाद बस की प्रतीक्षा करती रही। याद आया अमेरिका की पिछली यात्रा में हवाई यात्रा में जहाज फिर हवाई अड्डे लौटा था। तभी डेढ़ घंटे की प्रतीक्षा के बाद नई बस आ गई। खराब बस से सामान उतारकर नई बस में रखा गया। हमारे साथ एक यात्री नेत्रहीन भी थीं उनकी माँ उन्हें लेने के लिए रवाना हो चुकी थीं, लेकिन बस जहाँ रुकी हुई थीं, वहाँ वे पहुँची नहीं थीं। हमारी नई बस आ चुकी थी। हर यात्री थक चुका था और चाहता था कि बस जल्दी रवाना हो और वह जर्सी पहुँचे। नेत्रहीन यात्री को सबसे ज्यादा ड्राइवर ही सँभाले हुआ था। उससे बात कर रहा था, माँ कहाँ तक पहुँची यह जानने की कोशिश कर रहा था।

दस मिनट बीत चुके थे। यात्री चाहते थे कि बस अब तो चले। लेकिन ड्राइवर ने बस तभी चलाई जब उस नेत्रहीन युवती की माँ आ गई और ड्राइवर ने उन्हें माँ को सौंप दिया। मैंने ड्राइवर से पूछा, "आपके यहाँ बसें कितनी बार खराब होती हैं?" उसने कहा, "हम कई बसें चलाते हैं कभी-कभार ही ऐसा होता है।"

अगला दिन आश्चर्य का था। व्यावसायिक नैतिकता का था। बोल्ट बस के मैनेजमेंट ने हमें एक ई-मेल लिखकर देरी के लिए माफी माँगी और भविष्य में इस तरह का अनुभव नहीं होगा, यह आश्वासन दिया। साथ ही, हमें हमारे दो टिकटों के पैसे भी लौटा दिए। यह मेरे भारतीय बस यात्रा के अनुभव के विपरीत का अनुभव था। काँकरोली से उदयपुर जाते समय एक बार जब बस खराब हो गई थी, तब अपनी दादी के साथ घंटों सड़क पर खड़े होकर बस की प्रतीक्षा 35 वर्ष बाद भी भूला नहीं हूँ। काश हमारे यहाँ की रोडवेज, निजी बस वाले और कानून लागू कराने वाली सरकार इस तरह के उदाहरणों से कुछ सीखें।

अमेरिका में बसों में व्हील चेयर वालों को सुविधा और सम्मान दिया जाता है।

द *गैजेट* ग्रीन बेल्ट और कॉलेज पार्क का समाचार-पत्र है। 25 सेंट इसका दाम है। इसके दो समाचारों की बानगी देखिए जो गुरुवार, 30 अगस्त, 2012 को प्रथम पृष्ठ पर छपे हैं। 1938 में बने ग्रीन बेल्ट थियेटर से इस क्षेत्र का ऐतिहासिक लगाव है। यह थियेटर अब ज्यादा कला फिल्में दिखाता है, बच्चों की फिल्में नहीं। अब नगरपालिका ने ही इस थियेटर को सुधारने और नया कायाकल्प करने का निर्णय लिया है।

दूसरी खबर है तेज मोटरसाइकिल चलाने वालों पर पुलिस ने ब्रेक लगाए। हेलीकॉप्टर की मदद से तेज मोटर साइकिल चलाने वालों, एक पहिये पर करतब करने वाले 60 से ज्यादा चालकों को चालान दिया गया—'ऑपरेशन रोडरनर' में उन सड़कों पर निगरानी रखी जाएगी जहाँ तेज मोटरसाइकिलें दौड़ती हैं।

इसी अखबार में कुछ दिनों पहले खबर छपी थी कि कैसे डी.एन.ए. टेस्ट के कारण एक निर्दोष को बलात्कार के आरोप से मुक्ति मिली। ये समाचार-पत्र 'लोकल' हैं लेकिन राष्ट्रपति चुनाव की गहमागहमी में इन दिनों अमेरिका में राजनीति ओबामा के आसपास घूम रही है। लेकिन कुछ खबरें, उन्हें पेश करने का तरीका सार्वभौमिक होता है। 6 सितम्बर को जब अमेरिका में गर्मियों की लम्बी छुट्टियाँ पूरी हुईं तो सभी अखबारों—*न्यूयॉर्क टाइम्स* और *वॉल स्ट्रीट* ने बच्चों को छोड़ते माता-पिता, प्रसन्न बच्चों के दोस्तों की तस्वीरें छापीं। यही हाल चुनाव प्रचार का है। अमेरिका में ऑन लाइन पेपर ही युवाओं की पसन्द हो गए हैं। पैंतालीस वर्ष के लोग पुरानी परम्परा से अब भी जुड़े हैं।

अमेरिका में समुद्र तट निजी हैं और वहाँ जाने के लिए पैसा देना पड़ता है। न्यूयॉर्क के पास अटलांटिक समुद्र के किनारों पर तैराकी, पेराग्लाइडिंग और रेत में

बॉलीबाल खेलने का रिवाज है। इन पैसों से समुद्र तट सुन्दर और सुरक्षित रखे जाते हैं। समुद्र तट ठसाठस भरे हुए थे। अमेरिका की राजधानी में तीन नदियाँ बहती हैं। पोटोमेक नदी के किनारे कई स्मारक, विभिन्न वनस्पतियाँ और कई बेंच है। इसी के किनारे मार्टिन लूथर किंग का स्मारक है, जहाँ ज्यादातर अश्वेतों का जमावाड़ा था।

अमेरिका में सफाई की व्यवस्था काफी चुस्त है। केवल कचरा उठाने वाले ट्रकों को पीछे मुड़ते समय आवाज करने की अनुमति है। अमेरिकियों में ट्रैफिक नियमों को पालन करने की आदत डालने में कड़े आर्थिक दंड और उनका बीमा कम्पनियों से जुड़ाव बड़ा कारण है। सड़क पर पैदल यात्रियों का सम्मान किया जाता है और न्यूयॉर्क में तो साइकिल चलाने वालों के लिए कई नई लेन बनाई गई हैं। चीन की तर्ज पर न्यूयॉर्क में, सिनसिनाटी के परपल ब्रिज पर साइकिल लेन है। बुक्रलेन ब्रिज और परपल ब्रिज पर तो केवल पैदल और साइकिल चलाने वालों को अनुमति थी। इसी तरह टाइम्स स्क्वायर पर भी कई लेन में गाड़ियों पर प्रतिबन्ध था। मैदानों और बागों में तेज रसायनों के कारण कई बार वहाँ बैठ जाने वालों को एलर्जी होने की आशंका होती है, यहाँ कई जगह यह सूचना भी थी कि यहाँ बैठिए नहीं, यहाँ रसायनों का छिड़काव हुआ है। अमेरिका में शिक्षा और स्वास्थ्य महँगे हैं। शिक्षा के क्षेत्र में विश्वविद्यालयों में सतत ज्ञान अर्जन पर जोर दिया जाता है। पर्चे लिखना, सेमिनार में हिस्सेदारी करना, ग्रांट के लिए प्रोजेक्ट बनाना जरूरी है। प्रोफेसर भी तीन घंटों की क्लास लेते हैं। मेरीलैंड विश्वविद्यालय के आसपास दस मील की दूरी तक छात्र मुफ्त में सफर कर सकते हैं। बस नम्बर 104 मेट्रो स्टेशन की फेरी करती है और 117 क्लब हाउस तक ले जाती है। बस में यदि यात्रा का दो घंटे का अन्तराल है तो आप फिर बस में चढ़ सकते हैं और यदि बस में कार्ड डालने की मशीन खराब हो जाती है तो ड्राइवर मशीन के खराब होने की बात कह आपको मुफ्त यात्रा करने की अनुमति देता है, वह कभी भी यात्रियों से नकद राशि वसूल नहीं करता है।

अमेरिका में कुत्तों और बिल्लियों को पालने का रिवाज ज्यादा ही है। मैनहटन में एक सुन्दर बाग में जब कई प्रकार के आकर्षक कुत्तों को देखा तो मालूम पड़ा, वहाँ कुत्तों को घुमाने का पार्क है। कुत्तों को पालना महँगा शौक है।

भारतीय मूल के अमेरिकी एक लम्बे संघर्ष, अकेलेपन और अपनी कार्यकुशलता के चलते सफलता हासिल कर पाए हैं। जैक्सन हाइट (क्वींस) हो या एडिसन (जर्सी) वे भारतीयों की स्मृति से जुड़े हैं। भारतीय उप महाद्वीप यहाँ एक हो गया है। बांग्लादेश के ज्यादातर टैक्सी ड्राइवर भारतीय सन्दर्भों की बात करते हैं। ब्रांच एवेन्यू पर मिले बॉबी खान ने पहले हमें भारत के बारे में ही बताया और बाद में कहा विभाजन के बाद वे कराची चले गए। मैंने उनसे पूछा, "यदि मेरे बैग में कराची का हलवा होगा तो आप क्या करेंगे?" तो वे बोले, "मैं उस झोले को छीन लूँगा।"

जिन भी भारतीय मूल के अमेरिकी नागरिकों से मुलाकात हुई वे सभी आई.आई.टी. से पढ़े हुए थे। वैज्ञानिक भी बेंगलुरु के विज्ञान संस्थान या दिल्ली के जवाहरलाल नेहरू विश्वविद्यालय से थे।

एक दशक बाद भी अमेरिका में रह रहे भारतीयों के लिए पारले जी बिस्कुट स्मृति का बिन्दु है। अमेरिका के भारतीय मन्दिर दक्षिण भारत के स्थापत्य से जुड़े हैं। दक्षिण भारत के आराध्य देवों के साथ-साथ सारे भारत के देवी-देवता यहाँ मौजूद थे। मन्दिरों तक पहुँचने के लिए काफी दूरी तय करनी पड़ती है। कई युवा भारतीयों के लिए वहाँ का 'प्रसाद' भी आकर्षण का कारण है।

अमेरिका में हिन्दीभाषियों का अपना एक संसार है। लावण्या शर्मा, प्रसिद्ध गीतकार एवं विद्वान नरेन्द्र शर्मा की बेटी है। पिता की विरासत, सभी को जोड़ने की चाह, पत्रिका प्रकाशन सभी को अपने साथ लेकर चलने का उत्साह उनमें दिखा।

व्यक्ति के जीवन में स्मृति का कितना महत्त्व होता है, यह हिन्दी जगत से जुड़े अनूप भार्गव, आलोक जोशी से मिलकर लगा। उदयपुर के विद्याभवन स्कूल के अध्यापकों की याद, हमारे अपने दिवाकर-विजया के मन में नीमच के पास सरवानिया महाराज की ढाबी, दिवाकर की स्मृति में नोहर-भादरा, डूंगरपुर-बाँसवाड़ा के दिन और गिरीश के मन में चैम्बूर, माटुंगा की यादें। दिवाकर को आज भी 80 से 90 तक के दशक के बेहतरीन फिल्मी गीत याद हैं। एक श्रेष्ठ वैज्ञानिक की बहुमुखी प्रतिभा।

अमेरिका में जागरूकता और सजगता चारों तरफ दिखती है। कुछ बानगी देखिए—

- शिकागो में सड़क पर बोर्ड लगे थे कि इस वर्ष सड़क-दुर्घटना में कितने लोगों की मृत्यु हो चुकी है।
- नेशनल हाईवे पर सार्वजनिक शौचालयों के होने की सूचना। साथ ही खाने-पीने के स्थानों की भी सूचना।
- नेशनल हाईवे पर ट्रकों को पार्क करने की अलग व्यवस्था।
- ट्रकों के लिए अलग लेन।
- सिनसिनाटी में सड़क पर गड्ढों को भरने के लिए शाम को पाँच बजे काम शुरू हुआ और कुछ घंटों में काम पूरा हुआ। (मुझे बार-बार सिर्फ और सिर्फ मुम्बई की याद आई)।
- हाईवे की सड़कों पर बनी दुकानों पर सिर्फ दुकानदारों की मॉनोपोली नहीं, बल्कि स्वयं के भी विकल्प।
- पिकनिक स्थलों पर गन्दगी से बचने के लिए बेंच-टेबुलों की व्यवस्था। कहीं कचरा दिखता नहीं है।
- प्राइवेट पार्क या प्राइवेट झरनों में महँगी व्यवस्था पर एक बार जाने के बाद कहीं कोई हस्तक्षेप नहीं, बच्चों की तादाद काफी।

अमेरिका में कानून का भय सर्वव्यापी है। इस भय से क्या वहाँ का नागरिक कानूनों का पालन करता है या व्यवस्था वैसी बन गई है जिसमें कानून का पालन स्वत: होने लगा है। यही अमेरिका की सफलता है और वह इसके बदौलत आज भी भले ही आर्थिक रूप से मजबूत नहीं हो, पर आंतरिक रूप से मजबूत बना हुआ है। समाज भी घबराया हुआ तो है लेकिन टूटा हुआ नहीं है। यही है बारह वर्ष बाद का अमेरिका।

*(2012)*

## दक्षिण अफ्रीका

# संघर्ष से बना देश

एक ही महीने में दो बड़े देशों या दो उप महाद्वीपों की यात्राएँ हो सकती हैं, यह यात्राओं का सबसे सुखद पक्ष है। सितम्बर वर्ष 12 के प्रारम्भ में न्यूयॉर्क, वाशिंगटन की यात्रा और दो सप्ताह बाद ही दक्षिण अफ्रीका के जोहान्सबर्ग की यात्रा। जोहान्सबर्ग में नौवाँ विश्व हिन्दी सम्मेलन 22-24 सितम्बर के बीच हुआ। आठ वर्ष पूर्व सूरीनाम के पारामारिबो शहर में आयोजित हुए हिन्दी सम्मेलन में गया था हिन्दी का महाकुम्भ। पूरी दुनिया के हिन्दी विद्वानों का जमावड़ा। मेले में नई मुलाकातें होती हैं, प्रवासी भारतीयों से मुलाकात होती है तो लगता है हिन्दी का संसार फैला हुआ है। भारतीय भाषाओं को बोलने वाले और गैर हिन्दी भाषी इलाकों से आने वाले से होने वाला संवाद हिन्दी के भविष्य को आशावान बनाता है।

जोहान्सबर्ग जा रहे हैं तो केपटाउन भी जाइए यह कहना था उदयपुर के समाजशास्त्री राजेन्द्र तलेसरा का जिनके पुत्र भावेश पिछले एक दशक से जोहान्सबर्ग में रह रहे हैं। भावेश ही हमारे गाइड बने और उन्होंने दक्षिण अफ्रीका के समाज, वहाँ के रंगभेदी विरोधी माहौल, कानून-व्यवस्था के बारे में प्रारम्भिक जानकारी दी। जोहान्सबर्ग को गांधी और मंडेला की धरती कहना गलत नहीं होगा। जोहान्सबर्ग में अश्वेत चेतना के कई प्रतीक हैं। सत्याग्रह के कई प्रयोग स्थल हैं। दमन को झेलने की कई साहस भरी कहानियाँ और दस्तावेज हैं। जोहान्सबर्ग, दक्षिण अफ्रीका में संघर्ष का प्रतीक शहर है जैसे अटलांटा अमेरिका में मार्टिन लूथर किंग के संघर्ष का प्रतीक शहर बन गया है। लेकिन जोहान्सबर्ग में गांधी जी के लिए दक्षिण अफ्रीकी एक बात कहते हैं जो सच हैं। यहाँ यह कहा जाता है कि भारत ने दक्षिण अफ्रीका में गांधी को बैरिस्टर के रूप में भेजा, लेकिन जब वे दक्षिण अफ्रीका से भारत लौटे तो वे महात्मा बनकर गए। यह था दक्षिण अफ्रीका की धरती का कमाल जिसने गांधी को महात्मा बनाया।

मुम्बई से दक्षिण अफ्रीका की सीधी हवाई सेवा है, लेकिन हम केनिया एअरलाइन्स से बरास्ता नैरोबी दक्षिण अफ्रीका गए। नैरोबी हवाई अड्डा पुराने ब्रिटिश

हवाई अड्डे जैसा था। अपने उपनिवेशों में अंग्रेजों ने जिस प्रकार के हवाई अड्डे बनाए थे, उसी तरह के सारे हवाई अड्डों पर पर्यटकों की आवाजाही थी। ड्यूटी फ्री दुकानें भी महँगी थी। परम्परागत वेशभूषा तो और भी महँगी पर आबोहवा में बेफ्रिकी, घुमक्कड़ी नजर आ रही थी। लगता था मानो समय की घड़ी रुकी हुई है। कुल मिलाकर तीन घंटे काटने थे। जहाज भी एक घंटा लेट पहुँचा था। यानी नैरोबी में प्रतीक्षा सिर्फ दो घंटे की थी। कुल आधा घंटा हवाई अड्डे के भीतर घूमना था। कोल्हापुर विश्वविद्यालय के पूर्व उपकुलपति इरेश स्वामी उत्साही हिन्दी प्रेमी तो हैं ही लेकिन स्वतंत्र व्यक्ति भी हैं, जो मन करता है, करते हैं। कहीं भी घूमने निकल जाना उनके स्वभाव का हिस्सा है। वे जब नैरोबी हवाई अड्डे की सैर के लिए जा रहे थे, तब मैंने एक सवाल स्वामी जी के लिए पहेली के रूप में रखा और कहा कि "स्वामी जी, एयरपोर्ट पर एक भारतीय कम्पनी का नाम बड़े महत्त्व से दिखाई देगा। जरा नजर रखिएगा। लौटकर आकर बताइगा।" स्वामी जी लौट आए, जहाज में बैठ भी गए। लेकिन मैं उनसे जवाब पूछना भूल गया। तभी स्वामी जी को याद आया तो वे बोले, "वह नाम था एयरटेल।" एयरटेल की टेलीफोन सेवाएँ अफ्रीका में मौजूद हैं। नैरोबी हवाई अड्डे पर वह मौजूद था।

मुम्बई से नैरोबी के बीच उड़ने वाला जहाज काफी बड़ा और आरामदायक था, पर नैरोबी से जोहान्सबर्ग वाला बोइंग भारत के भीतर चलने वाले अन्तर्देशीय जहाजों जैसा ही था। जाते वक्त शाकाहारी भोजन मिला, आते वक्त वह खत्म हो गया और आते वक्त ही विमान परिचायक दूध रखकर भूल गया और जहाज के पिछले हिस्से में दूध के जलने से ऐसा आभास हुआ मानो कुछ जल रहा है। सभी डर गए लेकिन थोड़ी देर बाद भय निर्मूल सिद्ध हुआ।

नैरोबी-जोहान्सबर्ग की उड़ान चार घंटे की है लेकिन परिचालक बार-बार कह रहा था, वह तीन घंटे पचास मिनट की है। लेकिन विमान उड़ते ही पन्द्रह मिनट बाद ही विमान के बाएँ हिस्से में बैठे यात्रियों को करीब पाँच मिनट तक मशहूर पर्वतमाला किलिमंजारो के दर्शन हुए। बादलों के बीच ऊपर तक गर्व से खड़ा किलिमंजारो अफ्रीका की शान। किलिमंजारो की कितनी कहानियाँ, कितने दृश्य सहज रूप से याद आ गए। कुछ वर्ष पहले 'डिस्कवरी चैनल' ने हिन्दी में चैनल शुरू किया और मुझे कई एपिसोडों का अनुवाद, गुणवत्ता और सांस्कृतिक संवेदना की जाँच-परख का जिम्मा सौंपा। ज्यादातर अफ्रीकी जंगल, आदिवासी, जानवर और जीवन-उत्सव की शानदार तस्वीरें उसमें होती थीं। किलिमंजारो के बगैर अफ्रीकी दर्शन उतना ही अधूरा है जितना माउंट फूजी के बगैर जापान या सागरमाथा के बगैर नेपाल। किलिमंजारो के आदिवासियों ने गाय का मांस भूना था और चैनल की तस्वरी में खा रहे थे। वाह! वाह! करते हुए मैंने नोट लगाया, 'कृपया गाय का नाम हटा दें। सिर्फ मांस रहने दें।' यह नोट बहुत विवाद और चर्चा का विषय बना

लेकिन जब अपनी आँखों से किलिमंजारो देखा तो वहाँ के जंगल, वहाँ के दूर-दूर छितरे गाँव बरबस याद आ गए जो चौंत्तीस हजार फुट नीचे थे।

क्या दुनिया भर में अमीर लोग युवकों के रोल मॉडल बन रहे हैं। गरीबों और अश्वेतों के भी? 26 वर्षीय यूकाइले जोहान्सबर्ग में रहने वाला बिजली मिस्त्री है। पक्की नौकरी नहीं है, कुशल मिस्त्री है। स्वतंत्र है। मौसमी कार्य भी करता है। विवाहित नहीं है, पर एक बेटी का पिता है। पत्नी अश्वेत है और बेटी का जन्म एक रात के सहवास का नतीजा था। बेटी मेरी है। पितृत्व मेरा है। मैंने स्वीकार किया, हम तीनों साथ रहते हैं।

यूकाइले आन्दोलन के माहौल में पला-बढ़ा। उसने मंडेला से लेकर गांधी तक का नाम सुना और मंडेला को तो विश्व नेता के रूप में बेहद नजदीक से देखा भी। मंडेला को वह रंगभेद से लड़ने वाले और बराबरी का सपना देखने वाले राजपुरुष के रूप में देखता है। "मंडेला अब उम्रदराज हो गए हैं। मीडिया उन्हें तंग करता था। वे अकेले रहना चाहते हैं। वे जोहान्सबर्ग से 800 मील दूर 'ईस्टर्नकेप क्यूनू' चले गए हैं। मंडेला के साथ यूकाइले गांधी जी को भी समता का सपना देखने वाले के रूप में याद करना चाहता है। भारत के बारे में उसकी जानकारी सीमित है। सिर्फ दो बातें ही बता पाता है—पहली, वहाँ भीड़ बहुत है। अपार जनसंख्या है, दूसरी, वहाँ बम भी बहुत फटते हैं यानी आतंकी कार्रवाई भी होती है और क्रिकेट? दक्षिण अफ्रीका आज की तारीख में टेस्ट मैच और वन डे में विश्व की नम्बर एक टीम है। लेकिन वहाँ क्रिकेट का बुखार और बाजार नहीं है। यूकाइले अजहरुद्दीन की स्टाइल और सचिन तेंदुलकर की आक्रामकता को पसन्द करता है। वह आमला का भी प्रशंसक है पर जोहान्सबर्ग की सड़कों या स्टेशन अथवा पर्यटक स्थलों पर क्रिकेट खिलाड़ियों के विज्ञापन कहीं दिखाई नहीं दिए। सिर्फ सफारी से लौटते हुए महेन्द्र सिंह धोनी की एक तस्वीर बिल बोर्ड पर देखने को मिली।

यूकाइले का आदर्श कोई राजनेता, अहिंसा का पुजारी या कोई क्रिकेट खिलाड़ी नहीं है। वह अश्वेत व्यवसायी, खानों का मालिक और 20 बिलियन अमेरिकी डॉलर सम्पत्ति के मालिक पेट्रिस योपे को अपना आदर्श मानता है और खूब पैसा कमा कर फ्रांस में भी सुन्दर दक्षिण फ्रांस में जाना चाहता है। पेरिस उसका पसन्दीदा शहर है।

दक्षिण अफ्रीका को रंगभेद शासित तंत्र से मुक्त हुए अब भी दो दशक से ज्यादा नहीं हुए हैं। यहाँ भी युवा राजनेताओं को भ्रष्ट मानते हैं। ज्यादातर टेंडर नेता अपने रिश्तेदारों या अपने ट्रस्टों को देते हैं। पुस्तक टेंडर घोटाला इन दिनों चर्चा में है। छात्रों को मिलने वाली पुस्तकें अभी तक मिली नहीं हैं और यह चर्चा का विषय है।

दक्षिण अफ्रीका की स्वास्थ्य व्यवस्था बहुत चरमराई हुई है। लेकिन वहाँ समाज में समरसता बनाए रखने के लिए नोबल पुरस्कार विजेता डेसमंड टूटू की अध्यक्षता में बने कमीशन ने महत्त्वपूर्ण भूमिका निभाई है। करुणा और सत्य का

एक महत्त्वपूर्ण प्रयोग है। यह कमीशन श्वेत अत्याचारों को दर्ज कर रहा है, माफी देकर कहा गया कि सत्य बोलिए। आपने जो अत्याचार-अन्याय करे हैं उन्हें दर्ज कराइए। एक नया इतिहास लिखा जा रहा है। एक भारी जन ज्वार के उठान के बाद जिन पर अत्याचार हुए हैं उस समाज द्वारा अत्याचारियों को माफ कर देना इस सदी की सबसे बड़ी करुणा है। विद्वेष से समाज बँट सकता था, पर विवेक से दक्षिणी अफ्रीकी समाज टूटा नहीं है। बँटा नहीं है। यूकाइले कहता है अब पुलिस अत्याचारी नहीं है। यहाँ कानून-व्यवस्था इतनी बुरी नहीं है जितनी बताई जाती है।

लेकिन 9वें विश्व हिन्दी सम्मेलन के कुछ प्रतिनिधियों को दिन दहाड़े जब कार से उतार कैमरा, धन, फोन ले लिये गए तो पूरा सम्मेलन ही मानो दहशत में आ गया। मंडेला स्क्वायर पर जब एक श्वेत जोर-जोर से पार्किंग कराने वाले अश्वेत से झगड़ रहा था या हमें लौटते हुए ड्राइवर की अभद्रता सहनी पड़ी तब या तो पुलिस ही नहीं दिखी या जो दिखी वह सामने नहीं आई।

दक्षिण अफ्रीका में मंडेला जीवन्त किंवदन्ती हैं। स्वाटो में उनका घर दर्शनीय स्थल है जहाँ अन्दर जाने का शुल्क 400 रु. के करीब है। मंडेला की तीसरी पत्नी का परिचय देते हुए उन्होंने कहा वे दो राज्याध्यक्षों की पत्नी रही हैं। विनी मंडेला भी पार्टी के लिए भले ही खलनायिका हों पर अश्वेत समाज के लिए वे अब भी नायिका और लोकप्रिय हैं। अलबत्ता ए.एन.सी. के स्टालिनवादी नेतृत्व ने रंगभेद विरोधी संग्रहालय के कई ऐतिहासिक महत्त्वपूर्ण चित्रों में से विनी मंडेला को गायब कर दिया है।

मंडेला का घर हमारे यहाँ की रेलवे कॉलोनी के तृतीय श्रेणी के कर्मचारी के घर के बराबर था। बड़े सपने देखने वाले, संघर्ष और जेल के पर्याय बन चुके मंडेला के घर के पास डेसमेंड टूटू और विनी मंडेला के घर भी हैं। मंडेला के पुत्र की मृत्यु और सरकार द्वारा उन्हें अपने पुत्र को अन्तिम विदाई देने से इनकार करने का दुख मंडेला को आज भी सालता है। उनके दूसरे पुत्र की मृत्यु भी एच.आई.वी. से हुई।

रंगभेद विरोधी आन्दोलन मानव इतिहास का एक चमकदार पन्ना है। "चार घंटे हों तो देखिए। लेकिन हमारे पास सिर्फ एक ही घंटा था। मंडेला हाउस देखकर लौटे थे। अगला दिन 'हैरिटेज डे' था, प्रवेश भी मुफ्त था, पर सोचा गया और सामूहिक निर्णय लिया गया कि 1948 से 1994 के बीच 2 करोड़ अश्वेतों को जिस तरह द्वितीय श्रेणी का नागरिक बनाकर रखा गया, उस यातना को भोगने वाले, उस क्रूरता के खिलाफ लड़ने वालों की जीवन्तता का दस्तावेज है 'ऐपरथाइड म्यूजियम'। जोहान्सबर्ग के मुख्य केन्द्र सेंडोन से गाड़ी से चलें तो 20 मिनट में इस म्यूजियम में पहुँचा जा सकता है। यह म्यूजियम इतिहास के छात्रों, तत्कालीन गुजरे समय का इतिहास बनाने वालों, फिल्म निर्माताओं और म्यूजियम निर्माण करने वाले 'क्यूरेटरों' के संयुक्त प्रयास का फल है। तहखाने में दबा काला अतीत यह

अहसास पूरा म्यूजियम देखने के बाद होता है। नस्ल के आधार पर विभाजन की असलियत जाते ही मालूम पड़ जाती है जब कालों की पंक्ति और गोरों की पंक्ति का खेल समझ में आता है। इस म्यूजियम में 21 व्यक्तिगत प्रदर्शनियाँ हैं। यहाँ आपको भावनात्मक रूप से झकझोर देने वाले इतिहास का गवाह बनना पड़ता है। यहाँ वे हथियार भी हैं जिनसे श्वेत पुलिस ने गोली चलाई थी। वे पुलिसिया गाड़ी भी हैं, जो अश्रु गैस के गोले फेंकती थीं और सांकेतिक रूप से वे फाँसी के फंदे भी हैं जिन पर नस्ल विरोधी गुलामी के खिलाफ लड़ने वाले फाँसी पर लटका दिए गए। 70-80 के दशक में चले आन्दोलन की बानगी फिल्म में भी दिखती है जिसमें अश्रु गैस, पुलिस के बूटों की खड़खड़ाहट पूरे इलाके में गूँजती है। औपनिवेशिक युद्ध, चुनाव टैक्स की जबरदस्ती और श्वेत किसानों के एंग्लो-बोयर युद्ध इस संग्रहालय के हिस्से हैं। इस संग्रहालय में वे कानून भी दर्ज किए गए हैं जिन्हें रंगभेद मानने वाली सरकार और उसकी संसद ने पारित किया। एक कानून उसमें यह भी था कि यह अश्वेत और श्वेत मर्द-औरत एक-दूसरे से प्रेम करेंगे तो पुलिस उनकी जासूसी कर उस रिश्ते को रखने वाले अश्वेत को गिरफ्तार कर लेगी।

6 हजार वर्गमीटर में फैला यह संग्रहालय तल घर में बसा है। इसमें कई धूसर रंग एक साथ दिखते हैं जिन्हें देखकर इन्हें 'नेचुरल' माना जा सकता है। यहाँ सीमेंट का प्रयोग है, लाल ईंटे हैं। पुराना जंग लगा हलका पीला पड़ गया स्टील है। शुरू में बन्धन की जकड़न, घुटन है और जब आप अन्त में बाहर निकलते हैं तो खुलापन है, आजादी है, स्मृति स्तम्भ है। अत्याचार, काले कानून, जन संघर्ष और विजय। अन्त में 1984 की विजय प्रमुखता से दिखाई गई है। यहाँ भी जालीदार दमघोंटू पिंजरे से शुरू होकर सीलन भरी दीवारें हैं। अत्याचार बताने वाले विश्वसनीय बी.बी.सी. के फुटेज हैं। संघर्ष के पोस्टर हैं। फोटो हैं। हमारे कई मित्र इस सब को देख दहल उठे। हमारे मित्र कुरबान अली को भारत में आपातकाल के संघर्ष भरे दिन याद आ गए। संग्रहालय उदासी और उत्साह दोनों का ही अहसास कराता है। काश भारत में भी इस तरह के अन्यायों के खिलाफ हो रहे, हुए संघर्षों के संग्रहालय बनें। क्या कभी जाति जैसी संस्था के खिलाफ कोई संग्रहालय बन सकता है? भारत में वैसे भी स्मृति को जला देने, बहा देने की परम्परा है। ऐसे में कई प्रकार के अन्याय अबोले, अप्रदर्शित ही रह जाते हैं। रंगभेद के खिलाफ लड़ने वाले नागरिकों ने अपना गौरवपूर्ण इतिहास कैसे सँजोया है। यह इस संग्रहालय जाकर ही समझा जा सकता है।

'सवेरे 6 बजे रवाना होंगे। ठीक 6 बजे, यह तय किया था हमने' लेकिन हमें देरी होती गई। ड्राइवर ही हमारा गाइड बन गया था। उसने कहा था— 'बिग 5' देखने को मिलेंगे। लेकिन जंगल का राजा अन्त तक नहीं दिखा। हाथी, जिराफ़, गैंडा, जेबरा और कितने ही पशु-पक्षी देखने को मिले। पिलसबर्ग नेशनल

पार्क अफ्रीका का चौथा सबसे बड़ा जंगल है। 55 हजार हेक्टेयर में फैला यह पार्क कई विशेषताएँ लिये हुए हैं। यहाँ कई नज़ारे एक साथ दिखाई देते हैं। यह क्षेत्र भूगर्भी दृष्टि से करोड़ों वर्ष पुराना है। यहाँ लावा प्रवाह के कारण पुराने गहरे पथरीले गड्ढे बन गए हैं। साथ ही, यहाँ एक तरफ हरियाली तो दूसरी तरफ जंगल की सूखी घास भी दिखाई देती है। बहुत सुन्दर मानकेव बाँध के पानी में मगरमच्छ भी दिखता है तो हाथियों के झुंड भी पानी में अठखेलियाँ करते नजर आते हैं।

कई वर्ष पहले नेपाल के चितवन क्षेत्र में हाथी पर बैठकर गैंडों को देखने की कवायद की थी। यहाँ दक्षिण अफ्रीका में हमारी वैन में ड्राइवर के साथ वाली प्राइम सीट शुरू से ही मिल गई थी। जोहान्सबर्ग से उत्तर-पश्चिम दिशा में 200 किलोमीटर दूर पिलसबर्ग नेशनल पार्क जलवायु, क्षेत्रफल, भूगर्भी रचना के अनुसार एक अद्‌भुत संगम बन गया है। बहुत दूर पेड़ के नीचे देखी हलचल, शेर के पाँव के निशान, शेर का शिकार लेकिन शेर नहीं दिखा सो नहीं दिखा।

जंगल की आबोहवा में भय नहीं था। जगह-जगह गाड़ियाँ दिख रही थीं। साइन बोर्ड दिख रहे थे। ड्राइवर के अनुभव, जुलू में एक-दूसरे को इशारे से कुछ शब्दों के उद्‌घोष हमें जिज्ञासा से भर देते। जिराफ शुरू में दिखे तो एकदम रोमांच हो आया पर बाद में इतनी तादाद में दिखाई देने लगे कि सब कुछ सामान्य हो गया।

पिलसबर्ग नेशनल पार्क के पास ही थीम सिटी 'सन सिटी' है जहाँ विश्व सुन्दरी प्रतियोगिताएँ होती हैं। एसेल वर्ल्ड (मुम्बई) और रामो जी राव सिटी (हैदराबाद) इसके लघु संस्करण हैं। जुआ और मनोरंजन का असली केन्द्र सन सिटी कृत्रिम निर्मित शहर है। पुणे का लवासा, एम्बी वैली भी इसकी नकल है। विशालता और सुन्दरता से इस प्रतीक में नकली समुद्री लहरें उठ रही थीं और श्वेत अफ्रीकी नागरिक ही इसका आनन्द उठा रहे थे। प्रसिद्ध कहानीकार और अनुवादक दामोदर खड़से ने एक और बारीक निरीक्षण करते हुए कहा कि अधिकांश कार चालक यानी मालिक भी गोरे ही हैं।

दक्षिण अफ्रीका में दुनिया का सबसे अच्छा, स्वच्छ, नीला, विस्तृत आकाश दिखाई देता है। 'कच्छ के रन' का आकाश अब तक का देखा सबसे सुन्दर आकाश था पर छह दिन के प्रवास में दक्षिण अफ्रीका का नीला विस्तृत आकाश अविस्मरणीय बन गया। जोहान्सबर्ग से पिलसबर्ग के रास्ते आकाश, पहाड़ और झील का नज़ारा एक साथ तो कई बार अलग-अलग दिखाई दिया।

अफ्रीकन मार्केट यानी दक्षिण अफ्रीका के परम्परागत लकड़ी के कारीगरी के नमूने, मुखौटे, जानवरों की काष्ठ में उकेरी गई कृतियाँ, परम्परागत वस्त्र, जिराफ, हाथी, शेर की प्रतिकृतियाँ यादगार वस्तुएँ। हमें चीन याद आ गया जहाँ रोज मोलभाव, कभी कम, कभी बहुत कम की बात कर बीच में समझौता करना हमारी दिनचर्या का हिस्सा बन गया था। दक्षिण अफ्रीका का बाजार भी ऐसा ही था। बी.बी.सी.

के पुराने सहयोगी और नौवें विश्व हिन्दी सम्मेलन के सम्मानित विजय राणा और श्रीमती रेणु राणा भी इस बाजार में सस्ती खरीदारी कर प्रसन्न दिखे।

क्या दक्षिण अफ्रीका का मानस रंगभेद पर पूरा बदल चुका है। क्या अश्वेत आर्थिक सीढ़ियों पर चढ़ने लगे हैं? लगता नहीं है बहुत कुछ बदला है। भाई विजय राणा अफ्रीकी मार्केट की 'सफल' खरीदारी के बाद कॉफी पी रहे थे। हम भी साथ थे। तभी रेस्तराँ के मालिक से विजय भाई ने पूछा, "आपके यहाँ सबसे बड़ा अखबार कौन सा है? श्वेत मालिक ने *स्टार* नाम के अखबार की तरफ देखकर कहा हाँ और तभी अश्वेत वेटर से पूछा, "तुम्हारा अखबार कौन सा है? तुम लोग क्या पढ़ते हो?" जिस आसानी से उसने यह पूछा उससे हम सभी हतप्रभ रह गए। लगा समाज की दो फाँकें बरकरार दिखीं। दक्षिण अफ्रीका के जोहान्सबर्ग के उपनगरों में सुरक्षा के उपकरणों की भी अधिकता दिखी। जगह-जगह तारों से घर घिरे हुए थे। सिर्फ सफारी में जंगल को घेरा नहीं गया था, जहाँ जानवर जहाँ से चाहें आ सकते थे।

दक्षिण अफ्रीका के जोहान्सबर्ग में मेट्रो ट्रेन महँगी और बहुत खाली-सी थी। पब्लिक ट्रांसपोर्ट ज्यादा नहीं दिखा। जब हम 200 किलोमीटर दूर पिलसबर्ग जा रहे थे तब रास्ते में कई स्कूली छात्रों, घरेलू महिलाओं ने हमसे लिफ्ट माँगी। दक्षिण अफ्रीका के गाँव कम आबादी के और साफ-सुथरे थे। कहीं शोर-शराबा, माइक गाने नहीं थे। शराब, मांस, जुआघर की बहुतायत थी। हम धीरे-धीरे पिलसबर्ग से लौट रहे थे, तब शाम ढल रही थी।

दक्षिण अफ्रीका में एक आकर्षण है, वहाँ के संघर्ष से जुड़े लोगों में स्नेह और बन्धुत्व का भाव है। वहाँ की प्रकृति और वनस्पतियाँ आपको आकर्षित करती हैं। इन्हें देख लेना भर एक सुकून का क्षण है और इससे जुदा होना थोड़ा अकेलापन का अहसास करा रहा था। हम अपने साथियों के साथ जोहान्सबर्ग से मुम्बई लौटने की तैयारी में थे और फिर अगले दिन जहाज से बिना किलिमंजारो देखे बरास्ते नैरोबी मुम्बई पहुँच गए विश्व हिन्दी सम्मेलन और जोहान्सबर्ग की यादें समेटे।

*(2012)*

# पृथ्वी गंधमयी तुम

शाम को जब यह बात पक्की हो गई कि कल सवेरे नाथुला दर्रा जाना है तो कई भय, कुछ हर्ष और बहुत कुछ रोमांच मन में एक साथ पैदा हो गया। समुद्र का आदमी, समुद्र तल से 14,140 फुट ऊपर कैसे जाएगा? वहाँ ऑक्सीजन की कमी होगी? वहाँ आपातस्थिति में लौटने की क्या व्यवस्था है?

पर तभी दूसरी विवेकवान आवाज आई माउंट फूजी और अरावली के सबसे ऊँचे पहाड़ माउंट आबू के बाद यहाँ शायद वह कठिनाई नहीं हो और रोमांच था भारत की सीमाओं की रक्षा कर रहे सैनिकों के जज्बे को देखना, उनसे मिलना और तिब्बत से जोड़ने वाले सिल्क रूट की कठिनाई भरी चढ़ाई को समझना।

गंगटोक में रात को हमारे पास सूचना आई कि कल मौसम साफ रहेगा और हम बिना किसी बड़ी दिक्कत के नाथुला तक जा पाएँगे। नाथुला जाने के लिए भारतीय सेना और सिक्किम पुलिस अलग-अलग अनुमति-पत्र जारी करते हैं जिसका वे नियत शुल्क लेते हैं। सिक्किम पुलिस द्वारा जारी पास यात्रा के प्रारम्भ में ही जाँचा जाता है और सेना द्वारा जारी पास नाथुला से 8 मील दूर जाँचा जाता है। नाथुला जाते समय और वहाँ से लौटते समय अपने वाहन में हमने स्थानीय महिला नागरिकों को 'लिफ्ट' दे दी थी जिन्होंने सुझाव दिया कि जैसे-जैसे आप ऊँचाई पर जाएँगे वैसे-वैसे आपके शरीर को गर्मी की जरूरत पड़ेगी और इसके लिए पॉपकार्न जरूर साथ रख लें। वे 15 माइल तक हमारे साथ जाने वाली थीं। उन्होंने कहा कि उन्हें स्थायी अनुमति-पत्र मिला हुआ है। वे कलकत्ता में पढ़ती हैं। उनके पास बी.एस.एन.एल. के मोबाइल 'सिम' है और भारतीय सेना के मेडिकल सेंटर उनकी स्वास्थ्य सेवाएँ देखते हैं।

यहाँ स्थानीय नागरिकों की जनसंख्या ज्यादा नहीं है। सिक्किम में दूध प्रचुर मात्रा में होता है और मक्का, सन्तरे की खेती भी पर रास्ते में सर्वाधिक दिखते हैं ऊँचे-ऊँचे देवदार के वृक्ष और बहते झरनों के पास वृक्षों-लतिकाओं पर सजे सुन्दर

पुष्प। यहाँ भारतीय सेना की उपस्थिति और सेना की चहलकदमी उस समय काफी थी, जब नवम्बर में हमने नाथुला की यात्रा की थी।

नाथुला के इस रास्ते से ही तो चीनी यात्री ह्वेनसांग, फाहियान और बाद में मार्कोपोलो आए थे। नाथुला भारत के सिक्किम और तिब्बत की चुम्बी घाटी को जोड़ता है। नाथुला दो तिब्बती शब्द नाथु—सुनने वाले कान और ला—दर्रा से बना है। भारत-चीन के तीन व्यापारिक केन्द्रों में से एक नाथुला भारत-चीन के बीच सिल्क रास्ते के रूप में जाना जाता है। भारत-चीन युद्ध के बाद 1962 में नाथुला से भारत-चीन का व्यापार रोक दिया गया था पर 2006 में जब चीन और भारत दोनों ही देश उदारीकरण और निजीकरण की नीति के चलते व्यापार सम्बन्धों पर ज्यादा जोर देने लगे तो व्यापार सम्बन्ध फिर शुरू हो गए। हमारी यात्रा के दिन यह केन्द्र बन्द था वरना दो तरफ की गाड़ियाँ बड़ी तादाद में आती हैं।

नाथुला का असली सफर 15 मील के बाद शुरू होता है। रास्ता टेढ़ा-मेढ़ा, सड़क कई जगह बारिश के बाद टूटी थी, जगह-जगह सैनिकों की उपस्थिति और मंजिल थी 14,140 फुट पर मौजूद भारत-चीन की सीमा पर भारत की अन्तिम चौकी।

नाथुला सिक्किम आए पर्यटक के लिए एक जरूरी और आकर्षक स्थान बन गया है। भारतीय सेना और सिक्किम पुलिस यहाँ तक जाने-आने को देखती है। सवेरे सैकड़ों इनोवा कारें 58 किलोमीटर के इस दुर्गम रास्ते पर जाती हैं और शाम होने से पहले गंगटोक पहुँच जाती हैं।

15 मील पर छोटा-मोटा बाजार है। यहाँ गर्म कपड़े किराये पर मिलते हैं। 100 रुपये में गर्म जैकेट, हाथ के दस्ताने और मफलर। ज्यादातर लोग अपनी पूरी तैयारी करके आते हैं फिर भी हमें सलाह दी गई कि ये गर्म कपड़े नाथुला की ठंडी का मुकाबला कर सकते हैं। तापमान कम हो रहा था। धीरे-धीरे पहाड़ नंगे और मिट्टी का रंग भी बदल रहा था। सूखापन और हवा में भारीपन दिखाई दे रहा था। तभी छांगू झील दिखी जो 12,300 फुट पर थी। झील बहुत बड़ी नहीं थी पर झील के आसपास पर्यटकों की भीड़ थी और ज्यादातर लोग अपनी यात्रा को यादगार बनाने के लिए फोटो खींच रहे थे और याक की सवारी कर रहे हैं। यहाँ ठंड का अहसास बहुत ज्यादा था। झील में पक्षी नहीं थे। हमारे सहयोगी लोपचा बोले, "एक-दो सप्ताह बाद यह झील बर्फ से जम जाएगी, रास्ता भी। छांगू झील के बाद ही पूर्ण सैनिक निगरानी शुरू होती है। एक बार फिर कागजात जमा करा, नाथुला जाने की अनुमति लेनी होती है।

हर मोड़ पर नज़ारे बदलते हैं। दूर तक चढ़ाई करती गाड़ियाँ छोटी दिखती हैं। चक्करदार, सर्पीली सड़कें आपके इरादे नापना चाहती हैं। सर्द हवाएँ भी सेना की तेज चलती जिप्सी को नहीं रोक पाती हैं। जगह-जगह सैनिक मोबाइल

फोन से अपने प्रियजनों से बात करते नजर आते हैं। कभी-कभी दो टनर रास्ता रोकते हैं, पर जल्दी ही साइड दे देते हैं। नाथुला में गाड़ियाँ तेजी से चढ़ाई पर चढ़ती हैं, पर उतरना ज्यादा खतरनाक होता है। अतिवृष्टि और वृष्टि के बाद भी लगातार पहाड़ों के ऊपर से बहता पानी भूस्खलन के खतरनाक रूप में दिखाई देता है।

नाथुला का इलाका पुराने भौगोलिक परिवेश के चलते कठिन और तकलीफदेह है। यहाँ चीन-भारत के सीमा क्षेत्र के अलावा छावनियों के आसपास सिक्किम के ग्रामीण चीन से लाई वस्तुएँ भी बेचते हैं। ये वस्तुएँ इन छोटे दुकानदारों ने चीन के व्यापारिक केन्द्र से खरीदी थीं। नाथुला में जड़ी-बूटियाँ और बौद्ध प्रार्थना स्थलों में अग्नि को अर्पित की जाने वाली सुगन्धित घास और लकड़ियाँ भी सस्ते दाम पर उपलब्ध थीं, जिन्हें बौद्ध धर्म के अनुयायी खरीद रहे थे।

'आप हिमालय पर ज्यादा देर तक नहीं ठहर सकते हैं' यह मुहावरा सिर्फ सुना था, कभी अनुभव नहीं किया था। चीन के भीतर दो बार जाने का मौका मिला है पर भारत-चीन के बॉर्डर को साक्षात् देखने का मौका मिल रहा है, यह कम रोमांचकारी अनुभव नहीं था।

तेज ठंडी हवाएँ थीं। पॉपकॉर्न समाप्त हो चुका था, पर थर्मस में गंगटोक से लाई बिना शक्कर की कॉफी बची थी। उसे पीकर कुछ क्षण के लिए शरीर में गर्मी पैदा की और कार का दरवाजा खोला तो लगा हवा बर्फ से भरी हुई तेजी से चल रही है। एक पहाड़ीनुमा इलाके में तिरंगा शान से फहरा रहा था। नाथुला में पर्यटकों को एक किलोमीटर दूर ही उतार दिया जाता है। सौभाग्य से हम चौकी से 50 मीटर दूर उतरे क्योंकि हमारी गाड़ी सीमा सुरक्षा बल की थी। सामने ही सीढ़ियाँ थीं, बाईं तरफ 20 फुट का स्टील का एक दरवाजा था और भारतीय सेना की चौकी तक पहुँचने की सीढ़ियाँ थीं। हवा बर्फीली और हवा में ऑक्सीजन की कमी थी। सामने इमारत थी, जहाँ दो-तीन कमरे थे, पर पर्यटकों को उधर से गुजरने भर की अनुमति थी। बाहर थोड़ी सीढ़ियाँ चढ़ने पर एक बड़ा-सा खुला-सा प्रांगण था, सामने चीन की इमारत थी जहाँ कुछ मजदूर मरम्मत कर रहे थे। सिर्फ कँपकँपी और हवाएँ। तापमान शून्य से नीचे था। तिब्बत की राजधानी ल्हासा 270 किलोमीटर दूर थी। भारतीय क्षेत्र में 300-400 लोग थे, चीनी इलाके के चार-पाँच पर्यटक ऊँचे दरवाजे की तरफ खड़े थे। जब हम वापसी में फिर वहाँ पहुँचे तो वे लोग हमें देख अंग्रेजी में बोले, "हम उधर आना चाहते हैं। बॉर्डर की जरूरत नहीं है।" शायद वे तिब्बती थे, शायद नहीं। पर वे सीमा के तंत्र को तोड़ने की इच्छा रखने वाले नागरिक थे। लोगों को लोगों से जोड़ने, संवाद बनाने वाले। कुल 6-8 मिनट का शीतकाल हमें फिर लौटने को प्रेरित कर रहा था। हमने 6-8 मिनट फिर और रहने का मन बनाया। उसी चौक

में घूमे, नीचे आकर सैनिकों की स्मृति में बना स्मारक देखा और तभी मालूम हुआ कि 1956 में जवाहरलाल नेहरू यहाँ घोड़े पर बैठकर आए थे।

अब जाने का समय हो गया। एक तकलीफ से भरी चुनौती को हमारे लिए स्वीकार करते भारतीय सेना के जवानों का अभिनन्दन कर हम थोड़ा नीचे बाबा हरभजन सिंह की स्मृति में मन्दिर की ओर रवाना हुए जहाँ हमें प्रकृति का सर्वश्रेष्ठ नज़ारा दिखा। एक झील जिसकी शक्ल हाथी की तरह थी, वह दिखी और हरभजन बाबा के मन्दिर से लौटते समय एक अनाम झील भी दिखी। साफ नीला कंच जल। यह नीली झील थी, पर उसका कोई बूढ़ा तांत्रिक नहीं था। मन्दिर जाते समय कई जगह बोर्ड लगा था कि 'आप चीन की निगरानी क्षेत्र में हैं।' कई जगह लिखा था, 'आप निगरानी क्षेत्र से बाहर हैं।' हरभजन बाबा भारतीय सेना के अफसर थे, जो आज भारतीय सेना के रक्षक हैं। मृत्यु के बाद भी कोई कैसे पुण्य आत्मा बन सुरक्षा का बोध कराता है, यह इस मन्दिर में आए अधिकांश सैनिक श्रद्धालुओं से मालूम पड़ता है। यहाँ मेडिकल चेकअप की भी व्यवस्था थी। सिर में थोड़ा दर्द था। यहाँ के डॉक्टरों ने ब्लड प्रेशर नापा और कहा चिन्ता न करें।

हरभजन बाबा के मन्दिर से लौटते हुए 15 मील दूर की दुकान पर अपने अतिरिक्त कपड़े लौटाये और बादलों के अचानक आगमन से लगा, 'अरे! इतने सारे मेघ! इतने मेघ और इतनी ठंडी स्वच्छ हवा, दोनों वहाँ की पृथ्वी को गंधमयी बना रहे थे।'

लौटते समय बड़ी देर तक बादलों ने हमारा रास्ता रोक पीछा किया। हमने जहाँ किराये के गर्म कपड़े लिये थे, उस दुकान की मालकिन भी हमारे साथ लौट रही थी। वह बता रही थी, नाथुला जाने वाले पर्यटक सिर्फ पाँच-छह महीने ही ऊपर तक जाते हैं। बर्फ के कारण कामकाज कई-कई महीनों ठप्प रहता है। बिजली की कमी, शिक्षा के केन्द्रों का न होना भी एक बड़ी शिकायत थी, पर सैलानियों के बढ़ते समूह उन्हें अच्छा व्यवसाय देते हैं। रोज चार-पाँच हजार कमा लेते हैं। पहाड़ों में रहने वाले खुशमिजाज और मेहनती होते हैं और वे भी इन दोनों गुणवाली थीं।

पहली बार भारत-बांग्लादेश का बॉर्डर हलकी बारिश में कलकत्ता-जैशोर का देखा था। दूर एक नदी थी जिसे दोनों सीमाओं को अलग करने वाली बताया था, बात तब की है जब बांग्लादेश में मुक्ति वाहिनी आजादी की लड़ाई लड़ रही थी। मुजीब उस अद्‌भुत संघर्ष का नेतृत्व कर रहे थे। दूर बारिश से पैदा हुए धुँधलके में कुछ लोग दिखे तो हमें कहा गया, "देखो, मुक्तिवाहिनी के जाँबाज सैनिक।" कुछ लोग दिखने बन्द हो गए और भारत-बांग्लादेश का बॉर्डर देख हमारी बस लौट आई।

उस समय वहाँ भय और युद्ध का माहौल था, जहाँ निर्भीक और आजादी के बहादुर सिपाही अपनी लड़ाई लड़ रहे थे।

1972 और 2016 के बीच पद्मा नदी में बहुत पानी बह चुका है। हम उत्तर बंगाल के बागडोगरा के फूलनारी इलाके के 'जीरो पाइंट' जा रहे हैं। भारत-बांग्लादेश के इस बॉर्डर पर जानवरों की तस्करी के अलावा सोने की तस्करी भी होती है। पर बी.एस.एफ. के मुस्तैद जवानों और सीमा के साथ तारों का बाड़ा बनी रेखा पर बी.एस.एफ. के कई ठिकाने हैं, जहाँ हमारे सैनिक बॉर्डर पर निगरानी रखते हैं। भारत-बांग्लादेश के बॉर्डर में वह तनाव और हिंसा नहीं है जो भारत-पाकिस्तान बॉर्डर पर है। इस वक्त इस क्षेत्र में भारत-बांग्लादेश-बर्मा और मलेशिया को जोड़ने वाला एक महत्त्वाकांक्षी हाई-वे बन रहा है। जगह-जगह सड़क पर खुदाई और निर्माण कार्य चल रहा है। बी.एस.एफ. के अधिकारियों का कहना है कि उन्हें राज्य सरकार चौकियाँ बनाने के लिए जमीन उपलब्ध नहीं कराती है। बी.एस.एफ. और नए हाईवे को लेकर भी बातचीत चल रही थी, जब हम बी.एस.एफ. की चौकी पर गए थे, तब उनके अधिकारी, हाईवे के अधिकारियों से बातचीत कर रहे थे।

भारत-बांग्लादेश का यह बॉर्डर शान्त और ज्यादा गतिविधियों वाला नहीं था। हाँ, भारत की तरफ पत्थरों से लदे सैकड़ों ट्रक जरूर खड़े थे, जो बांग्लादेश में प्रवेश की प्रतीक्षा कर रहे थे। जीरो पाइंट के पहले 'नो मेन्स' जमीन थी। जीरो पाइंट एक स्मारक था, जिसमें शून्य की एक बड़ी कलाकृति थी। पास में ही सीमा के विभाजन को बताने वाला परम्परागत खम्भा भी था, जो ज्यादा बड़ा नहीं था। 20-25 बांग्लादेश के नागरिक भारत में प्रवेश की औपचारिकताएँ पूरी कर रहे थे। बांग्लादेश के सैनिकों ने गर्मजोशी से हमारे साथ हाथ मिलाकर यह सन्देश दिया कि दोनों देशों के बीच रिश्ते सामान्य हैं।

बॉर्डर के वास्तविक रूप देखने के बाद हम बी.एस.एफ. की 10 किलोमीटर दूर एक चौकी पर गए। दोनों तरफ खेतों में हरियाली थी। भारत की तरफ नालों में जल था। कुछ-कुछ घर भी दिख रहे थे। दोनों तरफ खेती हो रही थी। किसान खेती में लगे थे। बी.एस.एफ. के जवान साइकिल पर राइफल लिये पेट्रोलिंग कर रहे थे। दोनों तरफ सशस्त्र सैनिक चुस्त तैनात खड़े थे। 'ए पार बांग्ला-ओ पार बांग्ला।' देशों की सीमाओं के बॉर्डर हमेशा यह सोच पैदा करते हैं कि दोनों तरफ में क्या कोई अन्तर है? एक-सी धरा है। ये सीमाएँ किसने बनाई हैं? हमने? यही सोच मन उदास हो गया। सीमाएँ कितनी कृत्रिम होती हैं।

जलदापाड़ा राष्ट्रीय उद्यान तीसरा राष्ट्रीय उद्यान है, जहाँ जाने का मौका मिल रहा था। इससे पहले के उद्यान भारत से बाहर के थे। नेपाल और दक्षिण अफ्रीका। जलदापाड़ा और उसके जंगल के अन्दर हालोंग बंगलो इस उद्यान की

खासियत है। जंगल के भीतर 10 किलोमीटर से ज्यादा भीतर हालोंग बंगलो का आकर्षण न सिर्फ सैलानियों को होता है बल्कि एक सींग वाले गैंडे को भी है। शाम होते-होते हम जलदापाड़ा के हालोंग बंगलो पहुँचे थे। दो तले का सुन्दर सुरुचिपूर्ण स्थान। बंगाल के पूर्व मुख्यमंत्री स्वर्गीय ज्योति बाबू का प्रिय स्थान, पूर्व राज्यपाल गोपाल कृष्ण गांधी और वर्तमान मुख्यमंत्री ममता बनर्जी का भी प्रिय स्थान रहा है।

एक बड़ा-सा ड्राइंग रूम है। सार्वजनिक। ज्यादातर परिवार वहाँ बैठे रहते हैं। बाहर और खुला प्रांगण है और उस पार एक प्रवाहित जल से भरा गहरा नाला, जहाँ नाना प्रकार की मछलियाँ हैं और उस पर नमक-गुड़ खाने आए गैंडे, चीतल, भैंसें और कई सुन्दर मोर। जब हम पहुँचे उसके कुछ घंटे पूर्व ही गैंडा आ चुका था। लगता है, कल भाग्य होगा तभी दिखाई देगा। एक बाइसन दिखा, उसे देख फोटोग्राफर अपने-अपने मोबाइल से टूट पड़े। जलदापाड़ा में जलपाईगुड़ी और आसपास के कई यात्री थे और कलकत्ता से भी कुछ पर्यटक आए थे। हम ही मुम्बई से थे। एक बच्चा जो चौथी या पाँचवीं में पढ़ता था मुम्बई का नाम सुन अभिभूत हो गया। बोला, "आप कितने भाग्यशाली हैं, रोज अमिताभ और शाहरुख खान को देखते होंगे, जब उसे मुम्बई की असलियत बताई तो वह जलदापाड़ा में अधिक रुचि लेने लगा और वन्य जीवों में खो गया।

शाम हो रही थी। ज्यादातर पर्यटक अगले दिन की हाथी सवारी या जीप सफारी की तैयारियाँ कर भोजन से निपटे ही थे कि चौकीदार आया। उसके पास तेज रोशनी करने वाली टॉर्च थी। उसने उत्तेजित स्वर में कहा, "बाहर आइए। दरवाजे के बाहर निकले। हमारे हालोंग लॉज के बगीचे में गैंडा आया हुआ है। आप लोग जिसे देखने के लिए जंगल जा रहे हैं वह खुद आपसे मिलने आया है। आइए, जल्दी आइए।

"असल में दो गैंडों का झगड़ा हो गया था, जिसके चलते यह गैंडा हमारे इलाके में आ गया। इनमें झगड़ा हो सकता है, यह हिंसक हो सकता है। आप लोग दूर रहें।" गैंडा आराम से बगीचे की घास चर रहा था। दूरी थी सिर्फ 25 मीटर। टोरसा नदी के किनारे बसा जलदापाड़ा राष्ट्रीय उद्यान 216.51 वर्ग किलोमीटर में फैला हुआ है। इसे 1941 में खोजा गया और वन्यजीव अभयारण्य का दर्जा दिया गया। पूर्वी हिमालय का यह तराई क्षेत्र है। यहाँ घास के मैदान हैं। काजीरंगा के बाद यहाँ पर एक सींगवाला एशियाई गैंडा सर्वाधिक संख्या में है। बायसन, हिरन भी यहाँ पर्याप्त संख्या में हैं। हाथी और गैंडे के अलावा यहाँ 350 किस्म के पक्षी विशेषकर चिड़ियाएँ हैं। यहाँ पर इस जंगल में 160 के करीब गैंडे हैं। वर्ष 1800 में यहाँ टोटो और बोड़ो जनजाति निवास करती थी। बागडोगरा से 150 किलोमीटर दूर जलदापाड़ा में रात और कुछ नज़ारे दिखाने वाली थी। रात को

दस बजे उस जगह, जहाँ दोपहर में एक भी जंगली पशु नहीं दिख रहा था, वहाँ आठ गैंडे, चीतल, भैंसे, हिरन एक साथ खड़े थे। हर किस्म का जंगल निवासी हमसे मिलने आया हुआ था।

जंगल में दिन की शुरुआत बहुत भोर में हो जाती है। हाथी की सवारी कर जंगल में फिर से रात को पधारे मेहमानों को देखने के लिए पर्यटक जा रहे थे। हम जीप सफारी करने वाले थे। जंगल में वॉच टावर्स थे जहाँ बहुत कोशिश करने पर भी सिर्फ हल्का-सा हिलता गैंडा नजर आ रहा था।

जलदापाड़ा में वृक्ष इतने ऊँचे और घने हैं कि कई जगह सूरज की रोशनी भी नहीं दिखाई देती है। साल और शिशु के वृक्ष एक 'रेन फोरेस्ट' को नया शान्त, भयावह और सूनेपन से घिरा बना रहे थे। मानसून बीत गया था, शिशिर ने जंगल का रंग बदल दिया था। नाना प्रकार के जंगली पुष्प, कई प्रकार की मछलियाँ पानी में दिखाई दे रही थीं।

हालोंग बंगलो की विशालता, वहाँ का आभिजात्य और जंगल की शान्ति जलदापाड़ा को एक अलग ही दर्जे का अभयारण्य बनाता है। शायद यहाँ बहुत पहले लाइट, एसी और पंखे नहीं होते होंगे, क्योंकि यहाँ का खुलापन जंगल में समाहित हो जाता है। केवल गैंडे को देखने आने वालों की एकमात्र इच्छा यही रहती है। गैंडा देखने को मिल जाए और हम सन्तुष्ट थे कि हालोंग बंगलो में आकर गैंडा हमसे मिलकर लौट चुका था।

जलदापाड़ा से गंगटोक का रास्ता सिर्फ और सिर्फ हरे रंग के जल वाली तीस्ता के साथ-साथ चलता है। तीस्ता के तरह-तरह के रंग, मोड़ और विशालता लिये दिखाई देती है।

तीस्ता नदी सिक्किम और बंगाल से गुजरकर बांग्लादेश की ओर बहती है। यह सिक्किम और पश्चिम बंगाल के जलपाईगुड़ी क्षेत्र की प्रमुख नदी है। इसकी लम्बाई 309 किलोमीटर है। यह कलिम्पोंग और जलपाईगुड़ी शहरों से होकर गुजरती है। उत्तरी बंगाल की तो यह जीवन रेखा है। हमें सबसे पहले तीस्ता बेराज में अथाह जल वाली नदी जलदापाड़ा से गंगटोक के रास्ते में दिखी। तीस्ता नदी के कारण ही सिक्किम में बिजली की कोई कमी नहीं है। तीस्ता को कुछ जगह रोककर जल विद्युत संयंत्र बनाया गया है। इन बाँधों की वजह से यहाँ बिजली बहुतायत में है।

तीस्ता बाजार एक छोटा-सा कस्बा है और यहाँ पर ही दार्जिलिंग जाने के लिए रास्ता अलग होता है। तीस्ता यहाँ किसी झील की तरह दिखती है। फैली और शान्त, तो कुछ जगह बहुत गहरी और हरी। कुछ जगह कल-कल बहती है। कुछ जगह पानी में नाव की राफ्टिंग के लिए यह नदी बहुत प्रसिद्ध है। पर कई जगहों पर इसका प्रवाह बहुत तेज है। यह तेजी इस नदी की खासियत है।

18वीं शताब्दी के उत्तरार्द्ध तक इसका संगम गंगा नदी में होता था किन्तु 1787 की बाढ़ की वजह से इसकी धारा-दक्षिण-पूर्व में मुड़कर ब्रह्मपुत्र में मिल गई। तीस्ता ब्रह्मपुत्र की सहायक नदी है। इसका उद्गम स्थल हिमालय क्षेत्र में चुंथांग के पास है। निचले प्रवाह में इसमें बहुधा धारा परिवर्तन होता है। ब्रह्मपुत्र के पास यह पथरीले तलहट और दलदल के कारण परिवहन के योग्य नहीं रहती है। इसके पानी से सिंचाई भी होती है। जलदापाड़ा से गंगटोक के रास्ते एक नहर कई मीलों तक हमारे साथ चलती रही।

भारत में नदियों के जो प्रचलित रूप और आकार हैं, उनसे तीस्ता नदी का रूप बहुत अलग है। यह गंगा जितनी चौड़ी और विशाल तो नहीं है, पर यह नर्मदा जैसी विभिन्न स्थानों पर अलग-अलग दिखती है। तीस्ता की याद उसके पहाड़ों के साथ-साथ सफर करने पर भी ज्यादा बनी रहती है।

सिक्किम की राजधानी गंगटोक अपनी साफ-सफाई, प्लास्टिक से सम्पूर्ण मुक्ति, बहुत कुशल ट्रैफिक संचालन और ओटो की जगह टैक्सी के रूप में 'शेयर कैब' (साझा टैक्सी) के लिए प्रसिद्ध है। कई बार तो यह अहसास बना रहता है कि आप देश के अन्य बहुत भीड़-भाड़ वाले इलाके में नहीं, बल्कि परदेश के किसी इलाके में हैं, लेकिन गंगटोक की एम.जी. रोड, वहाँ पर सुरक्षित महिलाएँ और पर्यटकों की गहमागहमी यह बताती है कि इस शहर में 'नागरिक' हैं, भीड़ नहीं है। यदि एम.जी. रोड पर गाड़ियों का चलन नहीं है तो किसी की भी गाड़ी वहाँ नहीं जाती है। दुकानदारों के पास एक भी प्लास्टिक की थैली नहीं है।

गंगटोक में जिस दिन हम मौजूद थे, उस दिन वहाँ बौद्ध सम्प्रदाय के एक प्रमुख अनुयायी का निर्वाण हो गया था। दुख और श्रद्धा से जुड़े बौद्ध धर्म के कई अनुयायी उनके अन्तिम दर्शन के लिए वहाँ मौजूद थे। कई वाहन थे, थोड़ी अव्यवस्था भी थी लेकिन मौके की गरिमा बनी हुई थी। गंगटोक में बौद्ध धर्म और नेपाली भाषा का दबदबा है। ज्यादातर गंगटोकवासी नेपाली में ही संवाद करते हैं। गंगटोक से पाँच-सात किलोमीटर दूर सिक्किम विश्वविद्यालय भी है। यहाँ विशाल और फैले हुए कैम्पस नहीं हैं, लेकिन तिब्बती, पहाड़ी स्थापत्य निराला ही दिखता है। विधानसभा हो, गुरुद्वारा हो या फिर यहाँ के जगप्रसिद्ध फूलों का मेला-सा लगने वाला प्रांगण। इतने विविध रंग-बिरंगे पुष्प।

फूलों के साथ-साथ चलता है रास्ता। गंगटोक से 24 किलोमीटर दूर 5,800 फुट की ऊँचाई पर रूमटेक बौद्ध विहार (गोम्पा) मौजूद है। इसे धर्मचक्र केन्द्र भी कहा जाता है और यह 300 वर्ष पुराना है। यह सबसे पुराना बौद्ध विहार है। 1960 में इसका पुनर्निर्माण किया गया। यहाँ एक विद्यालय के साथ-साथ ध्यान और साधना का खंड भी है। यहाँ कायूपा सम्प्रदाय से सम्बन्धित अनेक वस्तुएँ हैं और सोने का एक स्तूप भी यहाँ है जहाँ 16 ग्यालवा कारमाया की अस्थियाँ रखी

हुई हैं। इस बौद्ध विहार को 1700 ई. में चांगुजब दोरजे (12वें कारमापा लामा) के निर्देशन में बनाया गया और चीन के तिब्बत पर हमले के बाहर कारमापा के 16वें अवतार ग्यालवा और कुछ भिक्षुक यहाँ रहने लगे।

रूमटेक की सुरक्षा भारत-तिब्बत सीमा सुरक्षा के सिपाहियों के हाथ में है। यह दो मंजिला बौद्ध विहार अपनी शान्ति, बौद्ध धम्मों के उच्चारणों और मंगा पेंटिंग के लिए विख्यात है। यह बौद्ध विहार बहुत बड़े क्षेत्र में फैला हुआ है। यह ज्ञान, साधना और सुन्दर मंगा पेंटिंग की विशाल चित्रकलाओं के कारण विख्यात है। यहाँ विश्वभर के बौद्ध शिक्षा और ज्ञान के विद्वान आते हैं और विद्यालय में काफी कम उम्र के बौद्ध छात्र दिखाई देते हैं। इस बौद्ध विहार में हम एक महँगा धूप का चश्मा भूल आए थे। पहले ढूँढ़ने पर नहीं मिला और हम निराश हो 10 किलोमीटर नीचे तक आ गए फिर याद आया कि सोने के स्तूप को देखने के क्रम में वह ऊपर ही भूल आए थे। हम फिर लौटे और इस बार निराशा, प्रसन्नता में बदल गई। भारत-तिब्बत सीमा के पुलिस के एक जवान ने वह सुरक्षित रखा हुआ था, जिसे उसने हमें लौटा दिया।

गंगटोक से दार्जिलिंग की यात्रा तीस्ता नदी तक तो ठीक चलती रही, पर जैसे ही सड़क तीस्ता गाँव से दार्जिलिंग की तरफ मुड़ी तो सूर्यास्त हो गया था। पूरब में सूर्यास्त भी जल्दी हो जाता है। अँधेरा भी हो गया, सीधा पहाड़ी रास्ता, जंगल और ठंड का आभास। दार्जिलिंग पहुँचने में ज्यादा समय नहीं लगेगा यह कहा था लामा ने जो हमारा ड्राइवर था, पर सिंगल लेन की सड़क पर पहले कुछ गाड़ियाँ सामने से आती दिखीं और देखते-देखते सैकड़ों गाड़ियों ने ट्रैफिक रोक दिया। गाड़ी में बैठे पैसेंजर किसी नए राजनीतिक दल की पहली बैठक से लौट रहे थे, दूर से दार्जिलिंग की बत्तियाँ चमक रही थीं। देर रात ही दार्जिलिंग पहुँच पाए। हलकी बारिश भी होने लगी थी।

दार्जिलिंग की तीन चीजें पूरी दुनिया में जानी जाती हैं—चाय, पर्यटन और टीक के पेड़। चाय के खेत अब हमसे अपरिचित नहीं रहे थे। हमारे साथ-साथ चल रहे थे सिलीगुड़ी, गंगटोक और दार्जिलिंग में। दार्जिलिंग में चाय को वही दर्जा है जो यूरोप के शराब बनाने वाले देशों में शराब और वाइन का है। पूरी दुनिया में दार्जिलिंग की चाय कहकर बिकने वाली चाय चार गुना ज्यादा बिकती है जबकि असल में यह पैदा कम होती है यानी दार्जिलिंग की चाय कहकर नकली या वहाँ पैदा नहीं होने वाली चाय को दार्जिलिंग चाय कहकर बेचा जाता है। पहाड़ियों के ढलानों का आकार, मिट्टी की उर्वरता, हिमालय की तरफ से आती ठंडी हवाएँ और छह से लेकर नौ वर्ष के बीच में पलते-बढ़ते चाय के पौधे। दार्जिलिंग में चाय को पिलाने वाले, चाय को पीने की तहजीब सिखाने वाले कई रेस्तराँ हैं जहाँ शानदार, सुन्दर कप-प्लेट, पुस्तकों, संगीत

और भीड़ भरे बाजार से गुजर रहे पर्यटकों को आप देखते जाते हैं। बहुत कुछ पेरिस-सा अनुभव।

हलके रंग की खुशबूदार चाय दार्जिलिंग की खासियत है। यूँ चाय चार रंगों में पाई जाती है। काली, हरी, सफेद और ओलोडा। सफेद चाय स्वाद में मीठी होती है। इसे पैदा करने में ज्यादा पानी लगता है। यह हाथ से तोड़ी जाती है फिर सुखाई जाती है। 2,000 मीटर की ऊँचाई पर बारिश की आर्द्रता भरा ठंडा मौसम इसके मुताबिक होता है।

दार्जिलिंग में चाय पीने की तहजीब सिखाने के लाउंज भी हैं जिनमें नाथमल की दुकान और सनसेट लाउंज प्रमुख हैं। शैलेश शारदा से मिलना और 'चाय ज्ञान' लेना अपने आपमें एक अनुभव है। नाथमल की स्थापना 1938 में हुई और यहाँ हर किस्म की चाय उपलब्ध है। लाउंज में चाय और नमकीन के साथ-साथ चाय की बिक्री भी होती है। सबसे महँगी चाय 'फ्रूंट फ्लश' है जो मध्य मार्च में बसन्त की बारिश में पैदा होती है। बहुत हलके रंग की यह चाय खुशबूदार होती है। मार्च और जून के बीच 'इन बिस्वीन' पैदा होती है। 'रीकड़ फ्लश' जून माह में पैदा होती है। 'मानसून टी' निर्यात नहीं होती है और स्थानीय बाजार में ही खप जाती है। इसी को मसाला चाय कहते हैं।

शैलेश शारदा ने बताया —चीन की छोटी पत्तियाँ ही दार्जिलिंग चाय की खासियत हैं। आसाम चाय की पत्तियाँ बड़ी होती हैं। 1841 में आर्थर कैम्पबेल जो सिविल सर्जन थे, उन्होंने इन चीनी पत्तियों को यहाँ उगाया था। डॉक्टर कैम्पबेल 1839 में काठमांडू से दार्जिलिंग आए थे। वे कुमाऊँ से चीनी चाय के पौधे के बीज लाए। इस चाय पर भौगोलिक प्रतिबन्ध लगा है। जो चाय दार्जिलिंग में ही बोई जाती है, बढ़ती है, बनती है और 'प्रोसेस्ड' होती है, वही असली दार्जिलिंग चाय है। यहाँ 87 चाय बागान हैं और यहाँ हलकी नारंगी चाय के लिए 3,000 मीटर की ऊँचाई और पुरानी चीनी झाड़ियों की 40 प्रतिशत घेराबन्दी जरूरी है। तापमान भी 5 डिग्री से लेकर 20 डिग्री तक होना चाहिए। 'ग्रीन टी' जो आजकल बहुत चलन में है उसे 'फर्मेंटेड' नहीं होना चाहिए। दार्जिलिंग चाय के नाम पर नकली चाय का प्रचलन बहुत हो गया है।

लाउंज में चाय पीना संगीत और सूर्यास्त के साथ एक रुके हुए समय को पकड़ने जैसा था—मसूरी-शिमला की तरह दार्जिलिंग में सूनापन या अकेलापन नहीं था। मॉल चहल-पहल भरा था। वे सर्दी शुरू होने के शुरुआती दिन थे। दार्जिलिंग की टॉय ट्रेन की स्मृति फिल्मों को देखकर बनी थी। कुछ वर्षों पहले तक चलने वाले भाप के इंजन अब अतीत के हो गए हैं, लेकिन उदयपुर से अहमदाबाद की यात्रा में सेकेंड क्लास की खिड़की से आए कोयले को साफ करने में अपना भी बड़ा समय गुजरा है। दार्जिलिंग का यह स्टेशन चहल-पहल और यात्रियों की

उत्सुकता और होने वाली यात्रा के आनन्द की सूचना दे रहा था। मन बाल हो रहा था। बालमन की रेल सामने खड़ी थी। कल तक हमारा नाम प्रतीक्षा सूची में था, पर अब पक्का हो चुका था। स्टेशन मास्टर और ट्रेन का गार्ड हलकी धूप के टुकड़े को तलाश कर चाय पी रहे थे। हम भी जल्दी आ गए थे, स्टेशन को कई बार घूम-घूम कर देख चुके थे। इंजन सीटियाँ दे-देकर चलने की बेताबी दिखा रहे थे। वे चले भी और ट्रेन पूरी भरी हुई थी। ट्रेन के साथ-साथ उससे तेज कारें, मोटरसाइकिलें चल रही थीं। हमें पहाड़ी चेहरे, छोटी दुकानें और स्कूल जाते बच्चे दिख रहे थे। रोप वे से जब दार्जिलिंग के चाय बागान दिखे तो दूर रेल की 'नैरोगेज' की पटरी दिखी थी। दार्जिलिंग में बाजार भीड़ भरे और ट्रैफिक भरे हैं। ज्यादातर पर्यटक अपने वाहनों के साथ थे तो कुछ जगह सार्वजनिक परिवहन, प्राइवेट बसें भी दिख रही थीं।

इस 'नैरोगेज' की ट्रेन की पटरी 2 फुट चौड़ी होती है और यह दार्जिलिंग और न्यू जलपाईगुड़ी की 78 किलोमीटर लम्बी पटरी 1879 से शुरू हो 1881 में पूरी हो गई। जलपाईगुड़ी में यह 328 फुट की समुद्र तल की ऊँचाई पर है तो दार्जिलिंग में इसकी ऊँचाई समुद्र तल से 7,218 फुट है। हमारी यात्रा 'धुम' तक थी जहाँ एक म्यूजियम था। 'धुम' भारत का सबसे ऊँचा रेलवे स्टेशन माना जाता है। इस रेल को ब्रिटिश लोकोमोटिव के बी क्लास इंजन चलाते हैं जो आकर्षक और गहरे काले रंग का धुआँ छोड़ते हैं। दार्जिलिंग बाजार से 'धुम' की दूरी सिर्फ 7 किलोमीटर है। 'धुम' स्टेशन पर ब्रिटिश वास्तुकला का रूप और निखार है। रास्ते में बतासिया लूप भी है जो फूलों और सैनिक स्मृति स्तम्भ की वजह से आकर्षित करता है। दार्जिलिंग स्टेशन पर एक पट्टिका भी लगी है जो बताती है कि यह स्टेशन यूनेस्को की हैरिटेज साइट है। इस रेल पटरी को भूकम्प (1897), तूफान (1899) का सामना करना पड़ा, लेकिन बसों और कारों के कारण अब यह सामान्य यात्री के लिए उतनी आकर्षक नहीं रही है। अब यह ट्रेन रेलवे के लिए घाटे का सौदा हो चुकी है। कुछ वर्ष पहले इसके निजीकरण की चर्चा हुई थी, पर यूनियनों के विरोध के कारण यह प्रस्ताव फिर से ठंडे बस्ते में डाल दिया गया। भारत-चीन के युद्ध के समय हथियारों और सैनिकों को लाने-ले जाने में इस पटरी और ट्रेन की महत्त्वपूर्ण भूमिका रही।

इस ट्रेन को खिलौना ट्रेन भी कहते हैं और इसका आकार, इसमें से आने वाली आवाजें 'लिलिपुट' के साम्राज्य की याद दिलाती हैं, जहाँ हर चीज छोटी है, पर मौजूद है और सच्ची में है। यह रेल स्मृतियों का पिटारा आपके सामने खोल देती है। देवदार के वृक्ष, साफ नीला आकाश और हाथ-भर दूरी पर खड़े घर। दार्जिलिंग निवासी इस ट्रेन के हैं, पर वे इसे धुआँ और शोर करते गुजर जाते हुए देखते रहते हैं।

दार्जिलिंग में जो चेहरे और नागरिक दिखते हैं वे सम्पन्न नहीं हैं। वहाँ गरीबी और शोषण बेहिसाब है। पर्यटन जहाँ भी आय का प्रमुख साधन होता है, वहाँ एक अजीब किस्म की प्रतिस्पर्धा दिखाई देती है, पर यहाँ यह नदारद थी। दार्जिलिंग के दो अन्य आकर्षण हैं। एक है यहाँ का चिड़ियाघर जो कि 68 एकड़ में फैला हुआ है। 1958 में शुरू किया गया यह चिड़ियाघर 7,000 फुट की ऊँचाई पर है और वन्य पशुओं की तादाद और विभिन्नता में शंघाई और न्यूयॉर्क के चिड़ियाघरों से मुकाबला करता नजर आता है। इसका नाम पद्‌मजा नायडू हिमालियन जूलोजिकल पार्क है। यहाँ ऊँचाई पर मिलने वाले जानवरों का प्रजनन, उनकी देखभाल और उनकी वंशवृद्धि की जाती है। लाल पांडा और अन्य दुर्लभ जानवर यहाँ पर बहुत सँभालकर रखे गए थे, क्योंकि जानवर ऊँचाई पर थे इसलिए उनके रहने के स्थान भी परम्परागत चिड़ियाघरों से अलग थे। चिड़ियाघर देखने आने वालों और जानवरों के बीच दूरी ज्यादा थी। कई जगह आप ऊपर से नीचे बैठे जानवर को देखते हैं, तो कई पंक्तियाँ ऐसी थीं जब आप नीचे हैं और जानवर ऊपर। यह स्थान पांडा के लिए विख्यात है, लेकिन जिस तरह पहाड़ी इलाकों में तापमान वृद्धि हो रही है उससे लगता है कई दुर्लभ प्रजातियाँ संकट में आ सकती हैं। यहाँ बंगाल टाइगर भी स्कूली बच्चों का आकर्षण का केन्द्र बना हुआ था।

दूसरे आकर्षण हैं—जूलोजिकल पार्क और हिमालयन पर्वतारोहण संस्थान जो एक ही परिसर में हैं। 4 नवम्बर, 1954 को जवाहरलाल नेहरू ने इस संस्थान की नींव रखी। 1953 में तेनजिंग और हिलेरी द्वारा सागरमाथा (माउंट एवरेस्ट) पर विजय के बाद पर्वतारोहण को खेल की श्रेणी में शामिल करने के प्रयास में यह संस्थान शुरू किया और साथ ही इस इलाके में बसे सैकड़ों पर्वतारोहियों को सम्मान और उनकी पीढ़ी को आगे बढ़ाने के लिए इस संस्थान की स्थापना की गई। यहाँ पर्वतारोहण के बेसिक और अग्रिम कोर्स पढ़ाए जाते हैं। संस्थान पढ़ने वालों को फीस में रियायत भी देता है।

संस्थान का म्यूजियम सबसे आकर्षक है, जहाँ पर्वतारोहण का इतिहास, पर्वतों पर चढ़ने के समय काम आने वाले औजार, रस्सियाँ और जैकेट प्रदर्शित किए गए हैं। कई ऐतिहासिक और दुर्लभ वस्तुएँ यहाँ रखी गई हैं। जूलोजिकल पार्क और इंस्टिट्यूट के प्रांगण तक जाने के बाद म्यूजियम तक चढ़ना कठिन लग रहा था पर आखिर में जाना तय हुआ, लगा यह नहीं देखते तो बहुत कुछ छूट जाता।

और अब तीन अलग-अलग इलाकों, पहाड़ों और लम्बे हरे पेड़ों को विदा कहने का समय आ रहा था। दार्जिलिंग से सिलिगुड़ी वाया मिरिक जाना तय हुआ, जहाँ रास्ते के जरिये नेपाल की सीमा को देख, छू पाने के बाद दोपहर की हलकी

ठंड में धूप के कुछ टुकड़े बाकी थे। पूरा रास्ता हरा-भरा स्थानीय अमरूद, नारंगी और लाल मूली से भरा हुआ था। सिक्किम में मक्के के भुट्टे ताजे थे तो मिरिक में नारंगियाँ।

पहाड़ों की शान्ति और पहाड़ों की ऊँचाई धीरे-धीरे कम हो रही थी। सिलिगुड़ी आ रहा था और जलदापाड़ा, नाथुला और दार्जिलिंग यात्रा में दर्ज हो गए थे।

*(2016)*

❂❂❂